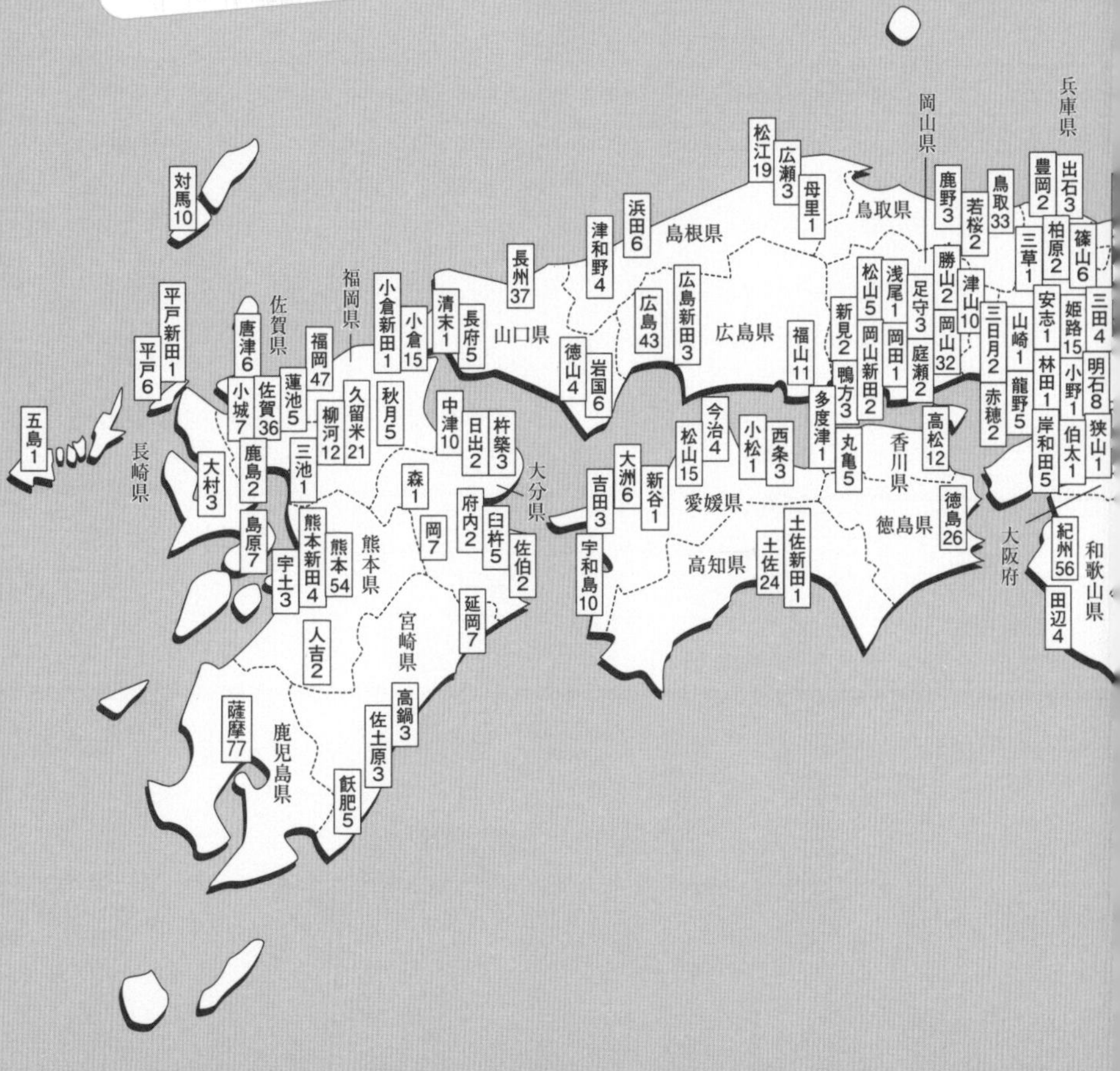

兵庫県
岡山県
松江19
広瀬3
母里1
鳥取県
鹿野3
若桜2
鳥取33
豊岡2
出石3
浜田6
島根県
津和野4
長州37
三草1
柏原2
篠山6
対馬10
広島新田3
広島43
勝山2
津山10
松山5
浅尾1
足守3
平戸新田1
福岡県
小倉新田1
清末1
長府5
山口県
広島県
新見2
岡山新田2
岡田1
岡山32
三日月2
山崎1
安志1
姫路15
三田4
佐賀県
小倉15
徳山4
岩国6
福山11
庭瀬2
鴨方3
林田1
小野1
明石8
平戸6
唐津6
福岡47
赤穂2
龍野5
蓮池5
秋月5
久留米21
中津10
今治4
小松1
西条3
多度津1
高松12
岸和田5
伯太1
狭山1
五島1
小城7
佐賀36
柳河12
日出2
杵築3
松山15
大洲6
香川県
丸亀5
長崎県
大村3
鹿島2
三池1
森1
大分県
吉田3
新谷1
愛媛県
徳島26
大阪府
紀州56
和歌山県
島原7
熊本新田4
熊本54
熊本県
府内2
臼杵5
岡7
佐伯2
宇和島10
土佐新田1
土佐24
高知県
徳島県
宇土3
延岡7
人吉2
宮崎県
高鍋3
佐土原3
薩摩77
鹿児島県
田辺4
飫肥5

シリーズ藩物語

沼津藩

樋口雄彦……著

現代書館

プロローグ

沼津藩の特徴

駿河《するが》国の東部、伊豆半島の西の付け根に位置する沼津は、箱根を越え関東へと通じるルートと富士山の東側をまわり甲斐《かい》国へと通じる道筋とが交差する要衝の地だった。駿河湾の海上交通からしても同じである。そのため戦国時代には今川・武田《たけだ》・北条が争う場所になっていた。天正年間、現在の沼津市中心部に三枚橋城《さんまいばしじょう》という城郭を最初に築いたのは武田勝頼《かつより》である。近世初期まではその城に徳川・豊臣系の武将が代わる代わる入った。江戸幕府のもと、最初の沼津藩主は徳川譜代・二万石の大久保忠佐《ただすけ》だった。

ところが慶長十八年（一六一三）、大久保氏が断絶すると廃藩となり、三枚橋城は破却された。その後、沼津は東海道五十三次の宿場町として発展していく。

再び沼津に藩が置かれることとなったのは、大久保氏の除封《じょほう》から百六十年以上が経過した安永六年（一七七七）のことである。藩主は水野家、禄高は二万石、後に五万石となった。この新たな沼津水野藩の成立は、初代藩主忠友《ただとも》が江戸の幕閣において勢力を得たこと

藩という公国

江戸時代、日本には千に近い独立公国があった

江戸時代。徳川将軍家の下に、全国に三百諸侯《しょこう》★の大名家があった。ほかに寺領や社領、知行所《ちぎょうしょ》★をもつ旗本領《はたもとりょう》などを加えると数え切れないほどの独立公国があった。そのうち諸侯を何々家《け》家中《かちゅう》と称していた。家中は主君を中心に家臣が忠誠を誓い、強い連帯感で結びついていた。家臣の下には足軽《あしがる》層《そう》★がおり、全体の軍事力の維持と領民の統制をしていたのである。その家中を藩と後世の史家は呼んだ。

江戸時代に何々藩と公称することはまれで、明治以降の使用が多い。それは近代からみた江戸時代の大名の領域や支配機構を総称する歴史用語として使われた。その独立公国たる藩にはそれぞれ個性的な藩風《はんぷう》と自立した政治・経済・文化があった。幕藩体制とは歴史学者伊東多三郎《いとうたさぶろう》★氏の視点だが、まさに将軍家の諸侯の統制と各藩の地方分権が巧く組み合わされていた、連邦でもない奇妙な封建的国家体制であった。

今日に生き続ける藩意識

明治維新から百四十年以上経っているのに、今

が発端であり、中央の政情が反映されたものだった。従って戦国・近世初期のような軍事的意義は少なく、かつての三枚橋城址の上に新築された沼津城は小規模なものにとどまった。ただ、宿場町と城下町が合体することで、百姓・町人と武士の間で新たな地域文化が形成されていった。

水野氏・沼津藩の初代忠友は旗本から大名に取り立てられ、田《た》沼意次《ぬまおきつぐ》の与党として老中に就任した。二代忠成《ただあきら》も十一代将軍徳川家斉《いえなり》の寵愛を受け、老中首座《ろうじゅうしゅざ》として政権を担い、権勢をふるった。忠友が活躍した田沼時代と同じく、忠成が権力を握った時期は賄賂が横行した時代として知られる。その後、歴代藩主は忠義《ただよし》・忠武《ただたけ》・忠良《ただなが》・忠寛《ただひろ》・忠誠《ただのぶ》・忠敬《ただのり》と続くが、初代・二代の時のように幕政に深く関与することはなかった。

明治維新により駿河が旧徳川将軍家（静岡藩）の領地になると、最後の藩主忠敬は上総《かずさ》国へ転封となり、菊間《きくま》藩となった。静岡藩管下の沼津城は沼津兵学校の校舎に当てられ、時代をリードする新教育で全国の注目を浴びたが、それはもはや沼津藩とは無関係である。ただし、沼津藩（菊間藩）でも幕末以来、教育には力を入れたので、明治・大正期に各界で活躍する人材を数多輩出することとなった。

でも日本人に藩意識があるのはなぜだろうか。明治四年（一八七一）七月、明治新政府は廃藩置県《はいはんちけん》★を断行した。県を置いて、支配機構を変革し、今までの藩意識を改めようとしたのである。ところが、今でも、「あの人は薩摩藩の出身だ」とか、「我らは会津藩の出身だ」と言う。それは侍出身だけでなく、藩領出身も指しており、藩意識が県民意識をうわまわっているところさえある。むしろ、今でも藩対抗の意識が地方の歴史文化を動かしている。そう考えると、江戸時代に育まれた藩民意識が現代人にどのような影響を与え続けているのかを考える必要があるだろう。それは地方に住む人々の運命共同体としての藩の理性が今でも生きている証拠ではないかと思う。

　藩の理性は、藩風とか、藩是《はんぜ》とか、ひいては藩主の家風ともいうべき家訓などで表されていた。

〔稲川明雄（本シリーズ『長岡藩』筆者）〕

諸侯▼江戸時代の大名。
知行所▼江戸時代の旗本が知行として与えられた土地。
足軽層▼足軽・中間・小者など。
伊東多三郎▼近世藩政史研究家。東京大学史料編纂所所長を務めた。
廃藩置県▼藩体制を解体する明治政府の政治改革。廃藩により全国は三府三〇二県となった。同年末には統廃合により三府七二県となった。

シリーズ藩物語 沼津藩

目次

これも沼津

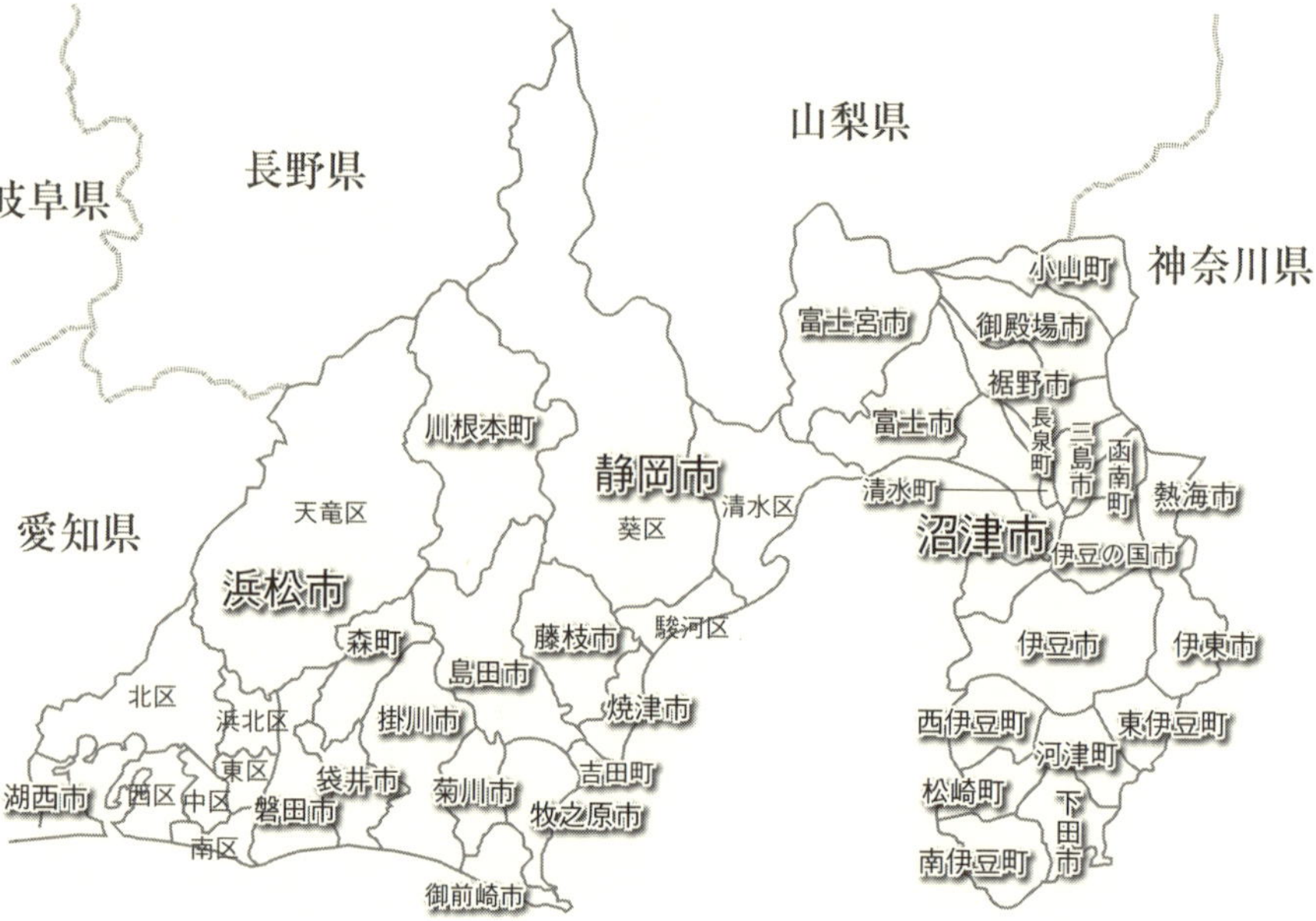

沼津藩領位置図

沼津藩所在地

第一章 前史――江戸時代前半までの沼津

沼津に築かれた三枚橋城には、江戸初期に大久保氏が二万石で入る。

◆1 戦国時代の三枚橋城

伊豆半島の西の付け根にある沼津は、足柄峠や箱根以東の「東国」への手前に位置し、古くから東西の勢力がぶつかり合う場所だった。戦国時代には西の今川、東の北条、北の武田の争奪地となり、武田勝頼によって三枚橋城が築かれる。

沼津という土地

伊豆の天城山《あまぎさん》に源を発した狩野川《かのがわ》は北流し、最後は大きく曲がって駿河湾に流れ込む。その河口に位置するのが沼津である。駿河国の東端、伊豆半島の西の付け根でもある。駿河湾が伊豆半島に食い込んだ咽喉部という言い方もできる。かつては同じ駿東郡に属しながら、富士山の東に位置し内陸にある北駿地方（御殿場市・裾野市・小山町）では積雪があるが、その南部に位置し海に接する沼津の気候は温暖そのものであり、ほぼ雪が降ることはない。

狩野川に流れ込む黄瀬川《きせがわ》は駿河国と伊豆国との国境をなしたが、そのすぐ西に位置する沼津周辺は古代、駿河国七郡のうち、一番東の駿河郡の中心地である駿河郷にあたり、郡衙《ぐんが》★が置かれていた。七世紀には日吉廃寺★と呼ばれる巨大な寺院

▼郡衙
律令制における郡の政治経済の中心となった役所。地方官として郡司が行政を担った。

▼日吉廃寺
国府による公立の寺院だったと考えられるが、名称は伝わっておらず、後世の地名から日吉廃寺と通称される。

が建築され、すでに地域の中心地になっていた。

十世紀の「延喜式《えんぎしき》」に記された朝廷の牧場のひとつである岡野牧は、沼津市中心部から北に位置する愛鷹《あしたか》山麓にあり、朝廷に馬を供給していた。岡野牧はやがて私領化していき、大岡庄と称する荘園へと変貌していった。平安末期、平清盛《たいらのきよもり》の弟平頼盛《よりもり》の荘園となっていた大岡庄・大岡牧を管理した地域の有力者が牧宗親《まきむねちか》であり、牧氏の居館は「車返しの里」と呼ばれた現在の沼津市中心部にあったらしい。牧宗親の娘牧の方は北条政子の父北条時政《ほうじょうときまさ》の妻になっており、牧氏は鎌倉幕府成立後も御家人《ごけにん》として勢力を保った。また時政・牧の方の女婿阿野全成《あのぜんじょう》は源頼朝《みなもとのよりとも》の弟であり、沼津市域の北西部にあった阿野庄を領していた。ただし、牧氏も阿野氏も権力抗争の果てに滅んでいった。

七世紀以降、東国とは足柄山《あしがらやま》以東を指すようになったので、沼津はその手前に位置していたことになる。西からの勢力と東のそれとがぶつかり合う場所、それが古代からのこの地の特徴であった。

鎌倉・室町時代の沼津

古代の東海道は、田子《たご》の浦《うら》・浮島《うきしま》ケ原を通り、千本松原を経て車返しの里に至り、さらに木瀬川《きせがわ》宿から伊豆国府《こくふ》★（現三島市）に達するというルートであり、沼

▼国府
律令制下で諸国の政庁が置かれた場所。

三枚橋城の石垣の一部（沼津市上土町・沼津リバーサイドホテル）

津の海岸部を通っていた。鎌倉時代には現沼津市中心部に妙海寺《みょうかいじ》・妙覚寺《みょうかくじ》という日蓮ゆかりの寺院が建てられた。北条時頼《ほうじょうときより》の諸国漫遊伝説、すなわち身分を隠して諸国を旅し、民情視察を行ったという言い伝えに関わり、臨済宗《りんざいしゅう》の蓮光《れんこう》寺《じ》が建てられたのも鎌倉時代だった。戦国期には「沼津道場」と呼ばれた現在の西光寺《さいこうじ》が真言宗《しんごんしゅう》から時宗《じしゅう》に改宗したのも鎌倉時代である。

その鎌倉時代、「沼津」という地名が初めて史書に登場した。『吾妻鏡』の承元二年（一二〇八）閏《うるう》四月二日条に、神宮寺造営のための木材を伊豆の天城山から狩野川を経て「沼津海」に出したとあるのがそれである。ただし、「沼」ではなく「河」の字が正しいともいうので、「河（川）津」が狩野川河口の地名だったことになる。

確実に「沼津」の地名が現れるのが南北朝時代である。すなわち建武三年（一三三六）、それまで北条得宗家《とくそうけ》の被官《ひかん》、つまり鎌倉幕府の執権を出した北条氏の惣領家の家来公藤右衛門尉の所領だった「沼津郷」が足利尊氏によって没収され、曽我奥太郎時助に与えられたことを記した文書である。その頃には間違いなくこの地は、沼津という固有の地名を持つような集落になっていたのであろう。曽我氏による領有はその後も続いたようで、文明十四年（一四八二）時点でも曽我上野介が沼津郷領主であり、駿河国の守護大名となっていた今川氏にとっては勢力圏外だったらしい。

1973年に発掘された際の三枚橋城の石垣
（沼津市明治史料館提供）

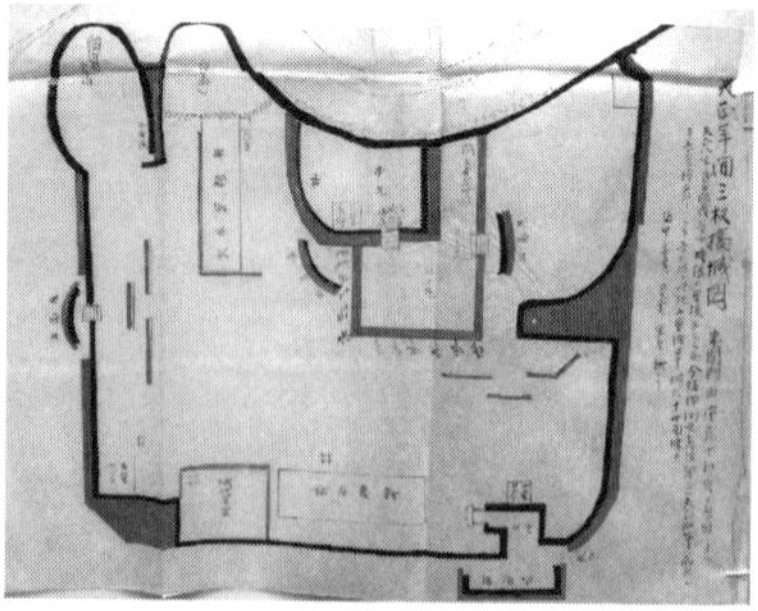
「三枚橋城図」（天正年間）（沼津市明治史料館蔵）

三枚橋城と戦国・織豊期

応仁の乱後、今川氏の姻戚として勢力を伸ばした北条早雲《ほうじょうそううん》(伊勢《いせ》新九郎盛時《しんくろうもりとき》)が最初に拠点を置いたのが現沼津市中心部から北西、愛鷹山麓に位置する興国寺《こうこくじ》城であった。ただし、早雲が興国寺城を本拠地にしたという通説には疑問が提出されており、実際の築城は今川義《いまがわよし》元《もと》時代ともされる。いずれにせよ、駿河国富士郡・駿東郡周辺を今川氏から与えられた早雲は、やがて伊豆国を奪い、東進を続け、小田原に本拠地を移す。そして後北条氏は関東の覇者への道を歩む。

駿河東部は今川氏の勢力圏に入り、その家臣葛山《かつらやま》氏が支配した。天文六年(一五三七)から同二十三年まで長く続いた駿河国東部をめぐる今川・北条の争いは「河東一乱《かとういちらん》」と呼ばれ、沼津地域をも争奪の場とした。永禄三年(一五六〇)桶狭間で今川義元が敗死すると今川氏の勢力は一気に衰えていった。その領国は西の徳川、北の武田、東の北条によって蚕食されていく。

天正七年(一五七九)八月、武田勝頼は北条氏の戸倉城に対抗するため、家臣高坂源五郎昌信《こうさかげんごろうまさのぶ》に三枚橋城を築かせ、沼津の地を駿東の拠

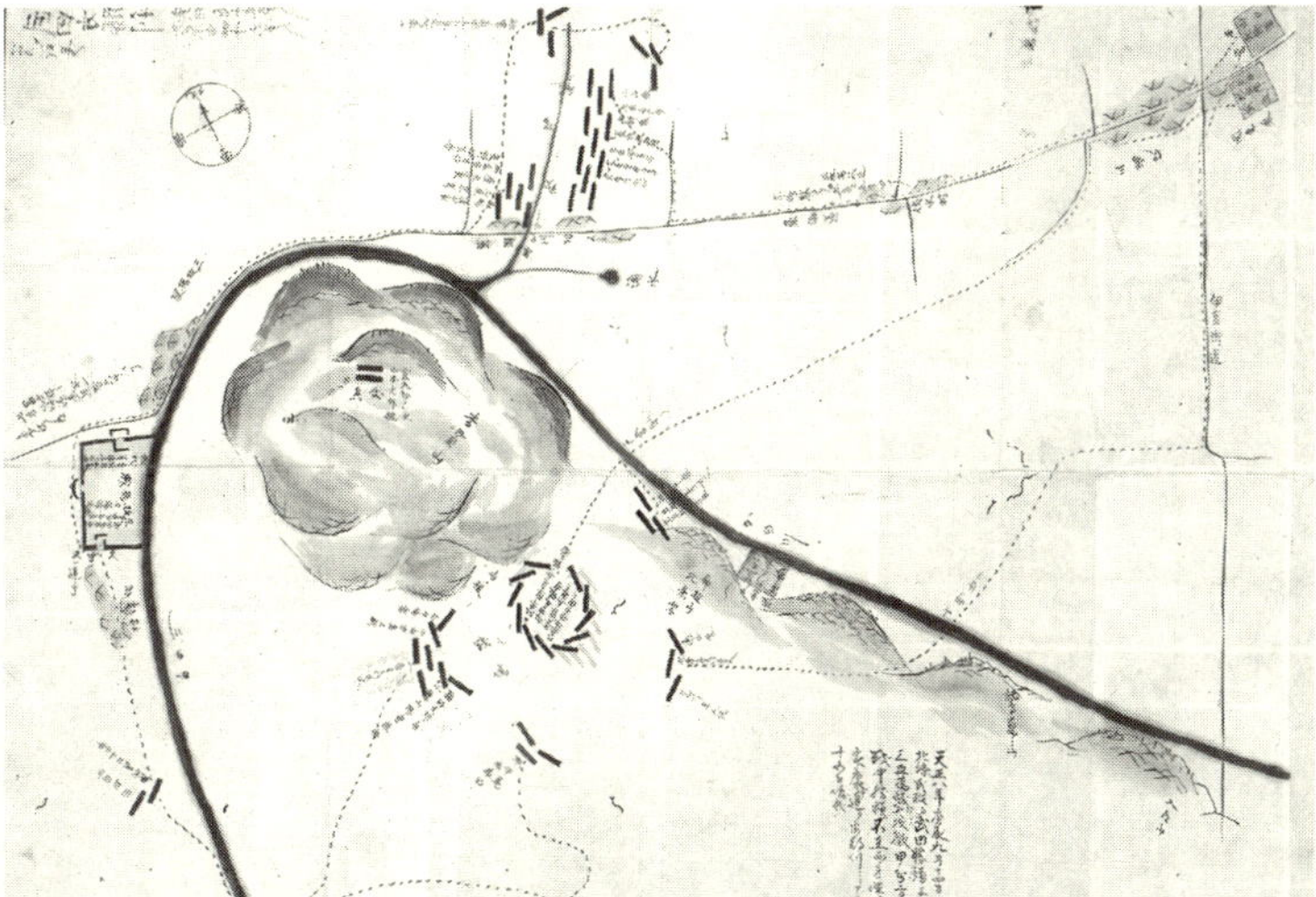

天正八年(一五八〇)九月、武田・北条合戦の両軍配置図(田中恵一郎氏蔵・沼津市明治史料館保管)

点とした。その敷地は南北約五〇〇メートル、東西約三五〇メートルと考えられ、本丸・二の丸・三の丸に分かれ、東は狩野川に接し、その流れを自然の要害とした。別名を観潮城といった。

沼津の拠点化は、山国甲斐国を本拠地とする武田氏にとっては「塩の道」の確保という意味もあった。同八年には千本浜沖で武田水軍と北条水軍との間で海戦が行われた。

天正十年に武田氏が滅亡すると三枚橋城は徳川家康の手中に入り、家臣の松《まつ》平《だいら》康親《やすちか》（受領名は周防守《すおうのかみ》、別名は松井忠次《まついただつぐ》）をしてその守将とした。康親の後は子の康重《やすしげ》（別名は康次《やすつぐ》）が継いだが、天正十八年、小田原征伐後、徳川家康は関東に入り、代わって豊臣秀吉の家臣中村一氏《かずうじ》が駿河を領することとなったため、一氏の弟中村一栄が三万石を分けられ三枚橋城主となった。

武田・北条合戦の戦死者を祀った首塚（沼津市本字千本）

松平康親を供養する五輪塔（沼津市出口町・乗運寺）

◆2 江戸初期――大久保忠佐の沼津藩

三枚橋城には江戸初期、徳川家譜代の歴戦の武将大久保忠佐が二万石の藩主として入る。しかし、忠佐には嗣子がなかったため、わずか十年余、一代で改易となってしまう。城も破却され、以後、沼津には長く大名が置かれなかった。

大久保忠佐

関ヶ原の合戦の勝利によって徳川家康が天下を取ると、翌慶長六年（一六〇一）、三枚橋城には徳川家の臣大久保忠佐《ただすけ》（通称は治右衛門《じえもん》）が二万石の城主として配された。

忠佐は三河国生まれの徳川譜代の家臣であり、長兄には小田原城主となった忠世《ただよ》、末弟には忠教《ただたか》（通称は彦左衛門《ひこざえもん》）がいた。姉川《あねがわ》、三方原《みかたがはら》、長篠《ながしの》、小牧《こまき》・長久手《ながくて》など数々の合戦で戦功をたてた歴戦の勇士だった。

史料が少なく、忠佐の沼津時代の治績はあまり明らかでないが、獅子浜《ししはま》村（現沼津市）や富沢《とみざわ》村・御宿《みしゅく》村（現裾野市）に伝来した検地帳の存在から、慶長九年には検地を実施したことがわかっている。また、同七年、黄瀬川から取水する牧《まき》

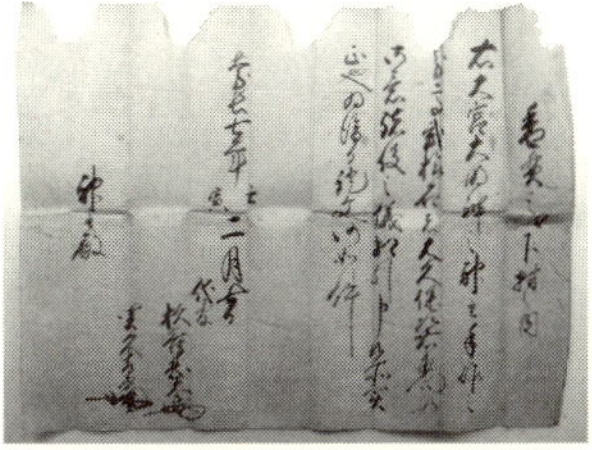

大久保忠佐の代官から香貫神主にあてた諸役免除（沼津市明治史料館蔵）

堰《せき》を築造し沼津地域の田畑を潤したことは、領国経営のための農業振興策であった。

沼津中心部から南方、獅子浜村と江浦《えのうら》村の境に位置し駿河湾に突き出た小山は、後世、「大久保山」とか「大久保の鼻」と呼ばれたが、それは忠佐が支配した時代、代官渡辺弾正が魚を近寄らせるために御林《おはやし》を設置したことが名前の由来とされる。現在は採石され、平坦地となってしまっているが、漁業が盛んだった頃には、魚に隠れ場所や栄養分を供給する「魚付林」として必須の山林だったのである。このいわれが事実であれば、大久保は漁業振興にも意を注いでいたことになろう。

忠佐に関わりのある人物として山田長政《やまだながまさ》がいる。駿府の商人の子に生まれた彼は放浪の末、沼津藩主大久保忠佐に六尺《ろくしゃく》（駕籠《かご》かき）として仕えたという。大久保家を辞した後、慶長十七年頃、長崎からシャム（タイ）に渡航し、やがてアユタヤの日本人町の頭領となり、シャム国王の傭兵隊長、地方長官にまで出世する。

大久保忠佐は慶長十八年九月二十七日、七十七歳で死去した。息子の忠兼《ただかね》（受領名は因幡守）は父より先に十五歳で没していたため、弟忠教を養子にしようとしたが、「自分の手柄で得た知行ではない」として断られたという。こうして嗣子がなかった大久保氏は断絶した。

なお沼津市域には、同時期、慶長六年から同十二年にかけ、天野康景《あまのやすかげ》を藩主と

山田長政（『山田長政偉勲録』表紙）

大久保忠佐の墓（沼津市東間門・妙伝寺）

する興国寺藩が存在した。かつて北条早雲が居城としたともされる城に一万石で入ったのであるが、やはり短期間で改易となっている。

大久保時代の記憶

大久保忠佐の法名は源信院殿道喜日諦大居士といった。家臣の市川七郎左衛門家吉が出家して日典と名乗り開基となった、沼津宿の西隣東間門村の妙伝寺に葬られた。同寺には現在も忠佐の遺品とされる刀剣・馬具等が残されている。

妙伝寺では江戸時代後期になっても大久保家との由緒を大切にし、たとえば弘化二年（一八四五）四月、駿東郡北部の領内を巡見した小田原藩主大久保忠愨《ただなお》（受領名は加賀守）に御殿場村で拝謁し、忠佐が残した「軍陣御守」を披露したり、文久二年（一八六二）九月、藩主代参の小田原藩士村越内蔵丞を迎え忠佐の二百五十年忌法会を執行している。嘉永四年（一八五一）には、忠佐から十三代目の子孫と称する大久保忠興（通称は治右衛門尉）なる人物がひょっこり訪ねて来たこともあった。ただし、その人物は数代前に下総国から江戸に出てきたとのことで、武士ではなかったらしい（妙伝寺所蔵「大久保一条日記控帳」）。

明治二十三年（一八九〇）、旧小田原藩主・子爵大久保忠礼《ただのり》が沼津宿本陣《ほんじん》★の当主だった清水謙の協力を得て、道喜塚《どうきづか》と呼ばれる故地に「故沼津城主大久保治右衛

▼本陣
幕府の役人や大名が泊まるところ。

故沼津城主大久保治右衛門忠佐之墓（沼津市立第一小学校）

門忠佐之墓」を建立するなど、維新後も顕彰の動きは続いた。

大久保時代にまつわる伝説も生まれた。忠佐は嫡子《ちゃくし》の乳母《うば》が殿中で密通したことを知り激怒、彼女を丸裸にして馬に乗せ市中を引き回し、慶長八年（一六〇三）四月二十二日、磔刑《たっけい》に処した。引き回しの途中、憐れんだ住人清水助左衛門（沼津宿本陣清水家の先祖）は、着ていた羽織を脱いで彼女に押しあてたばかりか、遺骸を引き取り葬った。埋葬地には大きな石が目印として置かれたが、誤ってそれを踏んだ者は瘧《おこり》（マラリアの一種）を発病したので、その石は「瘧石」と呼ばれるようになった。後には小さな鳥居が立てられ祀られるようになった（『沼津実誌抄』）。江戸時代も後期になると、大久保忠佐は伝説上の存在と化したのだった。

瘧石（沼津市宮町・西光寺）　瘧塚とも呼ばれ、沼津宿本陣清水家の墓域にある

③ 藩がない時代

大久保氏改易後、沼津は紀州徳川家、駿河大納言忠長の領地、幕府直轄領といった具合に変遷する。町自体は東海道五十三次の宿場町として発展を続けた。廃城となった三枚橋城の跡地は開墾され田畑や町場の一部になっていった。

廃城

大久保氏の断絶によって三枚橋城も廃止となり、破却された。忠佐死去の同じ年には火災があった。駿府五十五万石の徳川忠長《ただなが》が治めた時代、三枚橋城跡には御殿が建てられたが、それも寛永十八年（一六四一）に焼失した。その翌年、外堀と二の丸の開墾が許可され、延宝二年（一六七四）になるとその開墾地は田畑として登録された。貞享四年（一六八七）、さらに二の丸や土手が耕地に認定され、課税対象に編入された。元禄二年（一六八九）にも二の丸や土手を対象に入札が行われ、さらに跡地の農地化が推奨された。

こうして三枚橋城の痕跡は消えていった。かつては城内に含まれた場所には、上土町《あげつち》・川廓町《かわぐるわ》・志多町《した》といった新たな町が誕生し、沼津宿の一画を形成した。

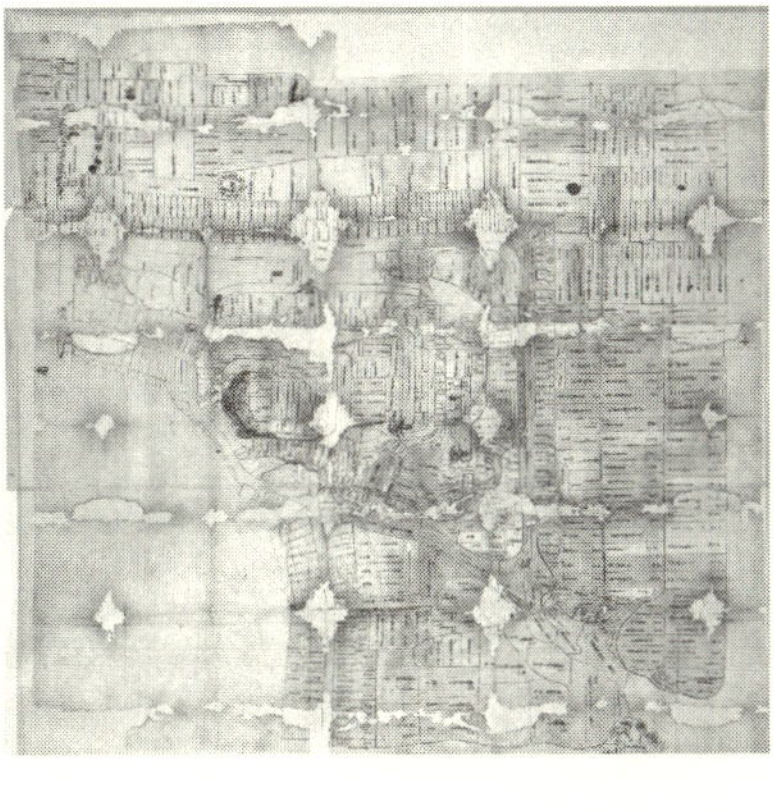

沼津廃城図（沼津市歴史民俗資料館蔵）

沼津代官

大久保氏廃絶後、駿河国は紀伊藩、すなわち徳川家康の一〇男徳川頼宣《とくがわよりのぶ》領などを経て、寛永元年（一六二四）からは三代将軍家光《いえみつ》の弟、駿河大納言こと駿府城主徳川忠長が治めた。忠長が改易になると幕府直轄領となり、寛永十年には沼津代官が置かれ、駿東郡南部から富士郡東部を管轄した。

歴代の沼津代官は、長谷川長重（通称は藤右衛門）、野村為重（通称は彦太夫）、同為利、同為政、国領重次（通称は半兵衛）、小長谷正綱（通称は勘左衛門）と続いた。元禄五年（一六九二）、沼津代官領は沼津・原の二代官に分割され、それも元禄十一年には廃止され、以後、旗本領や駿府代官・三島代官支配地へと変わった。後述する安永六年（一七七七）の沼津水野藩成立直前は、明和七年（一七七〇）から伊豆・甲斐・相模などを支配した韮山代官《にらやまだいかん》の管轄下に置かれた。

沼津代官のうち、野村家三代は四十年にわたって世襲し、深良《ふから》用水の開削、浮《うき》島沼《しまぬま》の開発などに積極的に取り組み、「地方巧者」ぶりを発揮した。

沼津代官が勤務した代官所（陣屋）は三枚橋城址の東端、現沼津市平町あたりに所在したようである。

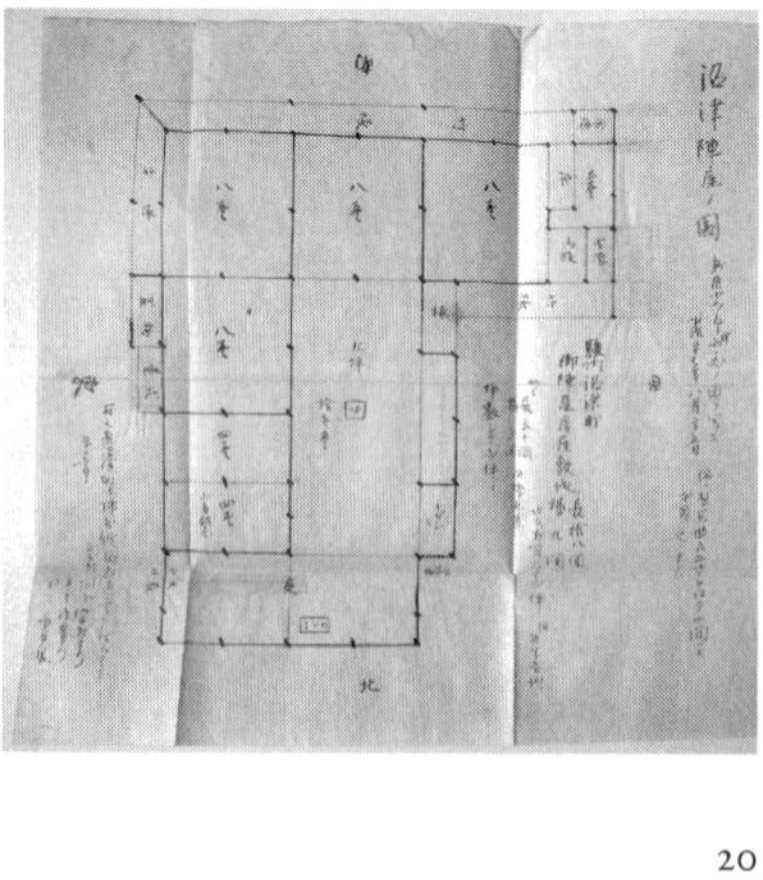

沼津代官所平面図
（沼津市明治史料館蔵「沼津史料　巻ノ二・三」所収）

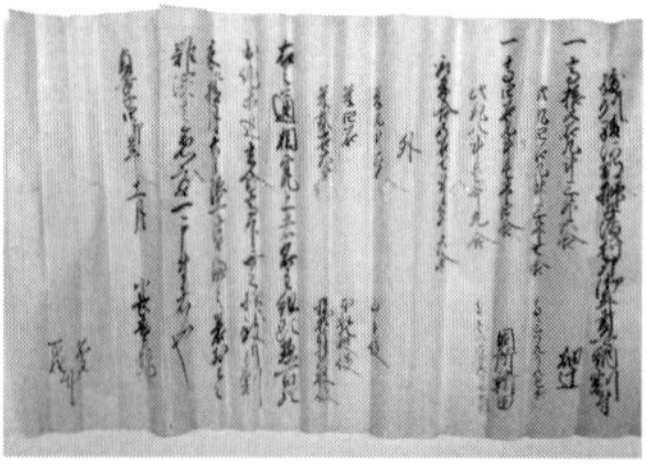

沼津代官小長谷勘左衛門の年貢割付状
（沼津市明治史料館蔵）
貞享４年（1687）、駿東郡獅子浜村に出されたもの

東海道沼津宿

藩がなくなった後も沼津宿は東海道の宿場町としての歩みを続けた。寛永年間（一六二四〜一六四四）には参勤交代制が確立したこともあり、清水・間宮両家が本陣と称するなど、沼津宿が宿駅としての機能を発揮し始めたのもその頃からだった。

松尾芭蕉《まつおばしょう》は元禄四年（一六九一）、旅の途中で沼津宿三枚橋町の問屋矢部家に泊まり、「都いでゝ神も旅寝の日数哉」の句を詠んだ。後年、俳諧がこの地域で普及していくきっかけとなり、交通の発達は文化の伝播につながった。

元禄七年時点で沼津宿の助郷《すけごう》をつとめた村々は、常任の助郷である定助が七カ村、大助が二三カ村、臨時の増助郷が一八カ村に及んだ。二三カ村には現在の清水町・長泉町、一八カ村には長泉町・裾野市にあった村々が含まれており、周辺農村部にとって沼津は負担を強いられる場でもあった。

延宝二年（一六七四）、沼津宿の戸数は四四六戸だったという（『沼津史料』）。元禄元年に描かれた「沼津宿絵図」には、家数五一〇軒、本陣二軒、脇本陣四軒、旅籠《はたご》屋七八軒、茶屋一三軒とあり、市街地化が進み、旅人を相手に街道筋には多くの宿泊施設・飲食店などが並ぶようすがうかがえる。宝暦十一年（一七六一）

野村彦太夫為重の墓（沼津市幸町・永明寺）
「渓岑梅雪大居士　万治二己亥年九月二十一日」と彫られている

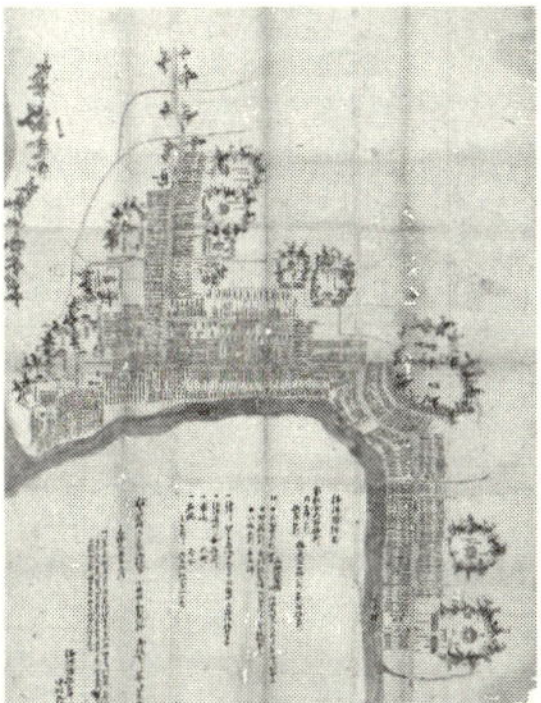

元禄元年（一六八八）沼津宿絵図（沼津市歴史民俗資料館蔵）

には六九九戸、人口二三八五人となった。そして沼津水野藩成立後の文政十年（一八二七）になると、戸数約一四〇〇戸、人口約四八〇〇人に達した。着実に都市としての歩みを続けていったことがわかる。

阿波国小松島（現徳島県小松島市）から沼津宿に出店し、駿遠豆相甲信の各地に藍や塩を売り込んだ鹿島屋甚太郎《かしまやじんたろう》（井上姓★）は、明治維新まで九代にわたり豪商として続くが、延宝九年（一六八一）に没した初代が沼津を拠点に選んだのは、商売を拡大していく上でこの地が将来有望であると判断したためであろう。商業都市として発展していく基礎は近世前期には十分に芽生えていたのである。

東海道五十三次の十二番目の宿場町である沼津は、人口・戸数では東隣の三島宿よりも大きいが、旅籠の数ではやや劣った。箱根越えのための西側の基地としての三島宿のほうが交通上は重要だったためである。しかし、近世後期には町の性格を一転させる大きな変化が生じる。それが沼津藩の成立である。

▼**井上姓**
商家としての屋号は鹿島屋だったが、個人としては井上姓の家だった。

第二章 沼津藩の成立

江戸後期、水野氏を藩主とし沼津藩が成立、沼津は再び城下町となった。

1 水野忠友による立藩

十代将軍家治の寵愛を受け、時の権力者田沼意次の与党でもあった水野忠友は、旗本から大名へと昇格し、安永六年（一七七七）、二万石で沼津藩主となった。かつての三枚橋城の跡地に沼津城が築城され、百六十年ぶりに沼津は再び城下町となった。

沼津以前の水野氏

後に沼津藩主となる水野家は、古くは尾張国（愛知県）に発し、室町時代には三河国碧海《へきかい》郡刈谷《かりや》（愛知県現刈谷市）に進出していた土豪であった。戦国時代の水野忠政《ただまさ》は三河・尾張に勢力を広げた。忠政の娘於大《おだい》の方は松平広忠《ひろただ》に嫁ぎ、後の徳川家康を生んだ。しかし、忠政の子信元は織田氏と結び、今川氏・松平氏と対立したため、於大の方は離婚された。信元の跡は弟の忠重《ただしげ》が継ぎ、徳川家康、さらに豊臣秀吉に仕えた。そして関ヶ原の合戦に際し、徳川家の家臣に復帰する。忠重の子は二家に分かれ、兄勝成《かつなり》の子孫は結城《ゆうき》藩主となり、弟忠清《ただきよ》の子孫が沼津藩主となった。

水野忠清は徳川秀忠に仕え、上野《こうずけ》国小幡《おばた》で一万石を与えられ、元和二年（一六

沼津藩主水野家系図

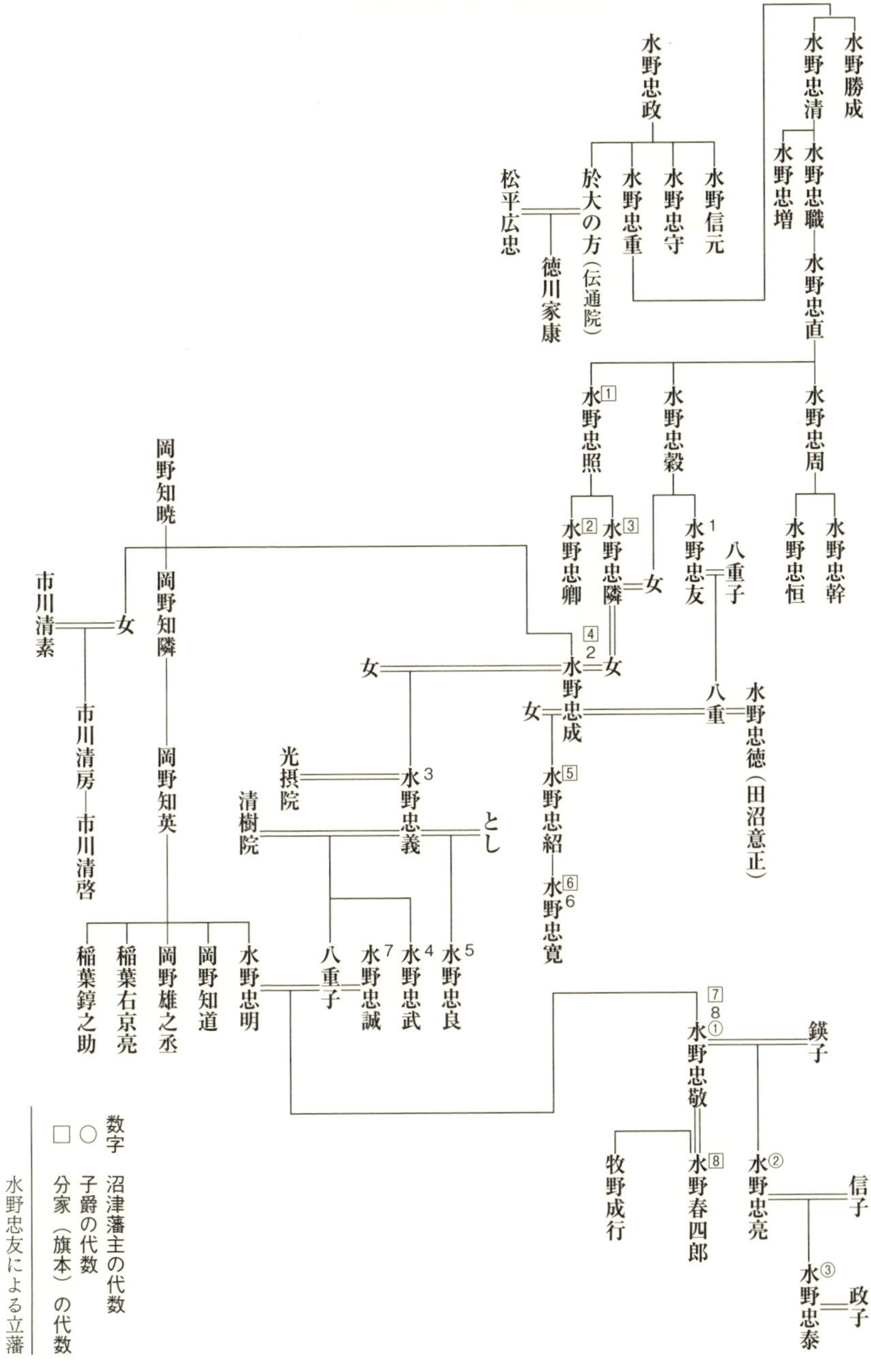
水野勝成
水野忠清
水野忠政
水野信元
水野忠守
水野忠重
於大の方（伝通院）
松平広忠
徳川家康
水野忠増
水野忠職
水野忠直
水野忠周
水野忠幹
水野忠恒
水野忠毅
水野忠友 1
八重子
女
水野忠照 1
水野忠隣 3
水野忠卿 2
岡野知暁
岡野知隣
岡野知英
女
市川清素
市川清房
市川清啓
水野忠成 4 2
女
女
八重
水野忠徳（田沼意正）
水野忠紹 5
水野忠寛 6 6
光摂院
水野忠義 3
清樹院
とし
水野忠良 5
水野忠武 4
水野忠誠 7
八重子
水野忠明
岡野知道
岡野雄之丞
稲葉右京亮
稲葉錞之助
水野忠敬 7 8 ①
鉄子
水野春四郎 8
牧野成行
水野忠亮 ②
信子
水野忠泰 ③
政子
数字 沼津藩主の代数
○ 子爵の代数
□ 分家（旗本）の代数
水野忠友による立藩

一六）には二万石で刈谷に移った。さらに寛永九年（一六三二）、三河国吉田四万石、同十九年、信濃国松本七万石に転じた。以後、水野家は松本藩主として六代・八十三年間にわたり続くが、六代藩主忠恒《ただつね》が享保十年（一七二五）、江戸城で刃傷事件を引き起こし、改易となってしまった。水野家の歴史の中で、これを「松本御大変《まつもとおたいへん》」という。

筆者は複数の沼津藩士の子孫から、取り潰しの後、水野家の家臣として残る者と去る者とを決める際、頭上から氏名を書いた紙片を降らせ、地面に描いた円の中に紙片が入った者だけが選ばれたという言い伝えを聞いたことがある。ザルから名札を降らせたともいう。二百数十年もの間、脈々と語り継がれてきたことであり、「松本御大変」が家臣たちに与えたショックがいかに大きかったかを示す伝承であろう。

生没年月日	藩主の就任・退任日	藩主時代の役職	実　父	正室・側室
享保16年3月3日～享和2年9月19日	安永6年11月6日～享和2年9月19日	若年寄、御側御用人、老中格、老中	水野忠穀（旗本）	牧野康周（小諸藩主）の娘八重子
宝暦12年12月1日～天保5年2月28日	享和2年11月5日～天保5年2月28日	奏者番、寺社奉行加役、若年寄、西丸側用人、老中格、勝手掛、老中	岡野知暁（旗本）	忠友の娘八重
寛政4年9月26日～天保13年1月19日	天保5年4月13日～13年1月19日		忠成	松平乗寛（西尾藩主）の娘光摂院、側室清樹院（孝山殿）
文政7年7月12日～天保15年7月10日	天保13年3月4日～15年7月10日		忠義	毛利斉熙（長州藩主）の娘美代子（安喜姫・英代姫・松寿院）
天保5年8月5日～安政5年3月28日	天保15年9月2日～安政5年3月28日		忠義	
文化4年11月4日～明治7年1月5日	安政5年5月6日～文久2年閏8月20日	御側御用人	水野忠紹（旗本）	
天保5年7月25日～慶応2年9月14日	文久2年閏8月20日～慶応2年9月14日	奏者番・寺社奉行、老中	本多忠考（岡崎藩主）	忠義の娘八重子（慈照）
嘉永4年7月10日～明治40年8月17日	慶応2年10月29日～明治4年7月14日		水野忠明（旗本）	大河内正和（大多喜藩主）の娘鉄子

その後、水野家は忠恒の伯父忠穀《ただよし》が名跡を継ぐことを許され、信濃国佐久郡七千石の旗本として存続した。忠穀の子が初代沼津藩主となる忠友である。

田沼意次と忠友

水野忠穀は旗本として御書院番頭や大御番頭をつとめ、寛保二年（一七四二）に死去した。そして息子の忠友が十二歳で家督を継いだ。彼は九歳の時、八代将軍吉宗《よしむね》の長子竹千《たけち》代《よ》（後の家重《いえしげ》）の御伽として出仕した。

竹千代に仕えた十二歳年長の先輩に田沼意《たぬまおき》次《つぐ》がいた。家重が九代将軍となると田沼はみるみる昇進し、宝暦八年（一七五八）、遠江国相良《さがら》一万石の大名に取り立てられ、将軍が十代家治に代替わりしてからも御側御用人・老中格を経て、安永元年（一七七二）には老中

沼津藩主水野家の歴代

	氏名	受領名・官名	通　称	戒　名
初代（大浜藩初代）	**水野忠友**	豊後守・出羽守	卯之助・惣兵衛	修徳院殿譲誉興仁懿翁大居
2代	**水野忠成**	大和守・出羽守	午之助・吉太郎	巍徳院殿光誉成栄融鑑大居
3代	**水野忠義**	大和守・出羽守	惣兵衛	共徳院殿寛誉泰安義山大居
4代	**水野忠武**	大和守・出羽守	啓次郎・惣兵衛	恒徳院殿道誉赫然曜武大居
5代	**水野忠良**	出羽守	益之助・惣兵衛	常徳院殿泰誉安然義道大居
6代	**水野忠寛**	河内守・出羽守・左京大夫	健次郎・右京亮	温徳院殿良誉粛恭寛舒大居
7代	**水野忠誠**	豊後守・出羽守	本多欽之助・惣兵衛	愿恭院殿照誉幹誠聡哲大居
8代（菊間藩初代）	**水野忠敬**	出羽守・羽後守	清六・吉太郎	興徳院殿崇蓮社仁誉俊翁忠大居士

となり、最大で五万七千石を領するに至った。田沼は将軍からの寵愛をバックに幕政の実権を握り、問屋・株仲間の育成強化や商品作物の栽培奨励、外国貿易の振興と貨幣改鋳といった積極的経済政策を基調とした、いわゆる「田沼時代」を現出した。

忠友は田沼の後を追うように出世を続け、御側御用取次、若年寄並奥兼勤などをつとめた。明和二年（一七六五）に千石、明和五年に五千石を加増され、合計一万三千石となり、水野家は大名として返り咲くことができた。翌年には三河国大浜《おおはま》（現碧南市）に陣屋を構え、大浜藩が成立した。

安永三年、男子がなかった忠友は、田沼の四男忠徳（通称は金弥、後の田沼意正）を婿養子に迎え、時の権力者の縁戚となることで自らの地位向上をはかった。同六年四月、忠友は七千石の加増を受け、領地の合計は二万石となった。御側御用人にも任じられた。同年十一月、信濃国佐久《さく》郡の分を沼津周辺に替え、合わせて一万四千石とし、沼津への築城が命じられた。

天明元年（一七八一）には御側御用人を兼ねたまま老中格となり、五千石の加増を受け、同五年、さらに五千石を加増され、計三万石になるとともに、老中を拝命、勝手《かって》掛《がかり》★兼帯《けんたい》を申し付けられた。

しかし、翌六年、将軍家治《いえはる》が死去すると田沼意次は失脚した。それまで田沼の腹心として振る舞ってきた忠友であったが、一転して養子忠徳を離縁し、自己保

水野忠友画幅
（沼津市明治史料館蔵）

▼勝手掛
財政を専門に担当する職務。

身をはかる。天明七年、松平定信《さだのぶ》が老中に就任、田沼時代を否定するかのように寛政の改革に乗り出した。田沼の与党とみなされた忠友は翌年老中を免じられた。政権中央から追われ暇になった忠友が沼津に初めてのお国入りをしたのがその年のことだった。

寛政五年（一七九三）、松平定信が政権の座を降りると、その翌年、六十六歳になっていた忠友は老中に復帰した。十一代将軍家斉《いえなり》の世子家慶《いえよし》となって江戸城西丸に入った。その後は、亡くなるまでの期間、幕政を担当したというよりも将軍家の家政に従事した。

沼津城の築城

安永六年（一七七七）十二月、沼津での築城に対し幕府から三〇〇〇両が貸与された。翌年一月、江戸から派出した家老杉田伊太夫らが幕府の韮山代官江川英《ひで》征《まさ》（通称は太郎左衛門）との間で城地引き渡しの手続きを行った。二月から三月には、松本藩時代の水野家旧臣で、当時は広島藩士になっていた軍学者吉田雪翁《せつおう》とその子小幡勘右衛門が来て、城の縄張りを行った。ただし翌年四月には吉田案ではなく、田沼意次の家臣須藤次郎兵衛が縄張りをやり直した絵図面が幕府へ提出され、認可された。前年に開始された工事では、遠江国相良の大工善四郎、沼

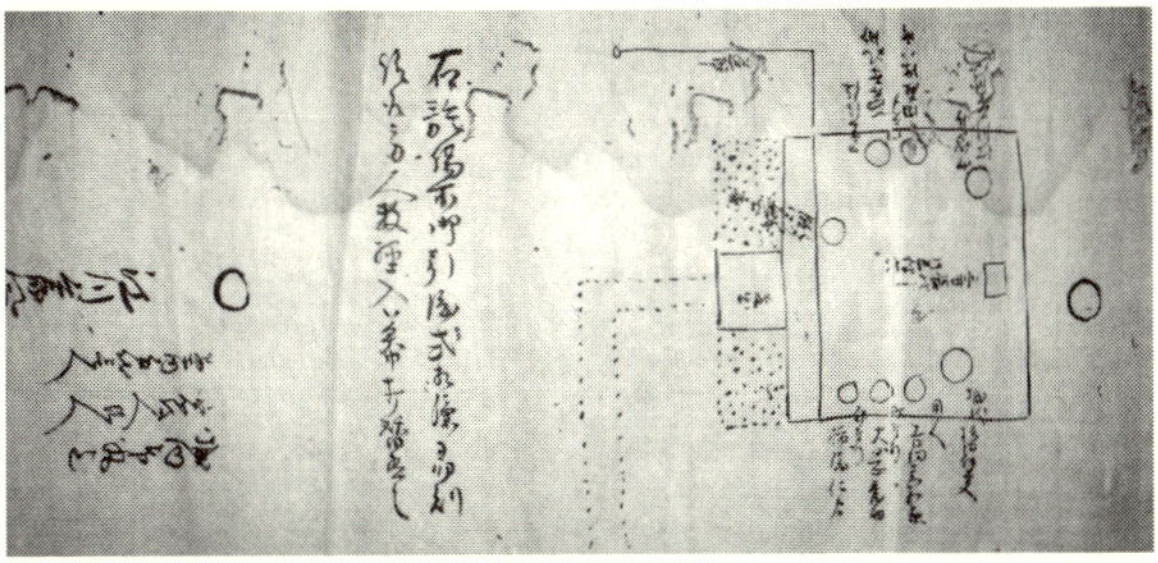

沼津城御引渡図（公益財団法人江川文庫蔵）
安永７年（1778）正月の韮山代官から水野家への城引き渡し時のようすを図で記録したもの。水野家城代杉田伊太夫らと江川太郎左衛門・幕府普請役らが向かい合う

津宿浅間《せんげん》町の大工幸右衛門、御大工勝呂平三郎が仕事を請け負っていた（『沼津略記』）。

安永九年九月に城が完成したとする記録もあるが、城も武家屋敷も全部が一気にできあがったわけではない。忠友自身も「御一代ニ成就ニ不及《およばず》」（自分の代で完成しなくてもよい）と言っていた。たとえば、文政十三年（一八三〇）には武家屋敷地二万坪余が拡張され、本町・上土町・三枚橋町の沼津宿三町がそれぞれ土地を供出した。「御添地」と呼ばれたものがそれで、現在の沼津市添地町という地名の元である。現沼津市西条町も「本町之内字西之城」と記されているように、沼津宿本町分から六七〇三坪余が割かれ、後から足された武家屋敷地だった。

天保二年（一八三一）秋からは二重櫓の建築が始まり、翌年十月に完成、さらに隅二重櫓の建築や堀の拡張にもとりかかっている。この時、領民にも拠金が求められたようであり、藩の飛び地があった越後国五泉の豪農和泉圓翁は金一五両を上納している（『和泉佳逸翁伝』）。嘉永三年（一八五〇）九月にはかねてから願い出ていた普請が幕府から許可され（『御代々略記』）、同年四月には藩士山田翁助・柳元正次郎らが「沼津表御殿」の新規建て替えの御用を命じられている（鎌ヶ谷市郷土資料館蔵「明細帳」）。攘夷をめぐる幕府の対外方針から、幕末になると江戸詰の藩士たちを大挙、国許へ移住させる必要性が生じ、文久期、城下から狩野川を挟んだ反対側の上香貫《かみかぬき》村字中原、坪数一万一七二八坪余に「中原御長屋」と呼

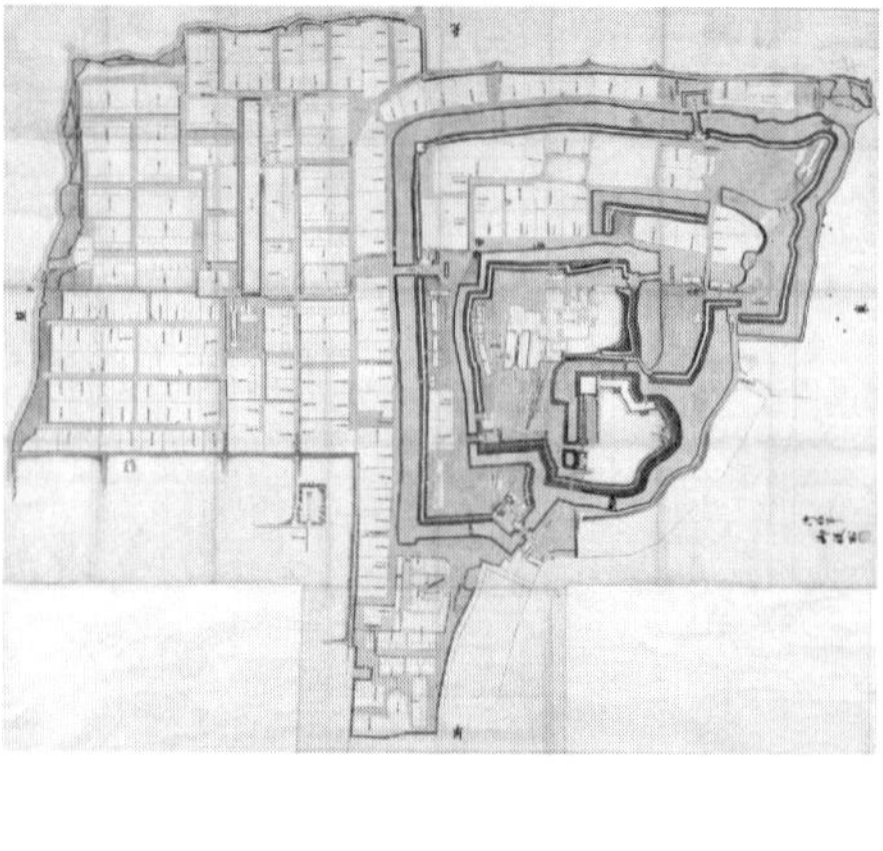

沼津城絵図
（沼津市明治史料館蔵）

ばれる侍長屋が新設されている。

これ以外にも、地震や火事・水害などの被害がたびたびあり、城や武家屋敷の改修・建て替え工事はその都度行われた。幕末の文久二年（一八六二）八月十八日には、改築にともなう「御殿御棟上御式」が行われたようで、沼津宿の郷宿《ごうやど》橋本伝左衛門から口野村方面に以下のような廻状が発せられた。★

〈意訳〉

明日十八日朝六ツ半時に行う御殿の棟上式を拝見する件であるが、内々に名主・組頭・御用達・御用達並・御出入衆までは拝見が許されるとの御内意があるので、私が案内するので、明日六ツ半時に拙宅までお出で下さい。右のことは早々に申し次ぎ下さい。もし間違いがあると不都合なので、そのつもりで順達して下さい。今晩中に口野村まで届くように順達して下さい。

橋本屋伝左衛門

戌八月十七日申上刻

上香貫村柳下力造様（他）

（口野足立家文書）

名主・組頭・御用達・御用達並・御出入衆までは上棟式の拝見が許されており、民衆の中の一部特権階級は城中に入る機会を持てたことがわかる。

一方、文久四年九月に五日間にわたって行われた城の堀浚《さら》いには、我入道村一

▼

明十八日朝六ツ半時　御殿御棟上御式拝見之儀、御内々ニ而名主、与頭、御用達、御用達並、御出入衆迄之所ハ拝見被　仰付候趣、御内意御座候間、私御案内可仕候間、明正六ツ時半拙宅まで御出可被成候、右之趣早々御申し次キ可被下候、若相違いたし候而ハ不都合故、申次き之御心得を以御順達可被下候、已上

一今晩中口野村迄相届キ候様御急キ御順達可被下候、以上

橋本屋伝左衛門

戌八月十七日申上刻

上香貫村柳下力造様（以下略）

（口野足立家文書）

二〇人、志下村六〇人、馬込村七〇人、獅子浜村一〇〇人、江浦村五〇人、多比村六〇人、口野村八五人といった具合に、村々から人足が動員されている（口野足立家文書「沼津御堀浚人足控帳」）。また、文化七年（一八一〇）には、火災の際に「駆付人足」として城内・城下で消火にあたるべき人数が村毎に定められていた（『沼津水野藩地方書式範例集』）。支配者のシンボルである城と民衆は決して無関係ではなかったのである。

こうして造られ、維持された沼津城であるが、極めて小規模であり、城郭としてはそれほど立派なものではなかったようである。たとえば、嘉永六年九月二十日、江戸から遠州中泉代官に赴任する幕臣林鶴梁の場合、沼津城下を通過した際の印象を、「沼津城、手薄之様子、武風之衰、可咲也《わらうべきなり》」と記しており（『林鶴梁日記』第四巻）、あまりに粗末な城の構えを武風の衰えぶりを示すものだと嘲笑したのである。

また、元治元年（一八六四）、幕府の御徒目付《かちめつけ》をつとめていた父の大坂赴任に同行し、沼津に宿泊した十四歳の少年小野正作は、「沼津ハ水野家四万石ノ城下テ小サナ城郭ニ三重櫓カ大手門ノ脇ニアリ如何ニモ玩具然トシテ見ヘタ」といった記述を後年の回想録に残した（『ある技術家の回想――明治草創期の日本機械工業界と小野正作』）。沼津城はオモチャのような小さな城だったというのである。

宿場町に添えられるように後から造られた沼津城は、実戦を意識した堅固な軍事拠点とはいえず、あくまで政庁としての機能にとどまるものだった。戦国の城、三枚橋城と比較すれば、沼津城の面積は半分程度にすぎなかった（『沼津藩とその周辺』）。

家臣団の形成

藩ができて間もない頃の藩士たちは、多様な出自を持った者から構成されていた。すなわち、「松本御大変」によって浪人になったものの帰参した旧臣、旗本に落ちてからも水野家に仕え続けていた家臣、沼津立藩後に新たに採用された家臣である。

藩士の履歴書「駿藩仕録」にはそのことが明記された場合もある。具体例を拾ってみると、石川治兵衛ら「松本離散」「享保之度は御暇之由」「享保之度離散」「享保之度御暇」「先祖松本堪忍分」「松本離散後同所浪人」などと記されているのは、「松本御大変」の結果、浪人となって離散した者やその子孫である。五十川左次馬ら「享保之度御留人」「享保之度引続」「引続」などとあるのは、松本藩取り潰し後も旗本となった水野家家臣に留め置かれた者やその子孫を意味する。

また、その他の履歴書の記載★からも、その家がどの時点から水野家に仕えた家だったのかがわかる場合がある。古くからの家臣であることは、子孫としても誇

▼その他の履歴書の記載

「上州小畑御譜代」（大野家）、「上州小畑以来御旧臣」（小田家）、「先祖三州苅屋被召抱」（五十川家・鸖見家）、「苅屋以来御旧臣」（伴家・村瀬家）、「先祖於三州苅屋被召出」（大須賀家）、「三州苅屋被召出」（都筑家）、「先祖三州苅屋被召仕」（中村家）、「先祖三州苅谷御抱」（近藤家）、「於三州苅屋御中小姓被召出」（三浦家）、「先祖三州小幡被召抱引続」（大岡家）、「先祖金左衛門三州吉田ニ而被召出」（太田家）、「三州吉田被召出」（成田家）、「吉田以来御旧臣」（村瀬家）、「先祖三州吉田被召抱」（福岡家）、「先祖佐藤弥右衛門三州吉田ニテ被召抱」（佐藤家）、「於三州吉田先祖被召抱」（毛利家）、「松本以来御譜代」（川久保家）、「先祖松本御抱」（二見家）、「松本御時代御医師被召抱」（青地家）など。

るべき由緒とみなされ、履歴書に明記する場合が多かったのである。

また、松本で離散した旧臣が水野家に帰参した時期は、明和二年（一七六五）の秋山儀太夫のように、必ずしも沼津立藩の時だけではなく、それ以前の旗本時代だった例もある。高見沢勘五郎・平林喜左衛門のように、旗本時代の水野家が信濃国の七千石を支配するために置いた高野町陣屋において足軽として召し抱えられた者が、沼津藩成立後、沼津や江戸に呼び寄せられたといった例もある。

ただし履歴の記載のし方には精粗があるので、帰参した旧臣なのか、新規召し抱えの家来なのか、はたまた旗本時代にも家臣であり続けたのかについては、全家臣について明らかにするのは難しい。個々の家に家譜などが残されている場合は、たとえば金沢家は小田原藩大久保氏の家臣から浪人を経て、明和六年、旗本時代の水野家に仕えたこと（金沢家文書「明和以来代々記藁」）、庵地《いおち》家は幕府の御鉄砲御簞笥奉行組同心だった三鹿野家から出た初代が改姓して天明元年（一七八一）に沼津藩に仕えたことなど（庵地家文書「家系」）、出仕時の具体的ないきさつがわかる。十六歳の時に「松本御大変」に遭遇した福岡良政（通称は十左衛門）は、明和五年、水野家帰参をはたすまで、「大岡主水正」に仕えていたというので（広瀬家文書「福岡氏家牒」）、別の旗本の家来になっていたことがわかる。大須賀光武（通称は三平）の場合、松本藩改易後、宝暦十三年（一七六三）、水野家に再出仕するまで、惣社村（現松本市）に住んでいたとの記載が先祖書（大須賀家文書）にあ

水野忠友公分限帳
（加藤英雄氏蔵）

り、帰農していたことがうかがえる。

家の歴史が墓誌に刻まれた例もある。沼津市・乗運寺にある望月通弘（通称は周助、宝暦五年三月二十六日生まれ、文政九年〈一八二六〉五月十五日没）の墓石には、同家が最初は三浦姓で小田原北条（後北条）氏に仕えたこと、北条氏滅亡後は三河国吉田城主時代の水野氏に仕えたこと、松本御大変の後は松本近くの山間部に住んだが、沼津藩として水野家が再興した後は再度出仕したことなどがわかる記述が刻まれている。★

忠友の人となりを記録した「修徳院様御行状雑記」によれば、原田孫兵衛・服部純平・萱野源右衛門・星野勘右衛門・柿崎仁右衛門ら地方巧者や祐筆・茶道などの技芸を持った者を新たに召し抱えたため、帰参者よりも新規の家臣のほうが多かったとする（『沼津略記』）。ただ、松本藩時代の旧臣もかなりもどってきたようであり、彼らはそれぞれの道を歩みながらも、いつか旧主家が大名として復活することを待ち望んでいたのであろう。

▼墓石の碑文

「沼津世臣諱通弘字季卿姓本三浦氏今為望月氏俗称周助好閒館其号也其先世仕小田原北條氏高祖某生甫五歳北條氏滅矣後仕参州吉田城主　水野氏曽祖某祖諱安通因公命改今氏説別有伝父通恭於信州松本娶鳥羽氏生通弘第三子也以為嗣始　水野氏移封松本也高祖某従焉及祖安通　水野氏失封尚家松本山部巷及父通恭　水野氏再興賜沼津城通恭又後父祖之所来居江都龍口上邸」

② 老中水野忠成による幕政

二代藩主水野忠成は、十一代将軍家斉の時代、文政から天保期にかけ老中首座の地位に就き、幕政を主導した。積極財政を進めた忠成政権は、贈賄が横行するなど田沼時代の再現との悪評もあったが、沼津藩は忠成の権勢を背景に五万石に達した。

忠成の立身と政権運営

二代目藩主となった忠成は水野家の生まれではない。旗本岡野《おかの》知暁《ともさと》の次男であり、旗本水野勝五郎忠隣《ただちか》の養子となって、西丸で将軍世子家斉の小姓をつとめていた。家斉が十一代将軍に就任すると西丸から本丸へ移り、より一層の信任を受け、同じ年、天明六年（一七八六）に水野忠友の婿養子となった。いつも側近くにいた忠成だけが家斉の持病である頭痛を治せたので、家斉は忠成を手離すことを好まず、本家相続をなかなか承知しなかったという。先に婿養子になっていた田沼意次の子忠徳が水野家から離縁され、その妻だった忠友の娘と忠成が結婚したのだった。

享和二年（一八〇二）、忠友の死により家督を継ぎ、忠成はそれまでの大和守か

水野忠成肖像
（妙心寺福寿院蔵）

ら出羽守を称し、沼津三万石を領した。奏者番《そうじゃばん》・寺社奉行《じしゃぶぎょう》・若年寄や将軍世子家慶《いえよし》の側用人を歴任した。

ちなみに、若年寄をつとめた時代、忠成は御鷹掛として将軍の鷹狩を担当している。若年寄は複数の人物が任命され、財政・馬・奥女中といった仕事を分担したが、鷹狩に関する事務もその分掌の一つだったのである。現存する「水野忠成側日記」八冊のうち、文化五年（一八〇八）から八年までの三冊には御鷹掛若年寄としての業務が記録されており、彼が二名の鷹匠頭《たかじょうがしら》を通じて、将軍が所有する鷹の飼育状態、獲物となる鶴・雁の飛来状況や鷹場の環境などを常時把握し、諸大名からの鷹献上、百姓からの鷹上納の窓口となっていたことなどがよくわかる（『鷹と将軍』）。

幕府の吏僚として経験を重ね、やがて忠成は文化十四年、本丸老中格を兼ねることとなり、翌文政元年（一八一八）には勝手掛を担当、老中に昇った。以後、死去するまで十七年間にわたり老中をつとめ、前年に死去した松平信明に代わり、首座・勝手掛として幕府の行財政を一手に握った。

一七人の女性との間に五五人もの子どもをもうけた将軍家斉のため、その子女の養子縁組に尽力したことも彼が成し遂げた大きな仕事だった。勝手掛すなわち財政担当としては、貨幣改鋳によるインフレ政策をとったことに最大の特徴があった。文政元年から天保三年（一八三二）にかけ、八回にわたり金銀の改鋳を実

水野忠成の入部行列図（部分）
（西尾市岩瀬文庫蔵）
上巻には257人、下巻には439人が描かれている

施したのである。また、問屋仲間による規制を緩和し、統制経済をなくした。それらの施策は、大御所《おおごしょ》家斉や大奥の女性たちの奢侈な生活を支えることとなり、忠成の権勢もそれによって容認されたのだった。

腹心として、妻の先夫である田沼意正や林忠英《ただふさ》（受領名は肥後守）を若年寄に配し、田沼意次時代と同様の側近政治を再現、将軍の寵愛を背景に専権をほしいままにしたとされる。その忠成政権下、賄賂や請託が横行したことは、「水の出てもとの田沼になりにける」、「びやぼんを吹けば出羽どん出羽どんと金が物いふいまの世の中」などと風刺された所以だった。「びやぼん」とは当時江戸の子どもたちに流行した鉄製の笛である。「そろそろと柳に移る水の影」も、やはり同様のイメージだった五代将軍綱吉《つなよし》の側近柳沢吉保《やなぎさわよしやす》の再来という世評が詠まれたものである。

忠成の功績に対する幕府・将軍の評価は、文政四年の一万石加増、同十二年のさらなる一万石加増となって表れ、沼津藩の所領は五万石に達した。文政八年には京都所司代《きょうとしょしだい》・大坂城代《おおさかじょうだい》の新任人事を朝廷に伝えるべく上洛したが、将軍から下賜された葵の紋所が入った鞍鐙《くらあぶみ》・鞍覆《くらおおい》を見せびらかすかのようなその道中は華やかなものであり、世間の耳目を驚かせた。「あたりには人もなし地の鞍鐙葵の御役目にたつの口」という落首は、忠成に対する将軍の破格の寵愛ぶりを揶揄したものである。「辰ノ口」は忠成の拝領屋敷があった江戸城和田倉門外の一等

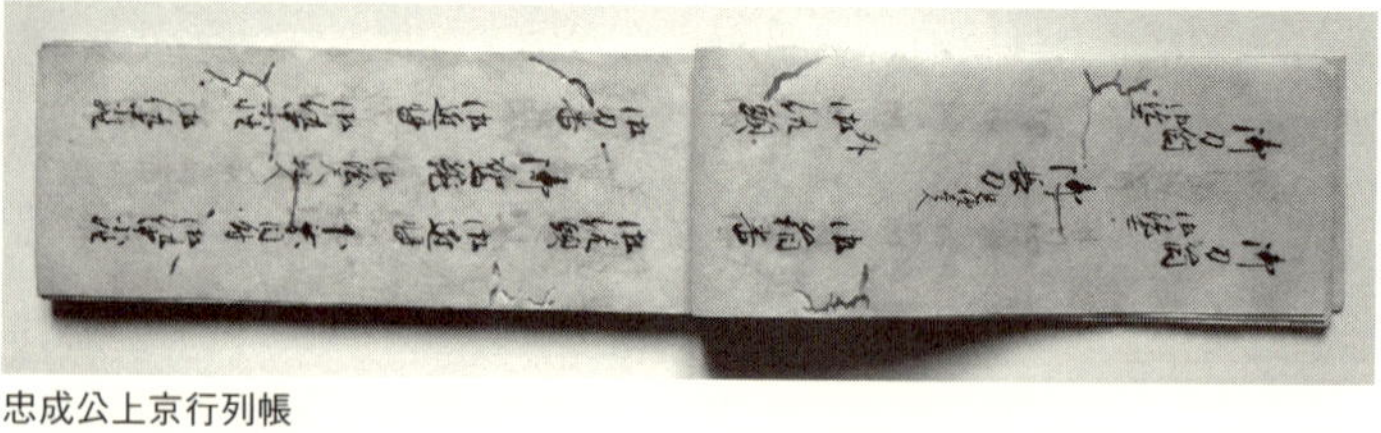

忠成公上京行列帳
（沼津市明治史料館蔵）
「御駕籠」の前後左右は、御供頭・御近習・御刀番・御供中小姓らが固めている

地である。

「坊様が二人死んでは（出羽）こまるだろ」の狂句は、忠成の権勢が剃髪した二人の隠居、すなわち将軍家斉の実父一橋治済《はるさだ》と自身の家老土方縫殿助《ひじかたぬいのすけ》（号は祐因）によって支えられていたことを表す。将軍は忠成に背けず、忠成は土方に背けないと言われたほど（『三田村鳶魚全集』第八巻）、家老土方は陰の実力者であった。

忠成の対外政策

老中水野忠成の対外政策で特記すべきは、文政八年（一八二五）二月には無二念打払令を発布したことである。日本にやってくる異国船は有無を言わさず打ち払えというものであるが、決して具体的な海防強化をともなうものではなく、日本側の漁民や船乗りが海上で異国船と勝手に交流することなどを止めさせること、つまり国内に対する引き締めにこそ主要な意図があったとされる。文政三年に相模警衛を会津《あいづ》藩から浦賀奉行《うらがぶぎょう》へ、同六年には房総警衛を白河《しらかわ》藩から幕府代官へと移管するなど、海防水準は逆に引き下げられている。

佐倉《さくら》藩との領地替えまで願い、上総・安房での海岸防備を担当する覚悟でいた白河藩松平家の希望を叶えなかったばかりか、文政六年に同家を桑名《くわな》へ移封させたこと、松前藩から上知《あげち》★され幕府直轄地となっていた蝦夷地《えぞち》について文政四年十

▼上知
大名や旗本が知行地（領地）を幕府に返すこと。

二月、松前藩による復領を認めたことは、いずれも忠成による選択だった。蝦夷地のことは松前藩に委ねておいたほうが、日露間の緊張が高まらずにすむという考え方だった。そして佐倉藩の転封反対や松前藩の蝦夷地復領には、忠成への賄賂が動いたとされる。文政四年四月に起きた白河藩の佐倉転封要求は、佐倉藩堀《ほっ》田《た》家側による忠成への働きかけ、とくに「諸方の賄賂をうけて私曲の事も多かりし」との悪評が高い家老土方縫殿助への請託などによって阻止されたらしい（『学海余滴』）。

天保二年（一八三二）二月、オーストラリアの捕鯨船レディ・ウィーナ号が東蝦夷地で松前藩兵と衝突するという事件が起こった。事件の調査報告を受け、勘定奉行村垣定行《むらがきさだゆき》（受領名は淡路守）らは箱館とその周辺と東蝦夷地を再び幕府直轄地にもどし、南部・津軽藩などを警備体制に組み込むという改革案を提出した。しかし、現状変更を好まない水野忠成は、松前藩に一万石格の家格を与えるなど、上知とは逆行する方針をとり、村垣らの提案を黙殺した。

忠成政権時代の対外政策は、貿易や外交において幕府が主体性を積極的に発揮しようとする立場とは真逆の、幕藩制的保守主義とされる（『開国前夜の世界』）。水野忠成はあくまで、「幕府・諸侯の経済的繁栄と和合の達成を至上価値とする人物であり」（『日本歴史大系3近世』）、彼が担う政権は外交面での危機意識に欠ける弛緩したものだった。対外政策から見た時、忠成の評価は低い。

村垣定行肖像
（村垣哲男氏蔵）

忠成の逸話

水野忠成は、まがりなりにも幕政を指導した、一時代を代表する人物であり、組織のリーダーとして優れた素質を備えていたようである。官僚的合理主義者とも評される。その言行録ともいうべき「公徳辨《こうとくべん》」から、忠成の人となりを伝える逸話の幾つかを紹介してみたい。

交代寄合生駒《いこま》親章（通称は大内蔵《おおくら》）の家来である本草学者《ほんぞうがくしゃ》阿部《あべ》春庵《しゅんあん》が焔硝製造に関する意見書を主人の添書とともに提出した。しかし、従来の手続きでは陪臣《ばいしん》が主人の添書で願いを出すことは認められていなかった。忠成はせっかくの有用な意見を捨ててしまうのは惜しいと考え、生駒から内意を出させた上、結果、勘定所から阿部に対し焔硝製法の件を命じさせた。規則にとらわれず、できるだけ良い人材を活かそうとしたのである。

松平定信が権力を握った後、天明八年（一七八八）、田沼一派と目されていた先代水野忠友は老中を免ぜられた。その時、江戸城中で長島藩主増山正賢《ましやままさかた》（受領名は備中守《びっちゅうのかみ》）は舌を出して嘲り笑ったといい、そのことを聞いた沼津藩士らは主人を馬鹿にされ、増山を憎んだ。ところが、忠成は、文政五年（一八二二）、正賢の子増山河内守正寧《まさやす》を若年寄に就任させた。周囲の人々は不思議に思ったが、忠

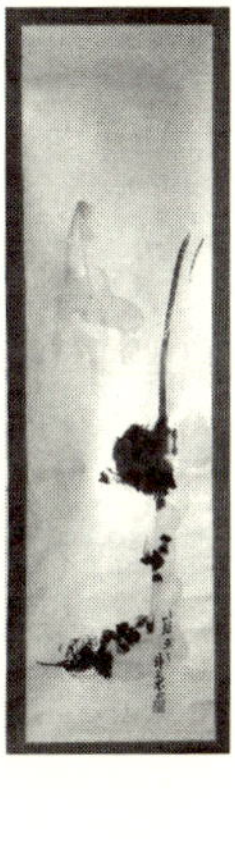

水野忠成画幅
（沼津市明治史料館蔵）

成は、正寧が領主としての評判もよく、精勤な人物なので登用したまでであり、また先代忠友は正賢に嘲笑されても決して怒らず、大きな度量を示し、世間からは逆に好評を得ていたことから、増山家に対する報復などはまったく考えなかったとのことだった。忠成は、堪忍と報恩こそが尊いことであると述べた。

老中・若年寄に面接できる日には、就職希望者数百人が列をなして面会を求めた。それを無益なことであると言う者もいたが、忠成は多くの中から有用な人材を見出すためには希望者に来てもらい、その中から選ぶのが一番よく、どんなに優れた人物でも来なければ何もわからないと述べ、小身の旗本でも国持《くにもち》の大名でも面会者の希望は親切に聞いてやったという。猟官は収賄の温床になっていたはずであるが、忠成の言い分では人材発掘のためだったのである。

江戸町奉行榊原忠之《さかきばらただゆき》（受領名は主計頭《かずえのかみ》）は吟味も行き届き優れた人物として評判だったが、同役の筒井政憲（受領名は伊賀守《いがのかみ》）は手ぬるい人であり、吟味も埒が明かないなどと部下の与力・同心らからも評判が悪かった。しかし忠成は、それは我儘な与力・同心らのほうに偏見があるのであり、本当は筒井は榊原以上に優秀なはずだ、気長に見ていればきっとわかると言った。やがて筒井は世間から抜群の高評価を得るようになった。忠成は人を見る確かな目を持っていたのである。

近藤守重★（通称は重蔵）は学問上の見識が評価され、特に堀田正敦《ほったまさあつ》（受領名は摂津守）に引き立てられ、御書物奉行や大坂御蔵奉行に抜擢され、一時は勢いが盛

▼近藤守重
千島方面を数回にわたり探検し、北辺の防備開拓に尽力した。

んだった。忠成が若年寄をつとめていた頃、近藤からいろいろな申し出があったが、聞き流すだけで用いることはなかった。その後、近藤は事件を起こし処罰され、死んだ。忠成は近藤に人格的な欠点があることをちゃんとわかっていたのだった。

忠成が若年寄の時、文化五年（一八〇八）、長崎にイギリス船が来航し乱暴を働き（フェートン号事件）、その責任をとった長崎奉行松平康英《まつだいらやすひで》（受領名は図書頭）が切腹した。老中や他の若年寄らは松平の自決を褒めたが、忠成は、事件の処理を最後まできちんとするのが本来の御役目であり、腹を切るのはそれからでも遅くはないと述べた。武士道を称揚するよりも、官僚としての実務こそを重視する忠成の冷静な姿勢が見て取れる。

中奥番をつとめた旗本岡野孫十郎は忠成の又従兄にあたる人物であるが、自分の職務には関係ないにも関わらず、ある人が吉原通いをしていることを密告した。それを知った忠成は、岡野は職務外のことに余計な口出しをする不届者であると言い、軽い身分の者がたまに保養のために吉原へ行くのは咎めるほどのことではなく、そもそも八代将軍吉宗が隅田川岸に桜一万本を植えさせたのもそのような思し召しによるものだと述べた。すべての人々にコチコチの謹厳実直さを強制することは無意味であるとし、人間本来の欲望を是認したのであろう。

忠成の息子忠義は幼年の頃、夕食は祖父忠友以下、皆といっしょに食べること

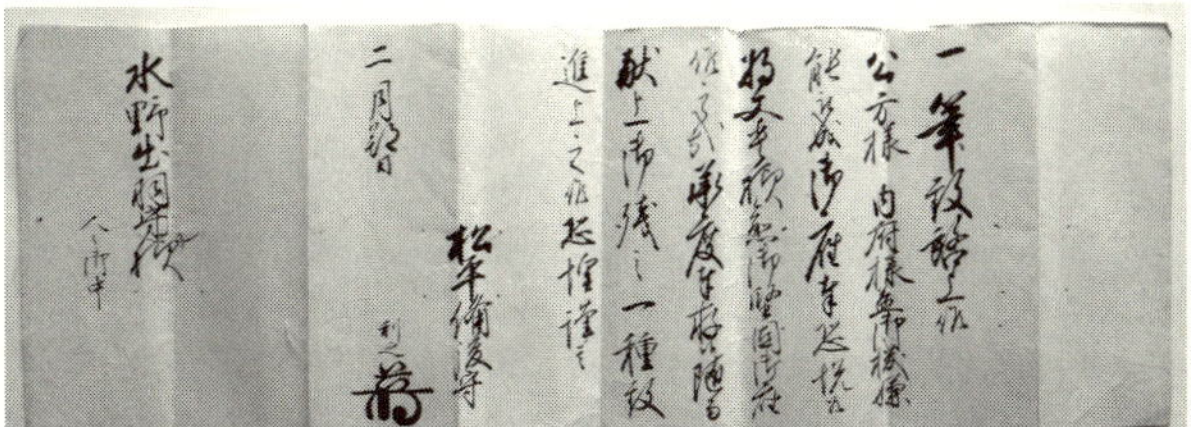

水野忠成宛前田利之書簡（沼津市明治史料館蔵）
前田利之（松平備後守、1785～1837）は大聖寺藩主

にしていたが、嫌いな汁菜が出された際には口にせず、配膳の女中たちは困惑していた。それを知った忠成は、食べたくなければ飯だけ食い、他の品を用意させてはならないと言った。怒られた忠義は以後その通りにしたという。食べ物の好き嫌いを戒めたのであり、息子の教育にも心を配ったようすがうかがえる。ちなみに忠成は、木製の咬合面《こうごう》に象牙製の義歯を取り付けた総入れ歯を使用していたことが菩提寺で発掘された遺骨から判明している（『譜代大名水野家の物語』）。

藩邸では倹約が徹底されており、武芸稽古場でも茶瓶や火鉢は廃止され、その分の浮いた経費は三カ年で七〇俵に達した。それを知った忠成は、家来が寒暑を厭わず武芸に励むのは主人たる者の本望であり、そのための入費をケチることは決して褒められない、倹約を行った者はむしろ不忠であると述べた。君主として家臣に対し、武士にとって何が重要であるのかを諭したのであろう。

文政十年（一八二七）、将軍家斉が太政大臣に昇った祝いの儀式が行われた日、弘前《ひろさき》藩主津軽信順《つがるのぶゆき》（受領名は越中守）は家格によって許されていなかった轅輿《ながえごし》に乗って登城したことから、逼塞を申し渡された。世間では、忠成が津軽から賄賂をもらい轅輿の免許を与えたのではないかとの噂が広まった。そのことを聞いた忠成は、笑いながら、賄賂をもらったのであれば津軽を処罰するはずがない、悪評が流布しているのは自分の不徳の致すところであるが、いずれ噂は消えてしまうだろうと述べた。実際にそのようになった。自分に対する悪い評判に対しても真に受けず、飄々と受け流していたようすがわかる。

天保期の忠義・忠武と印旛沼開削

忠成没後も天保時代は続いた。将軍家斉は天保八年（一八三七）に家慶《いえよし》に将軍の座を譲ったものの、大御所として実権を握り続けた。忠成の時代が沼津藩の全盛期だったとすれば、その後の忠義・忠武らの時代には逆風が吹いたといえる。四十代で家督を継いだ忠義であるが、父のように幕府の要職に就くことはなかった。天保六年と九年、幕府の普請用にと一万両を二度にわたり上納したのは、栄華を極めた忠成時代のなごりだった。

天保十三年、第三代藩主忠義が没し、その子忠武が跡を継いだ。まだ十代の少年だった。そして老中首座となった水野忠邦が天保の改革に着手したのが天保十二年からである。改革は、忠成以来許されていた、供連れの際に将軍から拝領した「御紋附虎皮」の鞍覆いを付けた馬を含め三頭を牽くという特権を奪った。天保十四年二月、質素倹約の奨励の一環として、自分の家紋が付いた馬だけを牽くこととされ、葵の御紋が付いた虎皮の馬を牽くことは差し止められたのである。沼津藩の栄光をかき消すかのようだった。

第四代藩主忠武にとって経済的な痛手となったのは、幕府から印旛沼《いんばぬま》の開削工

御紋附虎皮の鞍覆い（「駿州沼津水野出羽守御入部行列図」より／西尾市岩瀬文庫蔵）

事を命じられたことである。沼津藩が「一の手」とされ、沼口一番杭から五七番杭までの工区で、下総《しもうさ》国印旛郡平戸村（現千葉県八千代市）から横戸村（現千葉市）までの四四三四間・約八キロメートルの丁場を担当し、ほかに庄内《しょうない》藩酒井忠器《さかいただかた》が二の手、鳥取藩池田慶行《いけだよしゆき》が三の手、秋月《あきづき》藩黒田長元《ながもと》が四の手、貝淵《かいぶち》藩林忠旭《ただあきら》が五の手の担当を命じられている。特に林は家斉の側近だった林肥後守忠英《ただふさ》の子であり、忠義に対すると同様、前政権への懲罰の意味合いがあった。沼津水野家にとって遠戚にあたる水野忠邦は、かつて金を使ってまで権力者忠成に取り入り、幕閣へと引き上げてもらった人だったが、今度は容赦なく沼津藩を酷使する側にまわったのである。

沼津藩の元小屋、すなわち工事事務所は萱田《かやだ》村（現八千代市）に置かれ、一時は家老土方縫殿助以下、留守居・年寄・郡奉行・医師から足軽までの三十余名が詰めた。工事は天保十四年七月に開始され、八月中旬には四〇〇〇人の人足が動員されていた。人足は江戸の蔵田屋庄助が請け負った。

工事は九割程度完成したが、水野忠邦の失脚により閏《うるう》九月には中止された。三カ月ではあったが藩にとっては大きな財政負担となった。それはまた領民に転嫁され、十一月には領内の根方《ねがた》組・山方《やまがた》組・川向《かわむこう》組の村々のうち、富裕な者に対して一〇両から二〇〇両の御用金が課せられたほか、沼津城下の商人たちに対しても七〇〇〇両余の賦課が布達された。沼津宿に拠点を置く阿波の豪商鹿島屋

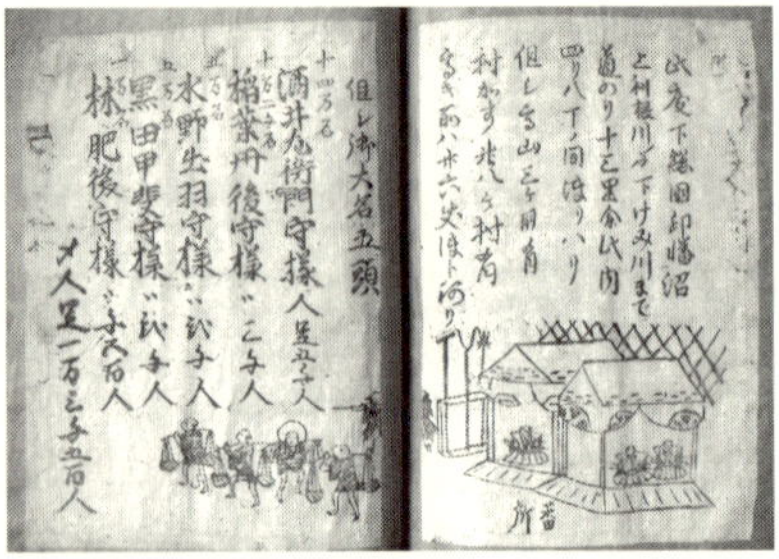

印旛沼開削工事を描いた刷物
（沼津市明治史料館蔵）
「五万石水野出羽守様〃弐千人」
と人足の人数が記されている

甚太郎に対しては「格別」の負担が求められたようである。

根方組・山方組は下小林村名主彦次郎と下石田村名主伴右衛門（青木姓★）が、川向組は上香貫村名主荘兵衛（柳下姓）と下香貫村名主儀八（奈良橋姓）が肝煎役となり、村々からの御用金調達にあたった。御用金以外にも郡中には「見舞金」の名目で一五〇〇両の上納が命じられた。たとえば、高田村（現沼津市）では十一月、七両三分二朱を差し出している。また、駿東郡口野村（現沼津市）では九月、実際には現地へ人足を派遣することはできないので、「代永」として現金で支払うことを願い出ている（沼津市明治史料館保管・口野足立家文書）。

肝煎役に対しては、翌十五年七月、藩より褒美の品として麻裃地一反が下され、郡中にも酒代として鳥目《ちょうもく》三〇〇貫文が下賜された。九月には土方ら藩の担当者七名に対して、幕府から銀や時服《じふく》などが褒美として下されている（『天保期の印旛沼堀割普請』）。

▼青木姓
百姓身分なので公文書に姓は記されていないが、地元の素封家なので実際には姓が判明している。柳下家・奈良橋家も同様。

これも沼津

御預人・旗本市川播磨守

討ち入り後の赤穂浪士の例を出すまでもなく、幕府は罪を犯した者を諸大名に預けることがままあった。沼津藩でもそのような御預人を受け入れたことがある。

天保十三年（一八四二）十一月二十五日、千石を食む旗本市川播磨守は「不行跡」の上、「家事不取締」のため「不束」であるとして、知行の半分を召し上げられ、小普請入りを命じられ、逼塞の処分を受けた。同時に堀金重郎・小浜健治郎・北条新蔵の三人の旗本も処罰されている（『近世庶民生活史料藤岡屋日記』第二巻）。「不行跡」の内容まではわからないが、進行中だった天保の改革に反するような、幕閣の怒りを買う何らかの行為があったものと推測される。

同十二月八日、小普請世話取扱の旗本二名から沼津藩に対し、水野家は市川家と親類であることから、「世話」をするようにとの依頼があった。藩では断ろうとしたが、老中水野忠邦からの指示もあり、交代により勤番四人と足軽・御小人を担当として付けるとのことになった（『御代々略記』）。播磨守（たぶん吉三郎清房）の父、市川肥後守清素の妻は旗本岡野知暁の娘であった。つまり、二代藩主水野忠成と市川清素は義兄弟の間柄であり、当時の四代藩主忠武にとって市川播磨守は父忠義の従兄弟にあたった。肥後守も播磨守も御小納戸や御小姓をつとめた経歴があった。沼津藩では地位ある立場から一転して罪人となったその親類を引き受けざるをえなかったのである。

実際に市川とその一家が沼津藩に引き取られたのは、翌十四年九月二十三日のことだった。浜町（現東京都中央区）の藩邸内にあった、それまで藩士松崎太助が使っていた御長屋を取り壊し、新たに市川家のための家屋が作られたらしい。

江戸詰の沼津藩士の中からは市川の監視役が任命された。藩士の履歴を集成した「明細帳」には「市川播磨守様附」を命じられたと記された者が見出せる。弘化四年（一八四七）十二月二十五日から同五年二月二十一日まで、金三両の手当でその任にあたった諏訪乙三郎である。また、「市川国三郎様一ト間御住居御慎中者昼夜御附両人江申合勤番被　仰付候」（市川国三郎様がひと間の住居で謹慎中は、昼夜お付きすることを二人で申し合わせ勤番するよう仰せ付けた）（弘化四年二月遠藤甚八郎・諏訪乙三郎）、「市川国三郎様附被　仰付、御手当金三両」（安政四年三月二木勘之助）などとも記されていることから、播磨守の子と思われる国三郎に対しても同様の措置がとられ続けたことがわかる。

市川家のお預け処分は十八年の長きにわたった。幕府から正式に沼津藩に対し「最早家事取締方等心附ニ不及」（もはや家事取締を注意するには及ばない）との通達が届いたのは、文久元年（一八六一）十一月八日のことである（『御代々略記』）。播磨守は謹慎中のまま死んだのであろう、国三郎へと代替わりをしていた。

市川国三郎は安政二年（一八五五）二月から昌平黌に通学したことがわかっている（『昌平坂学問所日記　Ⅲ』）。また、慶応年間（一八六五〜一八六八）には両御番格御軍艦組二等になっており、幕府海軍の士官だった。維新後は静岡藩に属した後、明治新政府に出仕して土木寮権中属となり、さらに明治四年（一八七一）十月、三十四歳の時に兵部省十一等出仕に転じ、海軍兵学寮に勤務した。その後、清啓と改名し、海軍中尉・海軍省十六等出仕となり、海軍兵学校に勤務、数学や航海術の教科書編纂などに従事した。

一方、国三郎の家来である市川慎太郎なる人物が、軍艦操練所稽古人・軍艦組三等出役・蒸気役一等出役などとして幕府海軍士官となっていた事実がある。慶応二年（一八六六）三月時点での名簿「御軍艦組姓名帳」（旗本平野家文書）によれば、慎太郎の住所は「浜町水野出羽守内」となっており、沼津藩邸内の市川家から幕府海軍に出仕していたことがわかる。慎太郎は榎本武揚の脱走艦隊に加わり、箱館戦争では千代田形に乗り組んだ。しかし、新政府軍との戦闘中、座礁した艦をあわてて乗り捨てたため、敵に艦を奪われる結果となり、その責任をとって自害するに至った。明治二年五月五日のことである。この時、艦長の森本弘策は兵卒に降格されている。

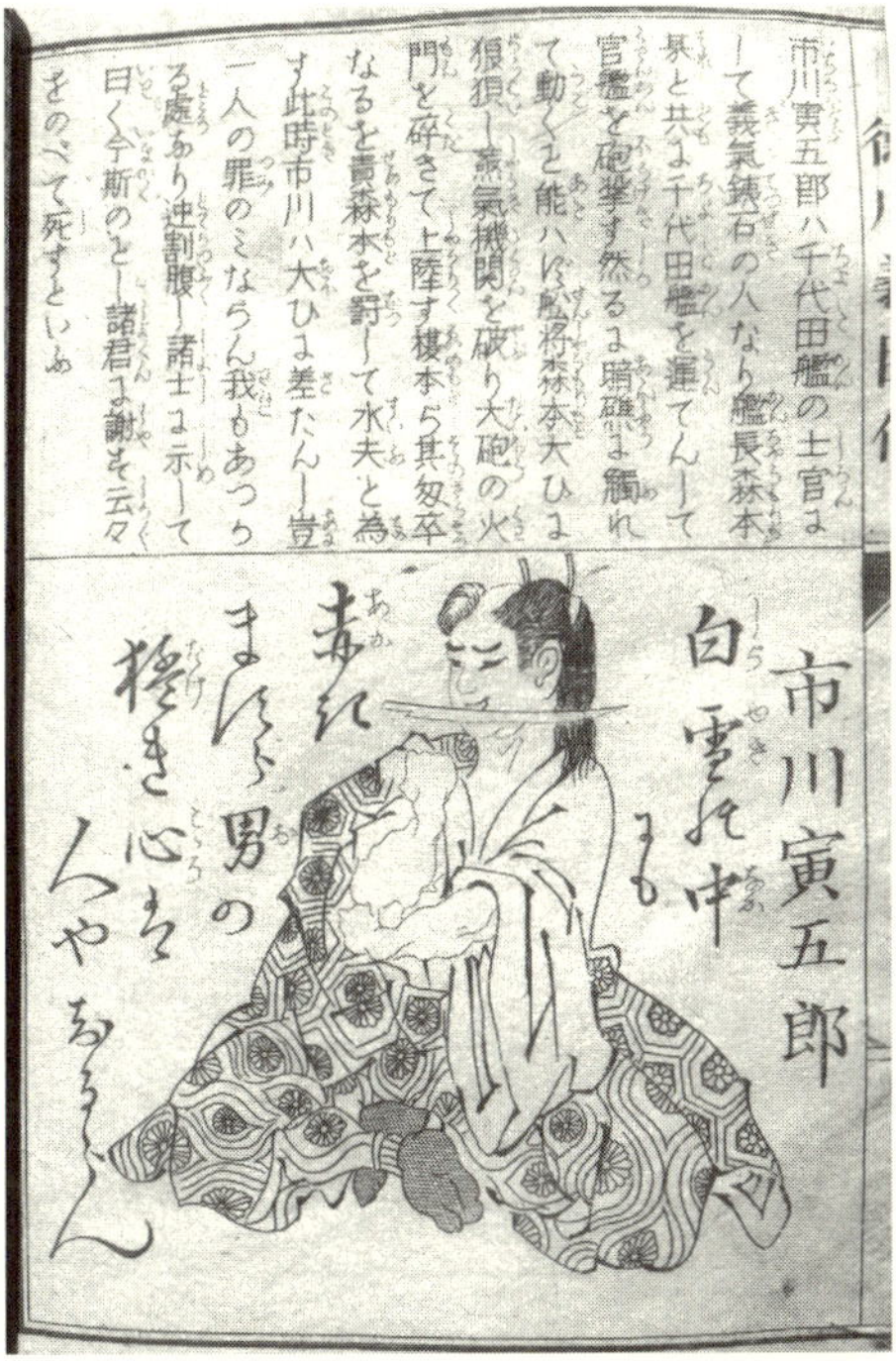

市川寅五郎（『徳川義臣伝　乙』所収／沼津市明治史料館蔵）

慎太郎の自害は後々まで人々の記憶に残ったようで、明治十六年に刊行された『徳川義臣伝』には「市川寅五郎」という誤った名前で彼のことが紹介されている。なお、彰義隊の第二白隊伍長をつとめ、箱館戦争で戦死した市川寅五郎という人物がおり、『徳川義臣伝』の記述内容は市川慎太郎と彼とを混同したのであろう。

市川姓を名乗っていたことから、ひょっとすると慎太郎は単なる家臣ではなく、市川清啓の身内だったのかもしれない。

これも沼津

世界連邦論者稲垣守克

本人が沼津藩士だったわけではないが、その次世代にまで広げれば思わぬ足跡を残した人物が藩士の家系から出ている。世界連邦論者の稲垣守克もその一人である。

大正十一年（一九二二）、アインシュタインは相対性理論に関する講演のため日本を訪れたが、その滞在中、通訳をつとめたのが稲垣守克だった。アインシュタインは稲垣を生涯の友とし、原爆投下・日本の敗戦をはさみ戦後再会した二人はともに世界連邦・世界政府の実現という目標を掲げ平和運動にとりくんだ。

稲垣守克（一八九三～？）は東京の生まれ、大正六年、東京帝国大学卒。大正八年に政府の委嘱で講和条約実施委員として渡欧、第一次世界大戦後のヨーロッパを仕事の場とした。『国際連盟について』（大正八年）といった著書も出した。大正十三年には日本国際連盟協会代表となり、主にジュネーブを舞台に活躍した。アインシュタインの訪日を世話したのはその間のことである。満州事変後の国連脱退に際しては、全権松岡洋右とともに「帝国の立場闡明のために孤軍奮闘」し、その後も外務省嘱託として対国連の事務に従事、昭和十四年（一九三九）五月に帰国した。戦時中は国民精神総動員中央連盟などに関与したが、戦後は徳川義親らと恒久平和研究所を立ち上げ、アインシュタインとの交流再開を契機に昭和二十三年、世界連邦建設同盟を組織し、同二十九年までその理事長をつとめた。同三十七年時点での肩書きは、世界協会理事、世界連邦国際研究所長、世界連邦建設同盟副理事長、世界憲法会議準備委員。同四十三年、カナダに移住した。

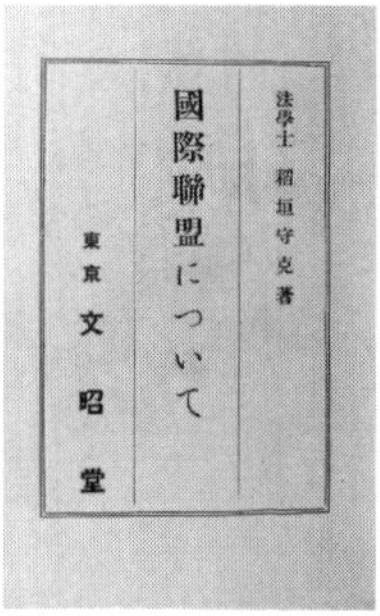

稲垣守克著『国際連盟について』（1919年刊／沼津市明治史料館蔵）

沼津市には稲垣守克が建てた墓石が乗運寺に残る。稲垣家累代之墓（昭和五年）と守克の両親（守衛・さよ）の墓、法学士稲垣賢三郎之墓（昭和二年二十七歳没）の三基である。父の墓には、「先考守衛大正八年皇紀二五七九年二月十三日鎌倉の自宅に於て没す行年六十四歳　長男守克建之」と刻まれている。

その家系は、一学（寛政五年没）――名兵衛（文化六年没）――素平――守賢（通称は名兵衛）――守衛――守克と続いた。藩内では上士に属し、三代目の素平は老中として幕政を牛耳った藩主水野忠成の逸話や言行を記録した「公徳辨」の筆者として知られる。守賢の代に維新を迎え、上総国菊間に転封された藩主に従い沼津を離れた。

守衛は、明治末には第百銀行横浜支店に勤務、鎌倉に住んだ。ちなみに、素平の弟小平太は同じ沼津藩士の三浦家を継いだが、その子三浦千尋は江川坦庵の高弟となり西洋式砲術を藩内に広め、千尋の子徹は明治後キリスト教の牧師となった。

③ 領地と領民

沼津藩五万石の領地は、沼津周辺の駿河・伊豆のみならず、三河国大浜、越後国五泉にも合わせて二万石を超える大きな飛び地があった。駿河湾や伊豆半島東海岸の領地には豊富な漁場があり、海の恵みも藩財政を潤した。

駿河・伊豆

沼津藩の領地は、居城がある沼津を含む駿河国（現静岡県）以外に、伊豆国（現静岡県）、三河国（現愛知県）、越後国（現新潟県）に散らばっていた。まずは沼津に近い駿河・伊豆の領地について。

本拠である沼津を含む駿東郡とその周辺の領地、約一万四千石は城附高地とされ、藩の中核となった支配地である。もちろん、現在の沼津市域すべてが沼津藩領になったわけではなく、近隣には幕府領（韮山代官支配地）、旗本領、小田原・田中・荻野《おぎの》山中《やまなか》といった他藩領がモザイク状に入り組んで存在した。現在の行政区でいえば、沼津市のほか、長泉町・裾野市に含まれる村々にも藩領があった。

また、駿東郡に隣接する富士郡と、沼津からはかなり遠い益津《ましづ》郡・志太《しだ》郡にも

牓示杭（沼津市大岡）
かつての駿東郡木瀬川村・下石田村の境界に建てられ、これより西が沼津領であることを示す

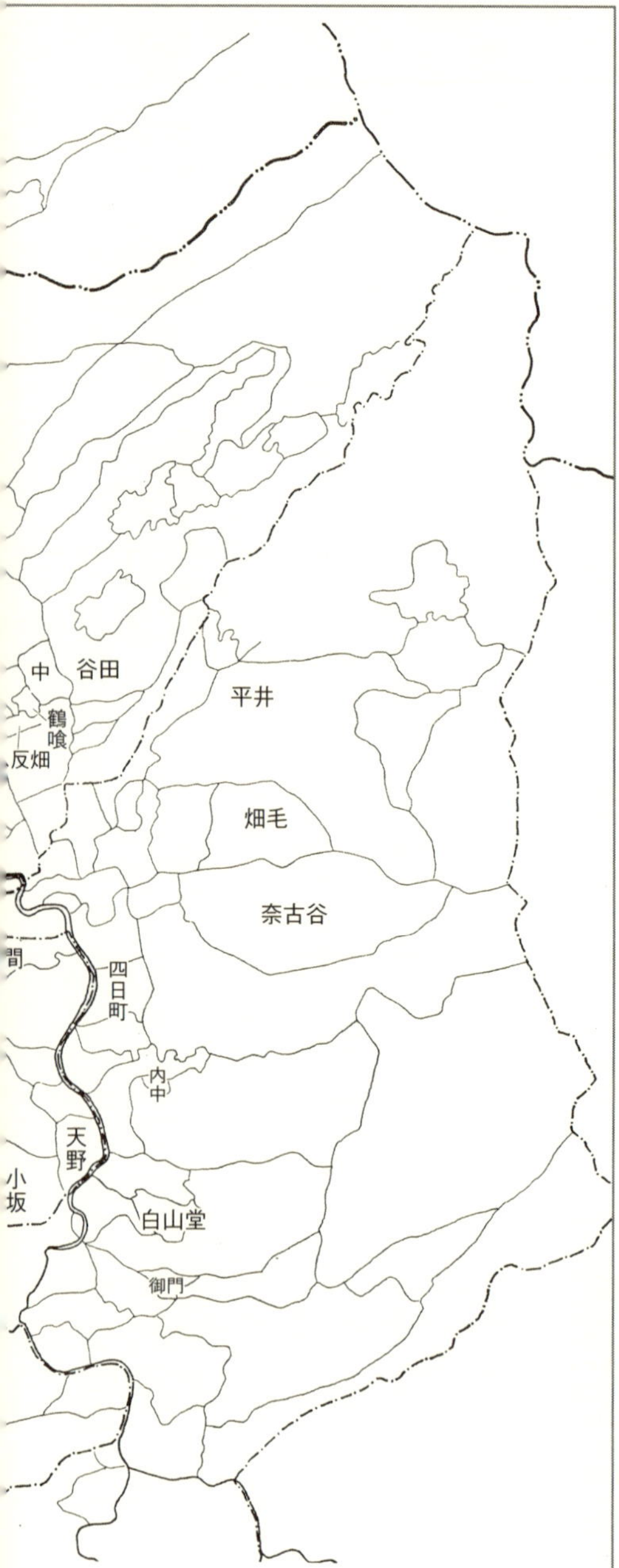

『沼津市史　史料編　近世１』を参考に作成

合わせて約一万石、さらに伊豆国君沢《くんたく》郡・田方《たがた》郡・賀茂《かも》郡には約七千石の領地が散在した。現在の富士市・富士宮市・焼津市・三島市・函南《かんなみ》町・伊豆の国市・伊豆市・伊東市・東伊豆町・河津町・下田市にあった村々である。嘉永三年（一八五〇）時点では、「志太益津郡拾弐ケ村取締役」が三名置かれており、藩士が常駐しない同地では、彼らが年八斗の俸給を受け藩領のとりまとめを担当していたことがわかる（『沼津水野藩地方書式範例集』）。安政二年（一八五五）に名主に就任、さらに伊豆北部の一七カ村の「難村回復」のため割元に任命された北江間村の浜村波平は、苗字帯刀を許され、「奉行格」の待遇を与えられ、軍資金募集に東奔

沼津市周辺における沼津藩領

伊豆国における沼津藩領

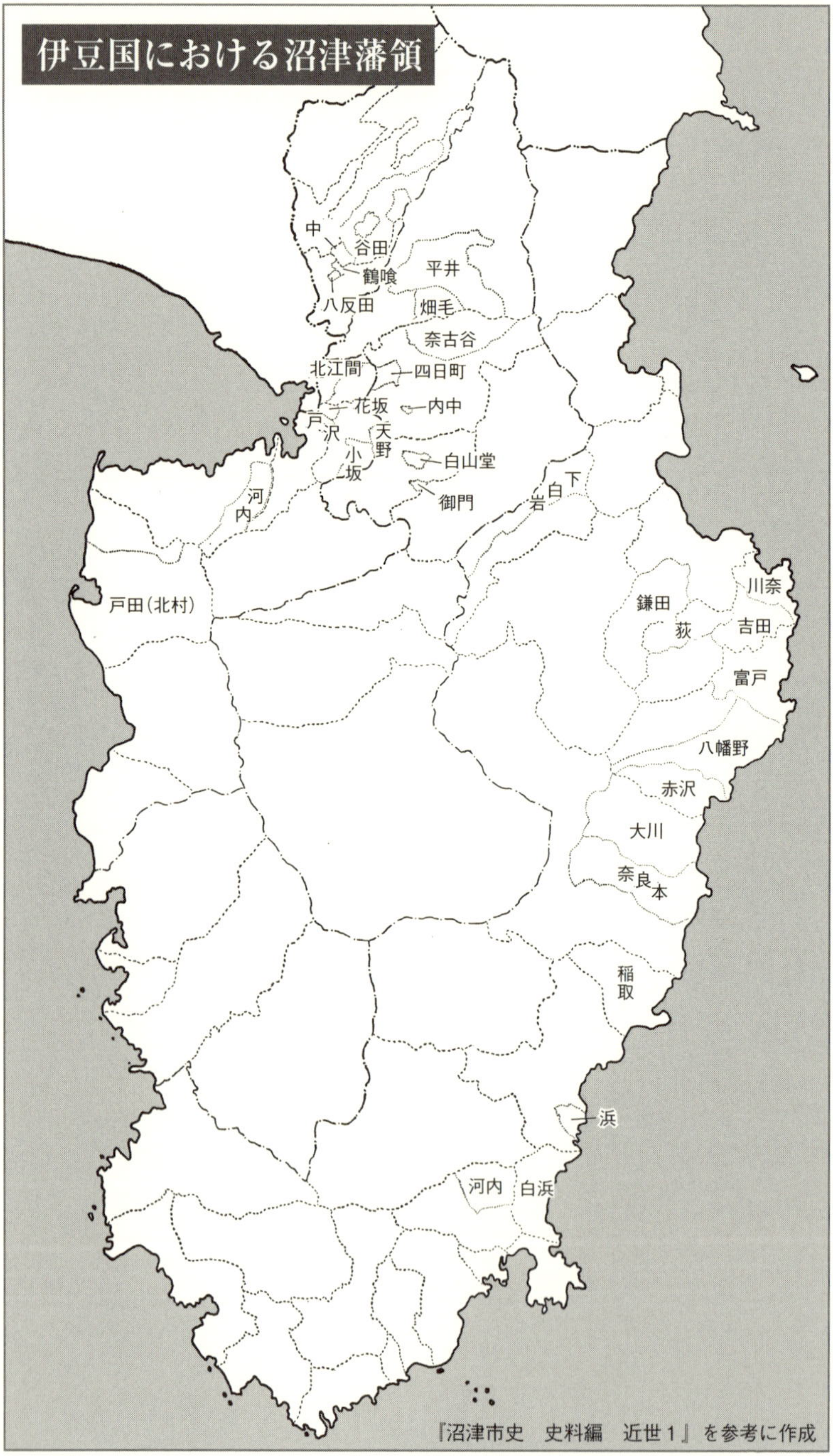

『沼津市史　史料編　近世１』を参考に作成

西走するなど、藩のため貢献したという(「沼津掃苔録」)。

さて、藩の中心である沼津城下には沼津宿があり、藩の経済の中心でもあった。天保期には人口五三〇〇人余、戸数一二〇〇軒余を有する都市だった。

沼津近隣の領内は、根方組(愛鷹山南麓の村々)・山方組(愛鷹山東麓の村々)・川向組(沼津宿とは反対の狩野川左岸の村々)といった組に分けられ、一種の行政区画をなした。沼津宿本町年寄と三枚橋町名主が割元をつとめ、村々を取り締まったというので(『沼津水野藩地方書式範例集』)、沼津近傍でも割元制が敷かれていたことがわかる。一方、藩側では、「駿東郡沼津三町并三十六ケ村掛」(山田彦市)、「御城下三町并御領分駿東郡村々掛」「御領分富士郡村々之掛」(森下楯之助)といった具合に地区毎に地方支配の担当者を決めていた(「明細帳」)。

城下以外の農村部に藩の支配機構が置かれた例としては、伊豆島田村もしくは水窪村(いずれも現裾野市)にあった分一番所がある。藩士の履歴に「伊豆島田拾分所詰」「水窪十分所御役所詰」などと記載されたのがそれである。これは御厨《みくりや》地方(現裾野市、御殿場市等)の農民が薪炭・竹材などの山稼ぎで得た収入から運上金を徴収するためであり、伊豆島田村は三島宿への流通路、水窪村は沼津宿への流通路にあたる。

なお、細かな点であるが、安政二年(一八五五)から三年にかけては、幕府の下田奉行所の用地などとして伊豆国賀茂郡中村・立野村(現下田市)が上知され、君沢郡天野村（現伊豆の国市）などが代わりに下されるなど（『御代々略記』）、藩が存続した長い間にはたびたび小さな変化が生じているので、藩領の全貌を詳細に把握するためには、個別の村レベルでの変遷を追う必要がある。

海の恵み

川向組の南には「五ケ浦」「五ケ浦六ケ村」「内浦」（現沼津市静浦地区にあった六カ村）などと称された漁村が海岸線に沿って並んでいた。そこでは農村支配とは違う独自性が必要とされた。

小野順蔵房敷は安永七年（一七七八）に足軽として沼津藩に召し抱えられた人であるが、もとは駿東郡志下《しげ》村（現沼津市）の農民笹原家に生まれ、同郡柳沢村の豪農の家を継ぎ名主をつとめた。一時、駿府代官に属し租税のことを司ったというので、手代《てだい》★をつとめたのであろう。その前歴から漁業や民政に詳しく、沼津藩に対して「伊豆沿岸漁業ノ利」を説き、「駿遠豆相沿岸四季遊魚ノ図」を製して上司に提出したとのこと（「小野家系図」）。その結果であろう、天明八年（一七八八）三月、「五ケ浦魚漁分一掛」に任命され、文化五年（一八〇八）九月に「内浦魚猟運上掛《うんじょうがかり》」を免じられている（『駿藩仕録』）。山方のそれと同様、浜方の分一とは漁獲物にかかる運上金《うんじょうきん》のことで、年季毎の請負制がとられた。江浦村に

▼手代
幕府の代官の下で民政を担当した下級官吏。百姓・町人・浪人などの子弟が採用された。

は漁業を監督する役所が置かれ、藩士が詰めたらしい。

安政二年（一八五五）三月、獅子浜村の名主植松七右衛門は、村々で家業出精、質素倹約をつとめさせることを任務に、内浦六ケ村取締を拝命し、一年に米二俵を下されることとなった（沼津市明治史料館蔵・獅子浜植松家文書）。六カ村とは志下・馬込・獅子浜・江浦・多比《たび》・口野の六カ村である。民政一般は植松家のような土豪の系譜をひく有力者に任せていたといえる。

駿河湾に面する沼津藩領にとって海からの収益は大きかった。それは伊豆東海岸の領地も同様である。とくに特徴的なのが賀茂郡白浜村（現下田市）・稲取村（現東伊豆町）・浜村（河津町）での天草漁である。文政五年（一八二二）、白浜村を領有することになった沼津藩では、それまでの村請（村自らが天草採取に対する運上金の納入を請け負うこと）を廃止し、商人たちに入札させ、高額で落札した者に運上金を請け負わせるという方法に切り替えた。結果、請負額は高騰し、上納される運上金が増え、藩財政を潤わせることとなった。落札したのは下田町の豪商綿屋吉兵衛（鈴木姓★）であった。海士《あま》たちが採取した天草は買い取られ、下田湊から船で江戸・大坂などへ出荷された。

天保期には一時、架空の商人名目で紀伊藩が白浜・稲取両村の天草運上を落札し、その天草を原料に自藩での寒天製造に利用しようとした。同時期、紀伊藩では沼津宿の塩問屋株の取得などをもくろみ、それらの動きには沼津藩領・君沢

水野忠義書幅「万魚入口野」
（足立誠一氏蔵・沼津市明治史料館保管）

▼鈴木姓
商人としての屋号は綿屋、個人としての姓は鈴木だった。

郡戸田村の名主でありながら紀伊藩と特別な関係を有した勝呂弥三兵衛が協力した。何とも複雑であるが、天草についてはやがて沼津藩が「御手浦」として自藩の直轄にもどした（「紀州藩の天草集荷請負人」、「紀州藩石場預役と漁業社会」）。

稲取村には収穫した天草の買い付けが行われる場として会所が建てられた。藩士の履歴書に「御領分豆州稲取村ほか両村へ心太草請け払い取り捌き元〆として八月中まで出役」（弘化二年三月六日八島俊蔵、ほぼ同時期の同文が諏訪勝蔵・小林要造にも）といった記載があるように、沼津藩では収穫期には担当者数名を特派し、売買に立ち会わせた。

少し先走れば、沼津藩（維新後は菊間藩）領の天草運上は維新後も入札制が続けられたが、白浜村では明治三年（一八七〇）から四年にかけ、平井村（現函南町）にあった菊間藩知農役所に対し、維新政権の「小民引立」というスローガンを楯に、村請にもどしてほしいという嘆願を繰り返した（「天草の楽天地白浜村の天草浦沿革之上申書之写」）。村民たちは商人による中間搾取を嫌ったのである。

他に伊豆の特産物としては石材があった。賀茂郡中村（現下田市）では青石を産出したが、沼津藩ではそれにも運上を課した。三年の年季で下田町の商人吉兵衛が請負人となり、同村の石工たちに一カ年永一貫文（銭一〇〇〇文）ずつの上納が命じられている（『沼津水野藩地方書式範例集』）。

稲取村会所で天草の売買に立ち会う沼津藩士ら
（国立歴史民俗博物館蔵）

三河国大浜

三河国大浜（現愛知県碧南市）は、沼津に城地が与えられるまで、大名に取り立てられた水野忠友が最初に与えられた領地であり、沼津に本拠を移した後も重要な地位を占め続けた。五万石のうち、一万三千石が大浜領にあったわけであり、石高の上で大きな比重を占めたのみならず、産業先進地だった同地は経済・財政的にも藩を支える重要な基盤となったのだった。

大浜領は、藩の出張所というべき陣屋が置かれた大浜村をはじめとする碧海郡の一六カ村、幡豆《はず》郡の五カ村である。うち七カ村は相給《あいきゅう》（他の領主との共有）だった。現在の行政区では、愛知県碧南市・安城市・岡崎市・豊田市・刈谷市・西尾市・吉良町に含まれる。

矢作川下流の三河湾に臨む大浜は、海運の要地として発達した。周辺では酒・味醂・味噌の醸造、木綿栽培、製塩、瓦製造などが盛んで、大浜の港はその出荷基地だった。この地で生み出された三州瓦は沼津城にも使われ、天保三年（一八三二）の刻印が押された物などが現存する。

大浜陣屋には郡代・手代・郷方ら十数名が在勤したが、任期を終えて沼津・江戸に去っていく郡代や手代に対し、郷方の多くは代々同地に勤務した在地の藩士

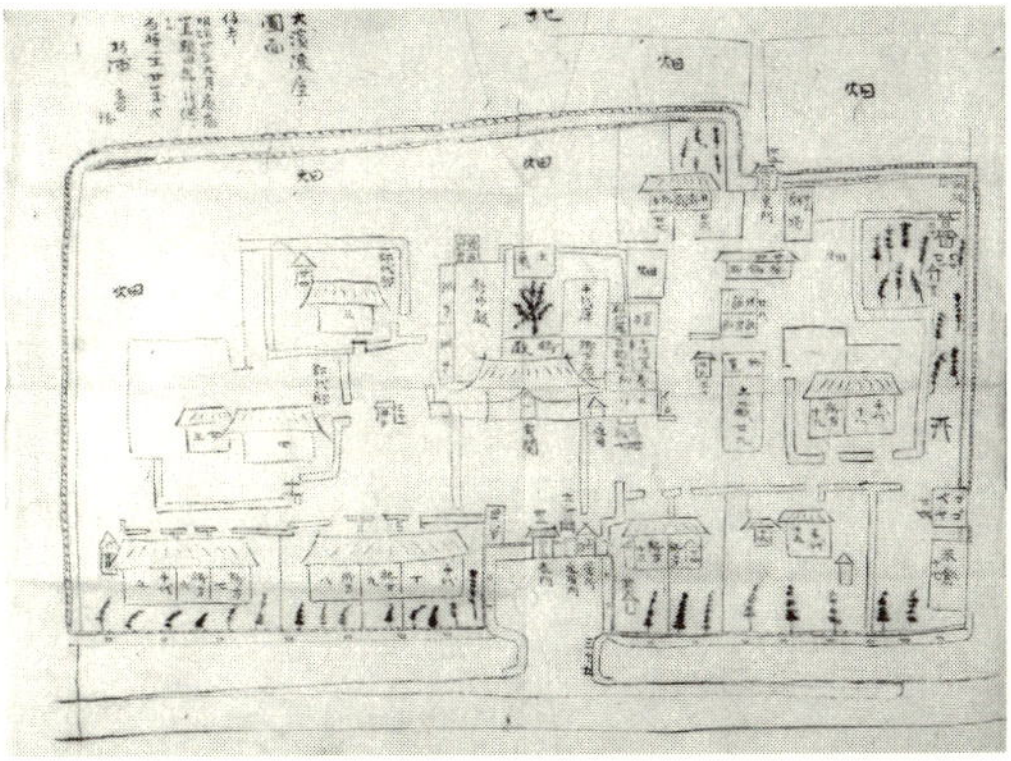

大浜陣屋の平面図（沼津市明治史料館蔵）

御殿を中心に郡代邸や手代・郷方の長屋、日新館（学問所）、撃剣場、土蔵、米蔵などが並んでいた

だった。陣屋と各村とをつなぐ中間に割元（郡中惣代）が置かれ、行政・司法の一部の機能を担った。

また、正月の挨拶に訪問するなど、陣屋に出入りした地元側の人間には、各村の名主・組頭・百姓代以外に、御用達肝煎惣代、御用達惣代、御用達並惣代、御出入惣代、郡中惣代、御出入医師といった肩書の者たちが見られ（「大浜陣屋日記」）、彼らのような存在が沼津藩の三河領において藩の仕事の一端を担わされていたことがわかる。

越後国五泉

沼津藩の飛び地として、三河国大浜領とともに双璧をなしたのが越後国蒲原郡の五泉領（現新潟県五泉市）、約一万石である。二代藩主忠成の全盛期、文政十三年（一八三〇）からの領有だった。阿賀野川と早出川の合流点に発達した五泉は、現在の新潟県中部に位置し、羽二重《はぶたえ》・袴地《はかまじ》五泉平《ごせんぴら》の産地、米の集散地であり、在郷町として栄えた。米どころの越後が藩の財政に貢献したことは間違いない。

五泉町は上五泉町と下五泉町に分かれていたが、安政二年（一八五五）時点で両町合わせて高千八百三十三石余、家数六五二軒、うち本百姓三一三軒、水呑三三三軒、寺三軒、社家二軒、庵一軒、人口二九二一人という大きな町だった。下五泉町には酒造屋三軒、請売酒屋一軒、質屋三軒、油屋二軒、蠟燭屋三軒、糀屋四軒があり、商業が発達していたようすがうかがえる（『五泉郷土史』）。

藩の出張役所である陣屋は下五泉町に置かれ、代官とその部下たちが派遣され、駐在した。支配地とされた五泉町と三六カ村は、論瀬組・寺沢組・下条組・三本木組・中川組・笹堀組・四ケ村組・五泉町といった組に分けられ、割元庄屋《わりもとじょうや》が各組に置かれた。大浜領と同様、人数が少ない陣屋在勤藩士の行政機能を肩代わりする存在だった。沼津藩領となる前は大庄屋が置かれていたが、経費が嵩む原因としてその存在は村々から反発を受けており、廃止が求められていた。五泉陣屋ではその要求を容れ大庄屋を廃止したものの、やはり中間的な行政機構は必要だったようで、割元庄屋が任命されたらしい。

一揆の指導者山田源次郎と江藤茂七

初代藩主忠友は、「五公五民の法ニ随《したが》ひ」「多分ハ公儀の法を御用ひ」云々と述べ（『沼津略記』）、幕府の天領と等しい税率にして、農民にとって過重な負担とならないよう意識していたらしい。

忠友が初めてお国入りした際、天明八年（一七八八）十月、八十歳以上の高齢者と困窮者に米銭が配られた（『沼津略記』）。また、寛政八年（一七九六）十二月、

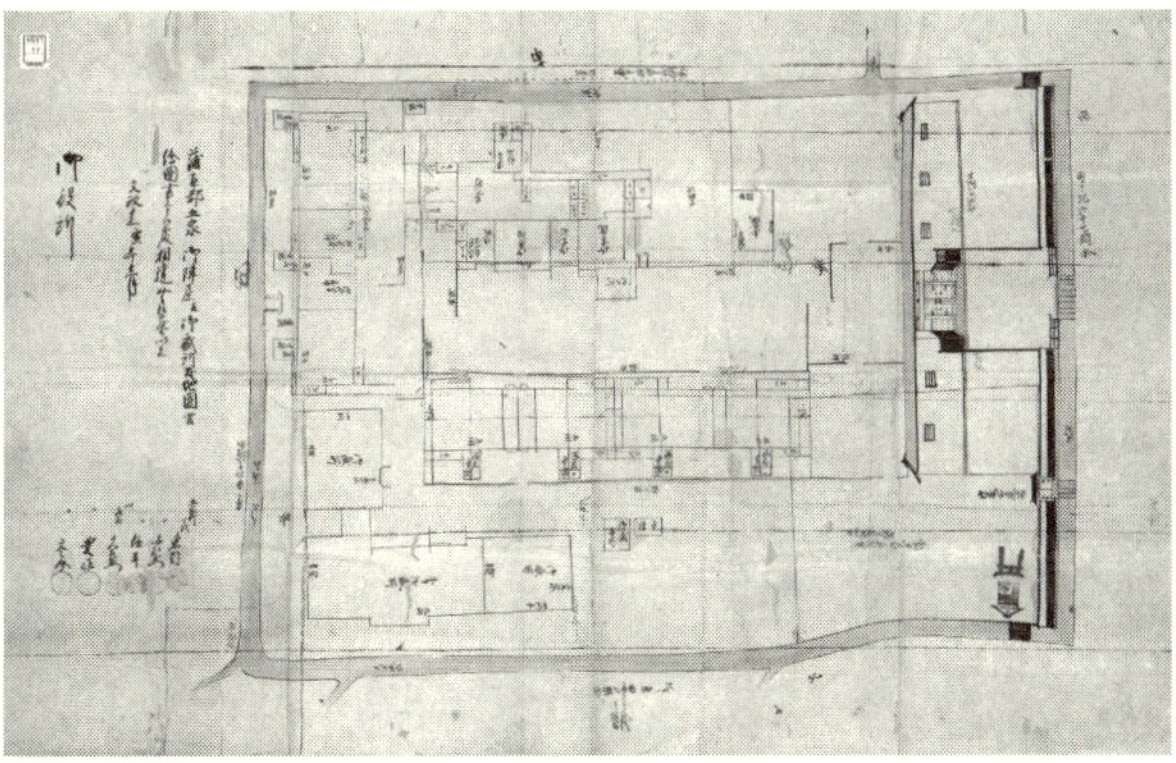

文政十三年（一八三〇）五泉陣屋の平面図
（沼津市歴史民俗資料館蔵）

沼津藩では駿東郡岡宮村（現沼津市）の百姓伝兵衛を母に孝養を尽した者として表彰し、蔵米三俵と鳥目五貫文を与えたほか、忠友が描いた松・鶴の画などを下賜したという（「金岡村誌」）。このような孝子・節婦・忠僕など模範的な領民像の創出は、一揆などを防ぎ支配を正当化すべく行った、人心収攬《しゅうらん》の手段であった。九十歳以上に年米二俵ずつを下すという老養御手当米も制度化されていた（『沼津水野藩地方書式範例集』）。嘉永四年（一八五一）四月の第五代忠良の例など、たまに行われた藩主の領内「御廻村《ごかいそん》」においても、八十歳以上の者へ一貫文、窮民へ一貫文といった具合に「御祝儀」の名目で金銭が配られているのも同じである。

しかし、理想的な領主・領民関係の実現は難しかったらしく、文化十三年（一八一六）冬には沼津領内で一揆が起きている。駿東郡西熊堂《にしくまんどう》村（現沼津市）の名主山田源次郎が首謀者となり、農民たちの生活の窮乏を救うべく減税を藩に求めた。「三分一五升高廃止」をめぐる紛議だったという（『静岡県駿東郡誌』）。蓑笠《みのかさ》姿の領民数百名が蓆旗《むしろばた》を立て訴願に及んだが、藩では徒党・強訴の罪で源次郎を投獄した。減租は一部実現されたというが、源次郎の獄中生活は数年に及んだ。病気になったため釈放され、天保十一年（一八四〇）一月、七十三歳で死去した。はるか後年の明治四十五年（一九一二）、西熊堂の地には顕彰碑が建てられ、源次郎は義民として称えられることとなった。

山田源次郎とともに立ち上がった者には、隣村の東熊堂村の川村半左衛門と岡

水野家家紋入り裃
（沼津市明治史料館蔵）
上石田村の名主井口家に下賜されたもの

山田源次郎碑
（沼津市西熊堂）

宮村の江藤茂七《えとうもしち》（諱は佳木）がいた。二人も投獄されたが、まもなく釈放された。江藤は騒動を起こした責任をとったのであろう、叔父に家を譲り、沼津藩領ではない近くの東沢田村に別家した。その後、江藤はそれまで親しんでいた和歌の道を捨てて家業に専念し、その子孫も豪農として続いた。江藤の墓誌には「有故辞宗移于東沢田」と記されているが（「沼津掃苔録」）、「有故」は一揆のことを意味しているのであろう。

田代山牧

沼津のすぐ背後にある愛鷹山には、幕府直轄の愛鷹牧が設置され、多数の野生馬が飼養・管理されていた。愛鷹牧の存在に刺激を受けたのか、沼津藩でも独自に馬を育成したいと考えたらしく、天保十一年（一八四〇）四月、領地である伊豆国君沢郡戸田《へだ》村（現沼津市）に牧《まき》を開設した。面積は二三六町余、駿河湾を望む田代山という山がその場所だった。

しかし、何もないところにまったく新たに牧を置いたわけではなく、同村の名主勝呂《すぐろ》家が私有していた牧を藩の管轄に移し、それを拡充しようとしたのである。勝呂家では、戦国時代、武将だった先祖が同地に馬を放牧したのが起源であると唱えていたが、その時点では廃れかけていた牧を復活すべく、沼津藩の力を借り

江藤茂七肖像
（江藤昭二氏蔵）

たのである。藩からは南部馬三頭が種馬として貸し出され、また越後国五泉からも種馬と馬医が派遣され、指導が行われた。馬屋や土手・堀なども新設された。

嘉永六年（一八五三）になると繁殖が進み、三一頭になっていた。他に払い下げられた「土方様」（家老のことであろう）の乗馬なども飼育されていた。田代山牧の馬は安政期（一八五四〜一八六〇）には六十余頭になったという。毎年二頭は藩主に献上し、他に一般に売却する分もあった。規模が大きい幕府の牧には牧士《もくし》という地元責任者が複数置かれ、業務を担当したが、沼津藩の田代山牧ではそのような役目は勝呂家がすべて担当したと思われる。維新後、廃止されるまで田代山牧は存続した。

勝呂家の当主敬忠《ゆきただ》は嘉永六年に沼津藩領の取締役に任命、その子為忠は安政二年、士分・帯刀を許可されている。敬忠は野馬堂午節《やばどうごせつ》と号した俳人でもあったが、その俳号が牧に由来することは言うまでもない。

田代山牧の仔馬（勝呂六実氏蔵）
天保十三年（一八四二）三月十五日出生と記されている

これも沼津

愛鷹牧

沼津の町からは、富士山をさえぎるかのようにそびえ立つのが、最高峰の標高を一五〇四メートルとする愛鷹山である。その広い山裾は沼津市・裾野市・長泉町・富士市などにまたがる。近世・近代には、地元農村の入会地として利用された。現在は山林や畑が広がるほか、東名高速道路・新東名高速道路・東海道新幹線などが横断し、宅地・工場・ゴルフ場なども立地し開発が進む。

愛鷹山には野生馬が生息し、古代の律令制の時代には朝廷の馬牧が置かれていた。愛鷹山を信仰対象とした愛鷹明神では、源頼朝が奉納した九九頭の馬が愛鷹山の神馬の由来であるとし、戦国時代には今川氏・武田氏など歴代の支配者から神領・神馬の安堵を受けた。その神領・神馬の保護は江戸時代にも続いたが、享保期、すなわち八代将軍吉宗の時、愛鷹山に幕府の牧を設置することが検討された。しかし、神社や地元農民の反対が強く、実際に牧が設置されたのは、寛政九年（一七九七）のことだった。これが愛鷹牧であり、江戸幕府直轄の牧としては、房総の小金牧・佐倉牧・嶺岡牧に次ぐものである。その範囲は愛鷹山の南斜面一帯、約三〇〇〇町歩におよんだ。

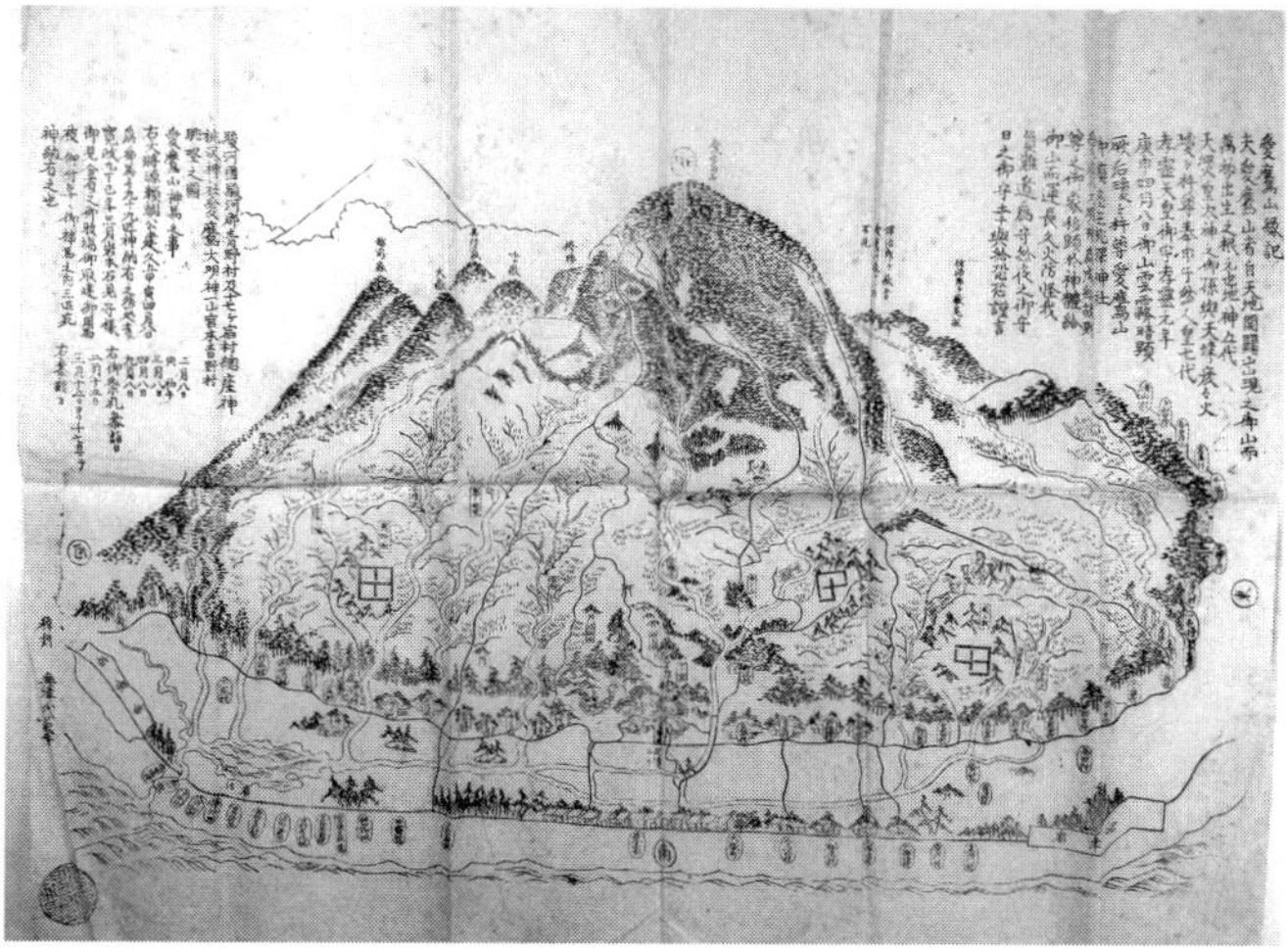

『愛鷹山縁起』（沼津市明治史料館蔵）天保十四年（一八四三）、山頂に本宮を置く愛鷹明神（現桃沢神社）が発行したもの。愛鷹牧の配置が描かれている

以後、愛鷹牧は明治初期に廃止されるまで続いた。馬の頭数は最盛時の天保期には一〇〇〇頭を超えた。毎年秋に実施される捕馬の際には、駿河国駿東郡・富士郡の村民たちが勢子として動員された。その一方、払い下げられた馬は運搬用などに地元で有効利用された。牧を管理する現地責任者を牧士といい、幕府が近隣の豪農商の中から任命した。沼津藩は愛鷹牧に接する位置にあったが、あくまで牧は幕府のものであり、直

接それに関わることはなかった。

文政八年（一八二五）十月十五日、京都からの帰路、沼津藩主水野忠成は東海道原宿（現沼津市）において、愛鷹牧の捕馬のようすを見物した。同月十八日、牧士たちは沼津城に招かれ、お褒めの言葉を頂戴した。沼津藩領に属する村の牧士三名には、「始而一覧致した、大キニ面白事た、手都合と言ひ平生勤方のよひからた、猶も出精して相勤るようニ」、他領の村の牧士には「是者一統御太儀、珍敷事を見ました、殊ニ御手際」という言葉がかけられた。家老土方縫殿助からは、「御骨折でござりました、面白事てござりました」という言葉だった。そして金五〇〇匹が下された（『沼津市史　史料編　近世3』）。

『喜の音』第142号挿図（沼津市明治史料館蔵）見物場所をめぐって牧士と言い争う沼津藩士

天保五年（一八三四）十月、家督を継いだばかりの忠義も領内廻村のついでに捕馬見学を希望し、その旨を幕府に願い出た。幕府からは、供はできるだけ少なくし、牧場内では乗馬や幕を張ることはしないようにとの条件で許可が下りている（『文政雑記・天保雑記（一）』）。

牧士は本来は百姓・町人であるが、苗字帯刀などの身分的特権を与えられたことから、見せ場である捕馬の際には権威を示そうとし、威張っていた。捕馬には多くの見物人が集まり、民衆にとっては楽しいイベントでもあった。沼津藩士もしばしば見物に訪れたが、見物のための場所取りをめぐって、藩士と牧士とがトラブルになることもあった。しかし、「俺を沼津藩士と知ってのことか！」と一喝された牧士が、急にペコペコしたとの回顧談もあり（「牧士の失敗」）、幕府から士分待遇を受けた牧士といえども、本来の武士には頭が上がらなかったことがわかる。

また、弘化四年（一八四七）十一月七日には、牧内では直参・陪臣とも乗馬することは禁止されているにもかかわらず、最近何者かが乗馬しており、見つけ次第取り押さえるべしとの布達を受け、沼津藩士青地主税が幕府の野馬方役所に対し承知した旨の請書を提出しているので（『日記・見聞雑記』）、犯人が沼津藩士かどうかは別にして、愛鷹牧をめぐってそのような不祥事も起きていたことがわかる。

海防の必要性が高まると沼津藩では愛鷹山を銃砲を使用しての調練のために活用しようとした。天保十年正月から八月にかけ、沼津藩と幕府野馬方役所の間では牧士や愛鷹明神神主を介して、愛鷹牧内の山野で調練を実施することの可否をめぐって掛け合いがなされた。結論としては認可されず、あくまで領内の下長窪・小林・岡一色三カ村の林を伐採し調練にあてることとされた（沼津市明治史料館蔵「水野出羽守殿年中進退調練之御掛合」）。

第三章 沼津藩の展開

主君への奉仕と藩の経営にあたった藩士たち。彼らはまた文化の担い手でもあった。

① 藩士の身分と生活

上は家老から下は足軽まで、沼津藩士の数は五〇〇〜六〇〇軒だった。残された彼らの履歴書などからは、武士の身分や生活ぶりが垣間見られる。農商の身分から藩士に採用された者、庶民と婚姻関係を結んだ者など、地域社会と融合する姿もあった。

沼津藩士の席格と職務

上は家老から下は足軽まで、沼津藩士の席格・職名を一覧にした表を、寛政五年（一七九三）と慶応三年（一八六七）の二種掲げてみた。六九、七〇頁の表である。領地が加増されると家臣の数も増やされ、次第に職種の細分化が進んだ。一方、席格という一種の家格制度は、馬廻席《うままわりせき》以上を上士《じょうし》、小役人席《こやくにんせき》以上を中下士《ちゅうかし》、職人席《しょくにんせき》以下を軽輩《けいはい》として分けるのが基本だったと思われる。明治維新期の調べでは、上士は百三十余戸、中下士は二百三十余戸、軽輩は二百七十余戸という内訳だった。

どの藩でも、あるいは幕府の場合も、武士のお役目は番方と役方に分けることができる。指揮官や兵卒として軍事や警備活動に従事するのが番方（武官）であ

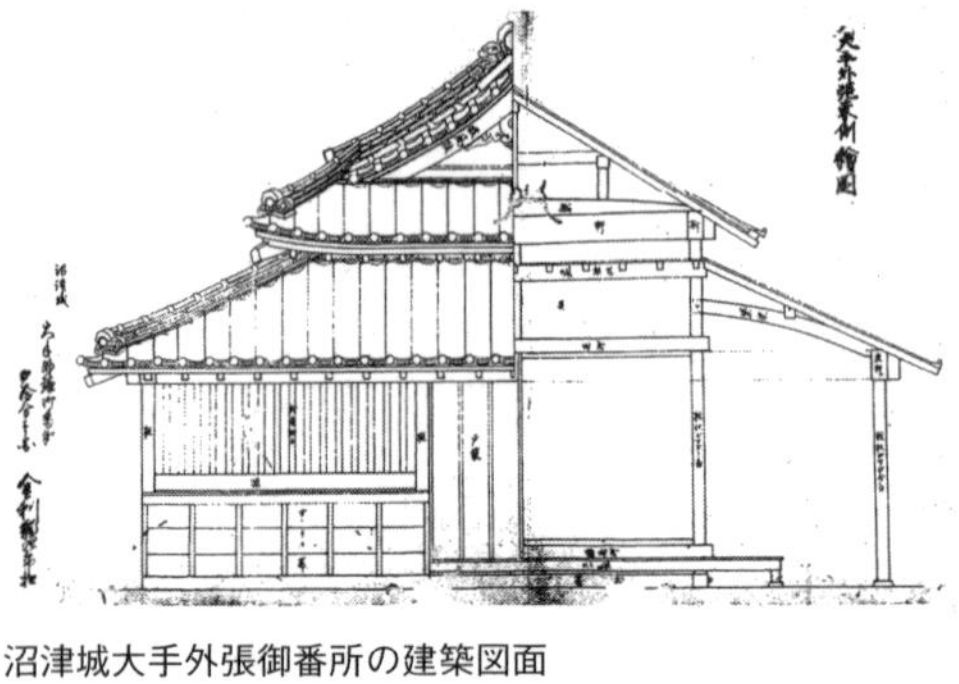

沼津城大手外張御番所の建築図面
（『絵図と街並みの移り変わり』より転載）

り、財政や民政といった行政事務を行うのが役方（文官）である。

藩主を補佐した家臣の筆頭である家老、それに次ぐ重役である年寄、藩主の側近というべき御側御用人、軍事部門を担った番頭・番士、財政部門の責任者である勘定奉行、監察を任務とした目付や徒士目付、地方支配を担当した郡代・代官やその配下の手代・同心、最下級の兵卒である足軽などについてはとくに説明を要しないであろう。ここでは少し変わった職種の藩士たちについて紹介してみたい。

技術系の仕事を担った存在

寛政5年(1793)時点　沼津藩士の席格・職名

席格	職名
	家老　年寄　用人　勝手掛り
独礼	惣頭広間取次・辻番上水宗門改　目付　留守居
目附	勘定郡奉行兼　浜町目付　勘定奉行郡奉行兼　目付　惣頭
医師	儒者兼　在所定御供
納戸	惣頭広間頭取・辻番上水宗門改　目付衆役方兼　添屋敷目付　目付　納戸衆改方兼　書翰方　納戸　惣頭　郡勘定奉行・町奉行兼　三州代官
近習	取次介　取次介使番出役　近習　三州代官　供頭刀番兼　供頭刀番近習　供頭近習
近習格	
馬廻	近習介　奥年寄　取次介　書翰方　目付　番方　浜町目付
御目見	
中小姓	番方　取次介使番出役　奥付　番士　留守居手代　三州代官　刀番近習兼　取次介　医師　代官　小間使
供中小姓	番方　祐筆　番方供方兼　吟味方　番士　賄　用部屋用人物書兼　勘定所下役　在所中徒士目付兼
供中小姓格徒目付	
隠居	
徒士	用部屋用人書役兼　料理人　納戸下役　作事下役兼　用部屋物書広間帳前　下目付　勘定所下役介　留守居用人物書兼　年寄用人物書　高役下兼　部屋玄関番　賄方　用人留守居物書兼　半髪足軽小頭　道具整方座敷内雑方取調役　浜町下目付　帳前　代官手代　勘定所下役　坊主
小役人	坊主　代官手代　小頭　料理人坊主兼　下目付　勘定所支配小頭同心小頭　料理人　下賄　三州代官　作事下役　表小頭　三州代官手代見習　先手組小頭　錠口番　代官手代勘定所下役兼
諸職人勘定所支配小役格	大工　勘定所支配仕立方　坊主
武頭支配下座見	小役人格
譜代足軽	厩小頭　部屋小頭　御膳焚　勘定所足軽　浜町御庭方御厩番兼　半髪　毛利又左衛門組　町同心　郡奉行支配郷方同心　大野久太夫組同心　鈴木政之進組同心　三州足軽

（「忠友公分限帳」〈寛政５年７月〉より作成）

としては、藩士の履歴書集成「駿藩仕録」や「明細帳」から以下のような存在を拾い出すことができる。御大工として召し抱えられ道具代を下された勝呂忠助・山田武七、甲冑職として磯見政吉方での三年間の修業・入塾を希望した椙本太郎次、御料理人として御手当金のほか庖丁代金を下された原川啓三郎、職人席で鋳物師をつとめた野口文五郎、江戸深川小船町の鋳物師鈴木惣兵衛方での修業を願い出た鋳物師野口肖吉、職人席で御鉄砲師をつとめた芹沢皆兵衛などである。

　安政の大地震で被害を受けた沼津城二の丸御殿を再建した際の安政三年（一八五六）九月二日付の棟札《むなふだ》には、惣奉行をつとめた家老土方有常（通称は縫殿助）以下、作事方といった事務担当の氏名が記された後、技術担当者として、棟梁金

小姓	御番方　五泉御代官　留物方　射術教授・御番士　御番方・御武器掛　吟味役　御作事吟味役　御番方・剣術教授並　御右筆　句読師兼留物方　御賄　御貸付掛・吟味役兼　御番方・句読師　御休息掛　御納戸下役　御作事方　剣術教授・御番方兼　御番方・句読師兼砲術教授並　御留守居御物書　御勘定所下役　御勘定吟味役介　御勘定所吟味役
年	御茶所勤
小姓格	小役人与頭御茶所世話役兼　御番方　御徒士与頭句読師
士席	中之口　奥御玄関番　小役人与頭御茶所世話役　下賄　御徒士目付　中原御徒士目付　中之口・御納戸下役介勤番　御納戸下役　御作事方　御作事方御林方兼　中之口・御留守居御物書介　句読師学校御徒士目付　御勘定所下役兼御貸付下役　文学ノ助教兼　大浜郡方手代頭取格　五泉郡方手代頭取格　学校御徒士目付　御勘定所・地方町方書役　御留守居書役　御徒士目付・御賄勤方出役　御徒士・剣術教授並　中之口・句読師　句読師御徒士目付・砲術教授並学校御徒士目付心得　御徒士目付介　郡方手代頭取　御作事御林方兼　小役人与頭世話役兼　御徒士目付蠣殻町御作事方兼　御納戸下役蠣殻町御徒士目付心得　町方小頭介　愛宕下御徒士目付　大浜郡方手代　御料理人　御勘定所下役　町方下役御貸付掛下役
年	
席	中之口
人	五泉郡方手代　御坊主　御徒士目付介　御徒士目付　五泉詰　御坊主・貝太教授　御勘定所下役　郡方手代江浦詰　御納戸下役　御仕立師　町方下役・群方手代・御貸付掛下役兼　御蔵方　足軽小頭　御料理人　大浜郡方手代見習　郡方手代　御勘定所・地方町方書役　学校御徒士目付　郡方手代・御貸付掛下役町方下役介　大浜郷方　御林方下役御庭方　大浜郡方手代
年	
人並	経師方　鋳物師　御坊主
	御坊主　弓師　矢師御勝手小頭介　大工　御庭方　矢師　鋳物師見習
見格	中雀御門番　御坊主手長　手廻差配人　足軽小頭　大工　御勝手小頭介　奥御玄関番　大浜郷方　郡方手代　見付取〆　下賄介　半髪　御蔵方　柔術教授並　御勝手小頭　郡方手代・水窪詰　御長柄小頭　町同心　郷同心　五泉郷方　郡方手代伊豆島田詰　槍師　中雇番

刺節道（通称は平四郎）以下、棟梁脇・大工・左官・経師方といった藩士の名前が連なる。さらに、その後には、沼津宿に在住する町人身分の大工頭取・大工・木挽方・屋根方・左官・瓦葺・建具方・石工・地形方・瓦方・鋳物方・経師方・畳方ら、姓のない者たちがズラリと記されている。建築工事の実務は、実際には民間の職人たちに依存する部分が大きかったのであろう。

　技術職の多くは世襲され、たとえば平四郎の子金刺類次郎は、安政の工事では父の下で大工をつとめたほか、文久期（一八六一〜一八六四）に自らが手がけた沼津城の御殿・本丸内土蔵・大手橋・大手外張番所・大手外左右塀・東見付番所などの図面を残し、現在に伝えている。

他の名簿からも、槍師、弓師、矢師、

慶応3年(1867)時点　沼津藩士の席格・職名

席　格	職　　名
	御家老職格　御年寄　侍大将兼　御年寄見習　御城代・御政事掛　御城代格　御側御用 御政事掛兼　御番頭　御番頭格・柔術師範兼　兵学師範軍師
独礼	御者頭
奥御医師	
大寄合	郡御勘定奉行　仮御取次　学校目付介　御者頭　御留守居　御馬預・馬術師範　惣旗奉 使番心得　奥御用役　御納戸　　御留守居・御国法掛・御国産掛　御者頭・学校目付介 目付　御郡代
寄合	仮御取次　仮御使番　中原御目付　御目付　郡御勘定奉行　御刀番・御近習　御近習 戸　御番士　御納戸介　調役頭取　郡町御勘定奉行　御郡代　御供頭・御近習　御書翰 御留守居使者心得　御馬預見習・馬術教授並　御供頭御近習・柔術教授　御書翰方　御番 柔術教授　剣術師範・仮御取次　御貸附掛頭取・御代官兼
寄合格	奥詰御医師　御次詰御医師・文学ノ助教手伝兼　御次詰御医師・文学ノ教授兼
御馬廻	御茶道　御馬役見習　調役　御休息所掛頭取御賄　御次詰・剣術教授並　御番士　調役 師　御次詰　仮御取次　仮御取次・御使番介　御番士御武器掛・砲術教授　御納戸・記宝 文学教授兼　剣術師範・仮御取次兼　吟味役　御書翰　奥附　仮御取次剣術教授・御武 兼　御使者番　御代官町掛兼　春五郎様御附　槍術教授・御番士　御番士・句読師　御 行　御休息掛　御次詰柔術教授出役　外御供頭　御番士・句読師介　留物方　御代官町 介　記宝助教・御番士　五泉御代官　御蔵奉行介　沼津御代官
御馬廻末席	御次詰御医師
同幼年	御番士
御馬廻格	奥附・礼節方
御次詰御医師	
奥詰御医師	
御番医師	
同幼年	

（「慶応三年丁卯春二月改　沼津江戸大浜五泉御家臣姓名録」〔沼津市明治史料館蔵〕より作成）

経師方、仕立師、庭方などを技術職として見出すことができる。

特殊な仕事

以下に述べるのは特殊事例である。藩主以外に若殿様や奥方に仕えた者もおり、貴人に対しては専属で奉仕する家来が配された。たとえば、第三代藩主忠義の「御休息女中」すなわち妾だったよしという女性は、第四代藩主となった忠武を生んだことから、息子が藩主の座に就いた後、天保十三年（一八四二）三月には孝山殿、さらに清樹院殿と称されることとなった（『御代々略記』）。彼女は第七代藩主忠誠《ただのぶ》の妻八重姫《やえひめ》の実母でもあった。慶応元年（一八六五）五月に死去、法号を清樹院殿見誉功徳浄道大姉としたが、以後、殿ではなく様を付けて呼ばれることとなった。藩士の中からは、二木勘之助が清樹院殿附当分介（嘉永五年）、富田与右衛門が清樹院殿附下役（安政六年）に任命されるなど、その世話を担当したらしい。また、興味深いのは、清樹院自身の身内が藩士として取り立てられたらしいことである。「清樹院殿養子」として嘉永六年十一月に召し出された村松捨蔵、同じく彼女の再養子となった村松亀三郎（実は藩士小高平馬次男）である。そもそも清樹院は低い身分の出であり、藩主の生母となった褒美として、養子を迎え新規に藩士の家を立てることを許されたのであろう。

二木勘之助は、安政六年（一八五九）二月、「吉太郎様御附」を命じられ、御足《たし》高《だか》★をもって三十一石二人扶持を給され、同年十月までつとめたが（「明細帳」）、それは藩主の分家・旗本水野吉太郎（諱は忠敬）のお付きとして派遣されたものである。いわば本社から支社へ出向した社員のようなものだった。旗本水野家については後述する。

藩主が幕府の役職に就任した場合、藩士たちはそれを補佐する特命チームを編成した。たとえば、文久三年（一八六三）十月二十二日、第七代藩主忠誠《ただのぶ》が奏者番兼寺社奉行に就任した際には、家臣の中から四〇名ほどが選出され、寺社役、大検使、御手留方、同介、小検使、御右筆、同手伝、寺社方書役、御手留方書役、同心小頭、同目付、古役同心、同心出役といった役職に任命されたほか、慶応二年七月の老中就任時には公用人が置かれている（『水野伊織日記』）。長期にわたり老中をつとめた第二代藩主忠成の時代、毎年刊行された武鑑《ぶかん》には取次《とりつぎ》として公務を支えた家臣たちの名前が掲載された。

特命といえば、宮田右吉という藩士がいた。天保三年、老中として幕政を担っていた藩主忠成は、幕府財政の窮乏を考慮し、加増された二万石の返上を申し出たが許されず、代わりに一万両を上納した。それに対し、将軍からは刀剣などを褒美として下賜され、同時に家臣に対しても時服・白銀が下された。その家臣の中に家老土方縫殿助らと並び、宮田右吉の名がある（『御代々略記』）。宮田本人

▼**足高**
役職に就く者の家禄がその役高に達していない際、在職中に限りその不足分を支給する制度。

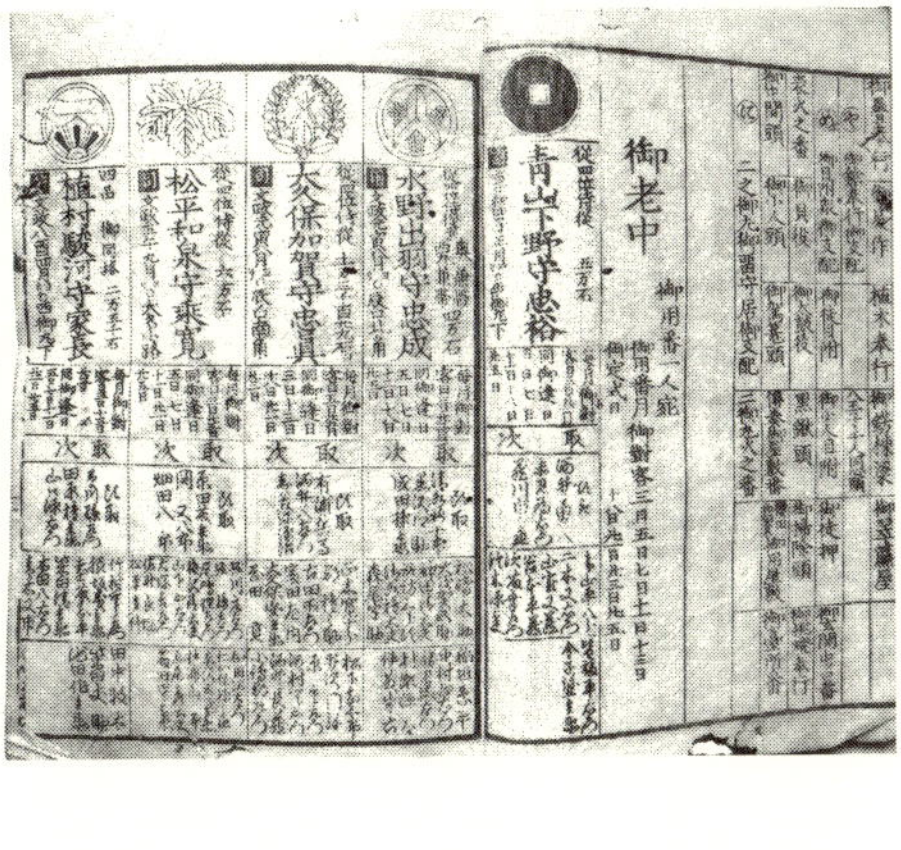
御老中
青山下野守忠裕
水野出羽守忠成
大久保加賀守忠真
松平和泉守乗寛
植村駿河守家長

『新板改正文政武鑑　御役衆　巻之三』（沼津市明治史料館蔵）
文政八年（一八二五）、須原屋茂兵衛蔵版。老中水野忠成と彼を補佐した藩士たちの名が記されている

の履歴書からは、文政十三年（一八三〇）に御馬廻・一五人扶持で召し抱えられ、郡奉行に任じられたこと、翌年郡御勘定奉行となったこと、天保三年「御上納金御用取扱」を命じられ、褒美を拝領したこと、同六年、「永之暇」をもらい、沼津藩を去ったことなどがわかる（『駿藩仕録』）。藩士として仕えたのはわずか五年だった。何かの不始末によって処罰され暇を申し渡され、「御構」（他家に仕えることを禁止される）となった例は別の藩士にあるが、彼の場合はそうではない。

それらの事実から、宮田が幕府の金座御金改役後藤光亨（通称は三右衛門）の下から沼津藩に派遣された出向者だったのではないかとする文献がある。忠成による金銀貨改鋳に深く関与し、沼津藩の財テクに力を貸したのが後藤だったからだというのがその理由である。しかし、宮田右吉の素性については、幕府の御家人で普請役の宮田曽左衛門の次男だったことがわかっており、金座とのつながりを想定する根拠は乏しい。沼津藩時代、右吉は越後国五泉にも赴任しており、普請役という農政の専門家である父親譲りの能力を期待された、民政家だったと考えるのが自然である。なお、その後の彼の経歴は不明であるが、右吉の子宮田正之（通称は文吉）は伯父の家を継いで幕臣となり、御勘定、下田奉行支配調役、箱館奉行支配組頭、静岡藩権少参事・会計掛、開拓使大主典などを歴任、維新後まで活躍を続けたことがわかっている（北海道立文書館所蔵「履歴明細短冊」ほか）。

藩主の家の歴史を編纂することも公務として位置づけられた。沼津藩水野家の家史編纂に関しては、現在は早稲田大学図書館に収蔵されている九六冊の編纂物から、慶応三年前後に作成され、その中心的な担当者は藩士高柳邦《たかやなぎほう》だったとされる。このことは、高柳の履歴書から、下命された時期も含め、裏付けられる。彼は、文久四年二月一日、「松本時代の歴史を編集することを仰せ付けられ、家中の記録類を所持している者は細大洩らさず貴殿に提出するはずであり、よく校合し完成させるべく厚く心がけ、取り調べるように」（鎌ヶ谷市郷土資料館蔵「藩鑑譜」）との藩命を受けていたのである。高柳は藩校の記宝助教、文学教授もつとめた漢学者であり、その仕事にはうってつけの人物だった。

庶民から取り立てられた藩士

沼津藩士の中には、庶民の中から採用された者であることが明らかな場合がある。以下に例を出すが、いずれも地元に多い姓であることからもそのことがうかがえる。

原川太郎右衛門は駿河国駿東郡志下《しげ》村（現沼津市）の農民で、寛政元年（一七八九）に「御在所御足軽」に採用された。その子直左衛門は代官となり、立身した。従って同家の菩提寺は出身地である志下村の興福寺にあった。

天明六年（一七八六）、同じく足軽に取り立てられた稲村景真（通称は八右衛門）

高柳邦
（谷井信雄氏蔵）

は、伊豆国田方郡中村（現伊豆の国市）の素封家から出た人で、以後、藩士として友直（通称は喜兵衛）、直胤（通称は八右衛門）、安貞（別名は直郷）と続いた。やはり菩提寺は伊豆の国市寺家の光照寺に所在する。

駿東郡柳沢村（現沼津市）の名主から藩士に取り立てられた小野房敷（通称は順蔵）については先に述べた。領主に対し一揆を起こしたため家を譲り、村を離れ沼津に別家したのだという。子の房貞（通称は順蔵）、孫の房精（通称は順蔵）とも神道無念流を学び、剣術師範をつとめた。

持田清十は幕末に足軽小頭をつとめたが、その墓は父祖である作兵衛（天保十二年没）・唯八（安政四年没）のものとともに沼津市岡宮・光長寺にあり、岡宮村の名主をつとめた豪農持田家と同一敷地内にあることから、同家から出た家だったことがうかがえる。

古地茂穂は幕末に留物方をつとめ、また直心影流《じきしんかげりゅう》剣術・荻野流《おぎのりゅう》砲術を学んだ藩士であるが、足軽として取り立てられた祖父政八や父七兵衛は駿東郡東沢田村の農民の出だったと思われる。沼津市東沢田の大中寺には、「沼津藩中古地徳右衛門勝完墓」と彫られた墓石が残るが、それも同家の人だと思われる。

青木衛茂七（慶応三年八十八歳没）は幕末に御坊主をつとめたが、駿東郡下石田村（現沼津市）の豪農青木家（屋号オオモリ）から出た人であった。

杉山熊次郎は幕末に作事方・御林方をつとめたが、もともと同家は沼津宿志多町に住んでいた町人であり、三代目五兵衛の時、寛政年間に藩士に召し抱えられた家だった。

芹沢五左衛門家の墓は沼津市・妙覚寺にあり、墓誌に「芹沢家累代ノ祖ハ伊豆国御園村蓮久寺ニ在リ安永七年（1778）妙観院俗名五左衛門源豊房沼津水野公へ出仕」と刻まれている。御園《みその》村（現三島市）の庶民出身だったのであろう。

一杉勝治は維新後の菊間藩では卒《そつ》だったので、沼津藩時代には足軽だったと推定されるが、明治十年代には静岡県駿東郡今沢村に居住していたほか、大塚町戸長をつとめた。今沢・大塚など現在の沼津市原地区には近世の農民だった一杉姓の家が少なくない。従って勝治も同地の百姓身分から取り立てられた人だったと考えられ、廃藩後は千葉県から郷里にもどったものと推測される。

金刺類次郎は幕末に沼津城の修復を担当した大工であり、父平四郎が沼津藩に召し抱えられるまでは伊豆国土肥《とい》村（現伊豆市）が在所だった。

柳下恵斎とその子・孫は藩医として代々仕えたが、それ以前は駿東郡上香貫村（現沼津市）の名主をつとめた豪農柳下家から分かれ、医者になった人だった。

藩士の履歴集によっても、庶民出身者であることがわかる例がある。天明六年（一七八六）に足軽に取り立てられた山崎平右衛門は、本国★・生国★が「三州幡豆郡井ケ下」とされる。同年やはり足軽に採用された久保田佐右衛門は沼津のすぐ近く、駿東郡八幡村（現清水町）を本国・生国とした。

▼本国
先祖の出身地のこと。
▼生国
本人の出生地のこと。

以上は家そのものが地元庶民から出た例であるが、それとは別に、百姓・町人の子に生まれた者が沼津藩士の家に養子に入るといった例も少なくない。下の表は維新後の菊間藩（沼津藩の後身）の旧藩士のうち、実父が士族か平民か、平民ならば出身地はどこかということを類別した内訳である。沼津藩時代に形成されていた血縁関係が反映されたものと考えてよい。父が武士身分だった者は四二名であるのに対し、平民だった者は一〇五名となる。そして平民の中では静岡県が四五名と圧倒的に多い。隣接する足柄県を含めれば、沼津藩士の実父には地元駿河・伊豆の平民が多かったことになり、藩士個人のレベルにおいても地域民衆と極めて深く通じていたことがわかるのである。武士と庶民とは決して隔絶された存在ではなかった。

旧菊間藩士のうち実父が他藩士・平民の人数

区分		人数
他藩士（含旗本家臣）		42
平民	千葉県	14
	静岡県	45
	足柄県	20
	東京府	9
	愛知県・額田県	7
	新潟県・新川県	3
	神奈川県	1
	山梨県	1
	筑摩県	1
	岐阜県	1
	栃木県	1
	名東県	1
	磐前県	1
計		147

（『水野藩士転籍者名簿』より作成）

藩主の奥と女性

史料や文献上、藩士の母や妻、娘など、女性たちの姿はなかなか見えにくいが、奥居富という沼津藩士本岡家に生まれた女性の回顧談は、断片的ではあるが藩主の奥も含め女性の姿を生き生きと伝えてくれている。

嘉永五年（一八五二）生まれの彼女は、子ども時代、『江戸方角』、『国づくし』、

『五十三次ぎ都路』、『女今川』、『女大学』、『源氏物語』といった本で学習したという。成長すると、最初は五百十石取の旗本小野龍太郎の屋敷に女中奉公に上がり、次いで藩主の分家である旗本水野春四郎の屋敷に上がった。十六歳の時であり、島田髷に結い、御小姓《こしょう》という役名だった。乗馬が苦手な春四郎に対し、「男のくせに」と言って自分が乗って見せようとしたというので、乗馬も習っていたらしい。春四郎屋敷での奉公は半年足らずで終わった。

その後、藩主の隠居である「大殿様」(水野忠寛)のほうに仕えることとなり、「お次ぎ」という役に就き、手紙を入れた状箱に貼る宛名の札を書く仕事などを担当した。生け花や茶道、薙刀《なぎなた》、鎗の稽古もしたが、宴席での三味線などはもっぱら町方出身の同僚たちに任せた。最下級の女中は「お末《すえ》」といい、力仕事を担当するので身長が六尺なければならなかった。台所の料理番や飯炊きはすべて男であり、女中たちとは最低限の接触しかできないようになっていた(『老母を圍んで』)。どの藩の奥も江戸城の大奥を小さくしたようなものであり、沼津藩のそれは極小サイズだったのだろう。天保十三年(一八四二)、第四代藩主忠武が家督を継ぎ、内祝いとして料理・酒を家中に下した際の記録では、奥向は老女、御次、御末、小半女、御小間使、御相手といった階級があったらしいことがうかがえる(『御代々略記』)。

富が藩主の奥で見聞した中には、おもしろい話が少なくない。水野家では、殿様の食事の毒味は猫にさせていたという。他家では犬にさせるのが普通だったが、「松本御大変」の原因となった江戸城での刃傷の前、狂気の藩主が見た幻の中で、処刑された一揆の首謀者多田嘉助★の首を犬がくわえていたことから、それ以来、犬を避けるようになったのだという。

長州藩から沼津藩主に嫁いだお姫様は、諏訪某という藩士と密通したとのこと。この富の証言は何ともスキャンダルであり、女性特有の噂話かとも思われるが、長州藩から嫁いだお姫様とは、第十代藩主毛利《もうり》斉煕《なりひろ》の六女で、於安喜・安喜姫から英代姫（美代子とも）と呼び名を改めた、第四代藩主水野忠武夫人のことであり、天保十四年に輿入れした。わずか一年後、天保十五年（一八四四）に夫が二十一歳の若さで没した後は松寿院と称した。夫の一歳下であり、若くして未亡人となったのだった。その後も江戸の沼津藩邸でくらし続けたが、安政五年（一八五八）四月、なぜか実家の毛利家に引き取られている（『御代々略記』）。やはり表沙汰にできない何かがあったのだろうか。

富が仕えた前藩主水野忠寛には「つね尾」という名の妾がいた。もとは魚河岸の魚問屋尾張屋の娘で、女中奉公に上がった際、忠寛の「お手付」となり、御老女として遇されたのだという。若殿（忠誠）夫婦に対してもしばしば口出ししたばかりか、女中たちをいじめた。また、贅沢三昧だったことから、藩士服部純（通称は弁内）が直諫し、忠寛が江戸から沼津へ移る機会に、二、三万円（両）を

▼**多田嘉助**
加助とも。信濃国安曇郡中萱村の庄屋。貞享三年（一六八六）、松本藩に対する百姓一揆（加助騒動）を指導し、処刑された。

藩主水野忠誠の夫人八重姫から伊豆国君沢郡戸田村の勝呂家に下賜された紙入（勝呂六実氏蔵）

渡し、お暇を出したとのこと。

後年の回想ではなく、生の一次史料としては、藩士の履歴書の中に婚姻の記録が残されており、女性の姿が垣間見られる。たとえば、藩士杉山弥右衛門（別名は宜助）は嘉永六年三月、同じ藩士中村鋭次郎の妹との縁組を藩に届け出て結婚したが、翌年一月には「不熟ニ付」との理由で離縁し、妻を里方へもどした。安政二年四月、今度は相模国足柄下郡真鶴村の来之宮明神神主平井数馬の姉との再縁を願い出て再婚したものの、同年八月にはやはり「不熟ニ付」離縁となった（「明細帳」）。杉山はわずかの期間でバツ二になったわけである。彼に限らず離婚の記録は少なくない。

藩士の結婚相手となった女性の出自に注目すれば、同僚の沼津藩士の娘のみならず、他藩士の娘はもちろん、百姓・医師・神官の娘などが少なくない。逆に沼津藩士の娘が嫁いだ先についても同様である。

厳密な統計をとったわけではないが、上級の藩士の相手は、藩の内外を問わず同格の藩士同士が多い。たとえば、御中小姓の小高鉄太郎は弘化五年二月、村上藩内藤家の代官水野徳兵衛の娘を妻に迎えたし、御側御用人御守役などをつとめた近藤市右衛門の娘は、嘉永二年二月熊本藩細川家の御小姓役品代雄次郎に嫁いでいる。ただし、竹内喜章（通称は梶右衛門）の娘貞子が駿東郡八幡村・八幡宮神官岩崎元義（通称は刑部）の妻となった例、鈴木重規（通称は弥一左衛門）の娘発子が伊豆国君沢郡三津《みと》村の豪商羽田直之（通称は彦三郎）に嫁いだ例、五十川武左衛門の娘飛呂《ひろ》が伊豆国田方郡湯ヶ島《ゆがしま》村の医師井上潔《きよし》（作家井上靖の祖父）に嫁いだ例など、庶民の中でも豪農商や医師・神官・僧侶などは士分に準ずる者とみなされ、かなりの家格の藩士でも庶民と婚姻関係を結んだことがわかる。

幕末に側用人をつとめた水野重教《みずのしげのり》（通称は伊織）の家は、文政十三年（一八三〇）に藩主から水野の姓を賜ったことからもわかるように、重臣の一軒であり、家老・年寄などをつとめた土方家・鈴木家、あるいは駿府町奉行配下の与力など幕臣の家と姻戚関係を結んでおり、そこに地位の高さが反映されていた一方、駿府・富士郡・伊豆などの寺院に嫁いでいた女性もおり（水野家文書「親類書」）、決して武家だけを縁家としたわけではなかった。水野重教の妹が旗本杉浦主税家来渡辺健之助（実は原宿本陣の当主）の妻になった例、大塚久吉の妹が韮山代官手代山田山蔵の妻になった例などは、武士と庶民の中間というべき旗本家臣・幕府代官手代の身分的位置を反映している。

一方、足軽など下級藩士の相手には庶民が多いことははっきりしている。士庶の身分を問わず、近隣の家と家との間で姻戚関係が形成された例は少なくなく、藩の成立から明治維新まで数十年間にわたり、婚姻という「血の融合」によって、よそ者は地域に溶け込んでいったのである。

藩士の子ども

江戸時代、武士の子どもは、幼い頃から厳しいしつけや教育を受け、成長していったわけであるが、沼津藩士もその例に洩れることはない。嘉永三年（一八五〇）生まれの三浦徹《みうらとおる》は幕末に沼津で生まれ育った人であるが、嘘をついたために父親から鉄拳制裁を受けたこと、狩野川で水泳を習った際、先輩に船から落とされ、無理やり泳がされたこと、十歳になる前に高島流砲術に入門したこと、十歳になった頃から馬術を習ったこと、沼津城の外堀で鮒釣りをするのが楽しみだったこと、十三、四歳頃になると良師を求め江戸へ遊学することを切望したことなど、子ども時代の思い出を後年書き残しており（『明治学院史資料集』第八～一二集）、興味深い。

当時記された一次史料である藩士の履歴書からは、藩士の子どもたちが一人前になるまでに設けられた手順がうかがえる。慶応三年（一八六七）二月作成の沼津藩士の名簿「沼津江戸大浜五泉御家臣姓名録」には、馬廻・医師・御中小姓・御徒士席・小役人という席格それぞれの後ろに「幼年」という肩書が付けられた人名が記されている。特に御中小姓の七名、御徒士席の一一名、小役人の二〇名の氏名には、真也・立斎・千悦など、「也」「斎」「悦」「佐」「賀」「益」という字

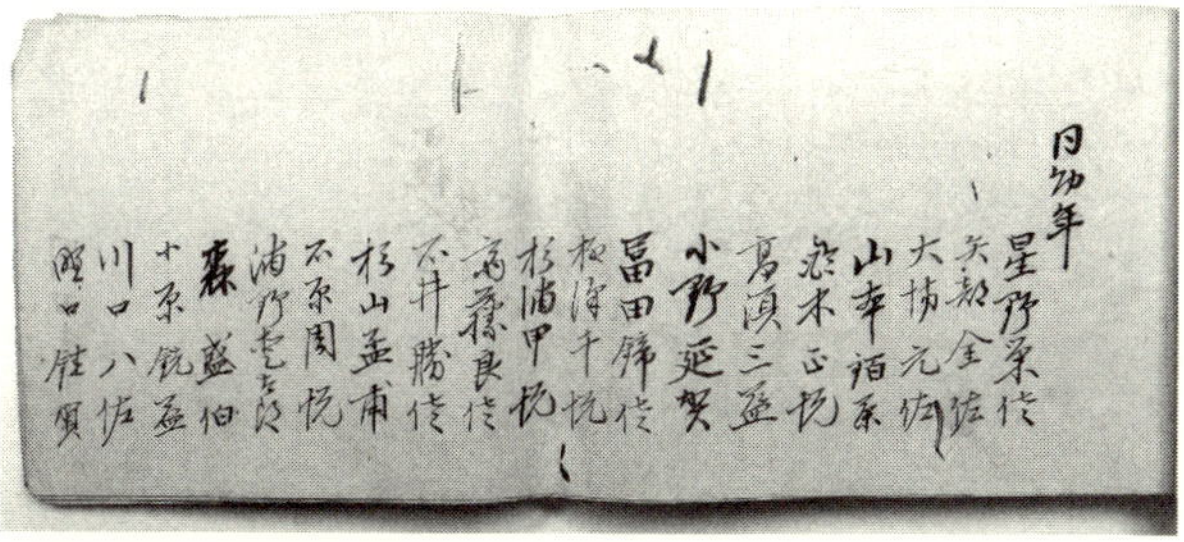

幼年の藩士たちの名前
（沼津市明治史料館蔵）
御坊主として勤務した者たち。「沼津江戸大浜五泉御家臣姓名録」に記されている

が名前の末尾に使われている例が多い。彼らは元服前の少年だったらしい。その事情は、個々人の履歴書からうかがい知ることができる。

たとえば駒村金悦という藩士の例。やはり「悦」の字が使われている。彼は弘化四年（一八四七）五月に御用人役所坊主当分介に任命され、翌年坊主介に進み、嘉永二年一月、祐斎と改名した。十七歳になった嘉永三年一月には還俗を命じられ、俊太郎と改名している（「明細帳」）。同様の例は多く確認でき、いずれも坊主やその見習などに任命された少年が、十七歳になると還俗を命じられ、普通の名前に改めるという過程をとっている。これは、元服前の少年を坊主という職名で見習い勤務させるというしくみであろう。江戸城で下働きを行った御坊主といえば、剃髪した僧形姿をとり世襲でその職をつとめた下級の幕臣のことであるが、沼津藩では藩士の子どもたちを坊主として雇用し、成人するまで各職場で雑用などをさせたものと思われる。「斎」「佐」「賀」などの字を使った独特な名前も僧侶とみなしたものであり、実際に剃髪していたわけではなく、還俗・改名という段取りを踏むのもそのためだったのだろう。

名前と言えば、武士も百姓・町人もそれなりの家では親子代々、世襲する名前があった。父親が隠居したり、死去した後、息子が父の名を継ぐことが普通に行われていた。沼津藩士の履歴書からも、襲名の手続きが藩への申請を経て許可されるしくみになっていたことがわかる。たとえば、山崎源吾の履歴書には、弘化

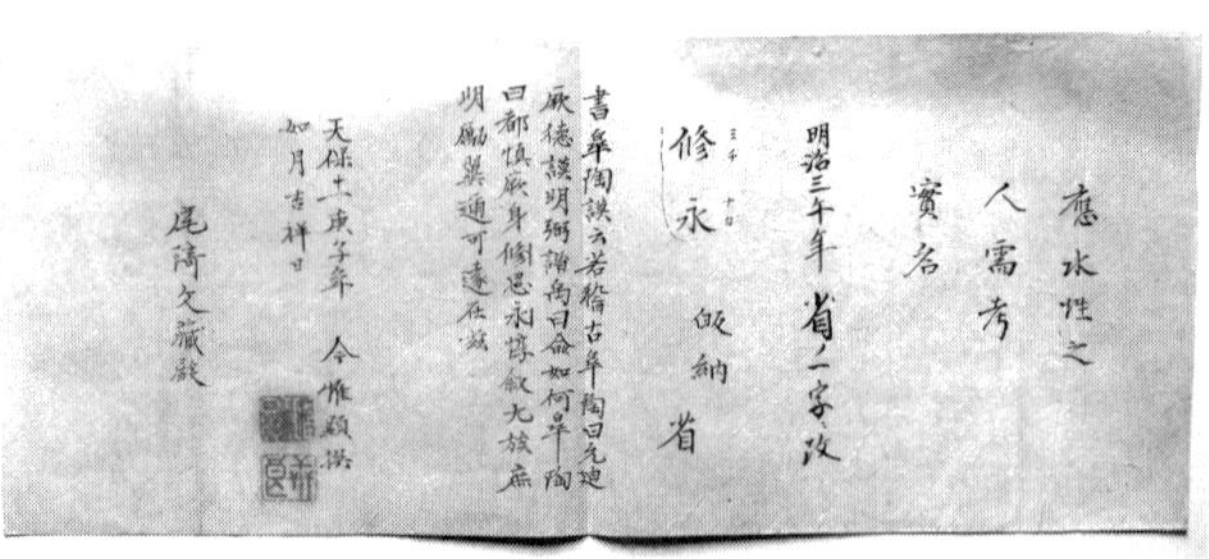

尾崎修永の命名状
（沼津市明治史料館蔵）
天保11年（1840）、藩士尾崎省（文蔵）は今井惟顕から修永という諱を名付けてもらった

五年一月十五日、「亡父之名柳蔵願出、同廿日《はつか》済」とあり、亡くなった父の名を継ぐことを願い出、許可されている。これは先ほどの坊主のような子ども時代の改名とは違うが、幼時から使用していた幼名を捨て、家代々の通称を受け継ぐことを意味した。

なお、世襲された通称とは別に、個々人には諱《いみな》と呼ばれる名乗りがあり、それは元服時に、中国の古典を典拠に漢学の師から命名される場合などが少なくなかった。

次三男

家督を継げるのは長男・惣領に限られた。次男以下の兄弟が分家を許されることは難しい。家老をつとめた土方家は最盛期に七百石を食んだ後、本家（縫殿助を襲名）と分家（丹下・蔀などを襲名）に分かれ繁栄した。しかし、それは上級家臣など一部にのみ許された、少ない例であった。兄弟がそろって出仕している場合は少なくないが、分家を認められるのは難しく、基本的に次三男は他家の養子となるほかない。たとえば、田辺四友《しゆう》（通称は孝三郎・直之丞）は同じ沼津藩士佐々木家から田辺家の養子となった人であり、また四友の次男はやはり藩内の他家を継ぎ手島精一《てじませいいち》となった。養子縁組や婚姻を通じて、藩士の家同士は結合して

家老土方家の分家土方丹下・蔀家の墓（沼津市本郷町・霊山寺）

いた。

もちろん他藩から養子を迎えたり、逆に養子を送り出すなど、外とのつながりもあった。沼津藩士田中重左衛門の次男甚助は、鏡心明智流《きょうしんめいちりゅう》の剣術をその宗家である桃井直雄（通称は春蔵）に学び、天保十二年（一八四一）、十七歳の時、天才的な太刀筋を見込まれ師の養子となった。やがて桃井直正（通称は春蔵）と名乗り、四代目宗家を継いだばかりか、文久二年（一八六二）には幕臣に取り立てられ、講武所《こうぶしょ》の教授となった。その道場である士学館《しがくかん》は、北辰一刀流《ほくしんいっとうりゅう》千葉周作《ちばしゅうさく》の玄武館《げんぶかん》、神道無念流《しんとうむねんりゅう》斎藤弥九郎《さいとうやくろう》の練兵館《れんぺいかん》とともに江戸の三大道場とされ、盛況を極めた。彼は沼津藩外へ出て成功した代表者であった。

福岡十左衛門の次男は竹内彦六と名乗り、幕府代官の手代となった。手代は士分ではないが、うまくいけば手附★に昇進し、正規の幕臣になれる可能性もあった。女子は地域の豪農商に嫁ぐ場合もあったが、男子の場合、普通の農家・商家に養子に出されることは少なかったであろう。代官手代や旗本家臣、神官などはギリギリの養子先だったと思われる。もちろん足軽の場合、身分を越えた婚姻や養子縁組のハードルはずっと低かったはずである。

▼手附
幕府の代官の部下。身分は御家人。仕事の内容に手代との違いはなかった。

少年の飲酒・喫煙

飲酒と喫煙は現代とはかなり事情が違う。江戸時代には未成年者の飲酒・喫煙を罪悪とするような考え方は根付いていなかった。現代に通じる未成年者喫煙禁止法は明治三十三年（一九〇〇）、未成年者飲酒禁止法は大正十一年（一九二二）の施行である。少し不思議であるが、沼津藩士出身のクリスチャン政治家である服部綾雄《はっとりあやお》は、明治四十二年二月の衆議院本会議と委員会において、未成年者飲酒禁止法案に反対意見を述べている。服部の主張は、親が教え導くべきであり、法律で取り締まるべきものではないというものだった。家庭のしつけや教育・道徳の力を尊重すべきだという意見である。おもしろいのは、服部が、「私共ガ子供ノ時ニハ酒ハ飲ムナト云ウタ者ガ幾人ゴザイマスカ、或ハ私共ノ父ヤ何カノ有様ヲ取ッテ見ルト、私ノ藩ガサウデアッタノカ知ラヌガ、酒ハ飲マネバナラヌト勧メラレタコトガ多イ」（『帝国議会衆議院委員会議録　明治篇52』）と発言している点である。沼津藩士の少年たちも平気で酒を飲んだという経験談である。

明治になってキリスト教の牧師となった三浦徹も、沼津藩士だった少年時代の思い出として飲酒について述べている。幕末、江戸詰の藩士たちが沼津に移住した影響で、江戸の華美な風俗が持ち込まれたが、そのひとつに喫煙と飲酒があったという。そして、自分が煙草を吸うようになったのもその時からだったとし、江戸から来た手島精一の誘いで酒楼に上ったこともあったとのこと。当時、三浦は十四、五歳だったというので、文久期（一八六一～一八六四）のことであろう。

手島も一歳年長だったにすぎない。また、三浦は十五、六歳の頃、泥酔中の失敗を自慢げに話している若者仲間を羨ましがり、また交遊上も必要だと考え、自分も何度か飲酒に挑戦したが、体質的に受け付けなかったらしく、結局酒を飲めるようにはならなかったという（『明治学院史資料集』第八集）。

女性の場合も未成年者の飲酒があった。江戸藩邸で前藩主水野忠寛に奥女中として仕えていた少女本岡富は、ある日、仲間二人とともに興味半分で酒を飲んだところ、翌朝には二日酔いでフラフラになり、殿様が心配して医者を呼ばせるという騒ぎになったという（『老母を圍んで』）。

実際、一次資料である、沼津藩士の履歴をまとめた「藩鑑譜《はんかんふ》」からは、以下のような事例が拾い出せる。御馬廻席・御番士の土屋清五郎は、慶応三年（一八六七）四月二十六日夜にしでかした、沼津城下での「酒狂」による「不行跡」によって、「押込」三十日という処罰を受けた。彼は文久二年時点で十七歳だったので、事件当時は二十二歳、満年齢では二十歳そこそこだったろう。

身分差別

福沢諭吉《ふくざわゆきち》が中津《なかつ》藩の門閥制度を鋭く批判したごとく、江戸時代は士農工商の間の区分のみならず、それぞれの身分の中にも、さらに何重にも細分された身分の差があった。藩士の社会も同じである。文久三年（一八六三）、攘夷への体制整備のため江戸詰の沼津藩士が大挙して国許へ転住することとなった際でも、移動は御中小姓、御徒士席、足軽といった家格ごとにまとまって同行したといい（『老母を圍んで』）、その差は歴然としていた。

とりわけ沼津藩では最下級の身分である足軽はずいぶん軽んじられたようである。足軽には譜代と一季抱《いっきかかえ》（一代限り）といった種類があり、とくに後者は、嘉永三年（一八五〇）時点の例では給金二両二分・一人半扶持、月々塩味噌代二〇〇文といった条件で、「口入《くちいれ》」★人を介して近隣の村々の百姓から採用された（「一季抱御足軽名前」）。沼津藩士本岡正吉の娘に生まれた奥居富は、昭和になってから語った回想の中で、「おあし借る〱苦しかる　給金もらつて嬉しがる　それを使つて苦しがる」と囃し立てて足軽の子どもたちをからかったと述べている。足軽への差別意識は子どもたちの間にさえ存在したのである。その一方で、家老土方縫殿助が、足軽が下駄を脱いで土下座して敬礼しなければならないという慣習を「惨酷《ざんこく》」だとして止めさせ、脱いだ下駄の上に立ち腰を曲げさせる程度に簡略化させたともいう（『老母を圍んで』）。建前上、足軽は雨天でも下駄を履くことが許されていなかったからである。縫殿助は襲名だったので、この土方が何代目当主のことなのかはよくわからないが、藩内には過酷な身分差を解消していこうとする何らかの機運もあったのかもしれない。

▼口入
奉公人の周旋をすること。

子どもの世界での足軽差別については、三浦徹も十一、二歳の頃のこととして証言を残している。藩士本田氏の家塾で手習いを学んでいた子どもたちは、ある日、先生が不在の時間に悪戯をして騒いでいた。それを先導したのが武田という足軽の息子だった。教場にもどった先生は生徒たちに誰が騒ぎの張本人かを糺《ただ》した。三浦少年が武田であると答えたところ、武田は「嘘を言うな！」と叫んだ。すると本田先生は武田に対し、不作法な奴であるとして破門を言い渡した。武田少年が塾から追放された理由は、悪戯をしたことではなく、諸士以上の身分にあった三浦少年に対し「嘘を言うな」との無礼な言葉を吐いたことにあった（『明治学院史資料集』第九集）。

嘉永六年、一代限りの御先手組足軽として採用された馬場伝左衛門が、出精を理由に万延二年（一八六一）には譜代とされたように、立場を引き上げられることもあった一方、安政二年（一八五五）、「家事不取締」が原因で大小を取り上げられ、「御門前払」、つまり追放となり、平民身分にもどされた池田梅蔵の例のように（「明細帳」）、何か罪があった際、足軽への処分は厳しかった。

文久二年夏、江戸では麻疹《はしか》が大流行し、沼津藩邸でも多くの藩士が感染した。中でも、単身で赴任し大部屋での雑居生活を強いられていた勤番足軽、約四〇人のうち半数近くが罹病した。上級藩士のように面倒をみてくれる家族もなく、医師からの治療も十分には受けられない彼らは、看護体制の整備や養生のため沼津への帰国を要求した。また、病のため内職もできず、治療費はもちろん生活費にも困窮し、藩に拝借金を求めた。藩上層部は任期や先例を盾にそれらの希望をなかなか認可しなかったが、最終的には一時帰国や拝借金の件も部分的に認められるに至った。足軽たちの集団的な要求に突き上げられた形だった(「病気療養と武家社会」)。

足軽たちが団結し、何らかの要求を藩当局に求めるといった動きは他でも見られた。慶応三年(一八六七)四月二十九日、物価高に苦しむ足軽たちが「徒党」がましき「不穏」な行動を示し、千本浜に集合した。上司である御者頭が説得にあたったものの容易に解散せず、御目付が派遣されるにおよび、ようやく引き上げたという一件である(『水野伊織日記』)。それも身分制にもとづく経済格差が生んだ騒動だった。

一方、幕末の能力主義的な人材登用は、足軽にもチャンスを与えた。文久二年八月、柔術に秀でた藍沢勝之(通称は重次郎)は「少給之身分」にもかかわらず、「武辺」をもっぱらに、「格別之志」があるとのことで、褒美を下された上、御目見得格を仰せ付かった。同じ時、渡辺孝(通称は乙蔵)は「学問格別出精」により、開設が予定されている藩校への就任を約束された(『水野伊織日記』)。文武両面で足軽出身の二人の逸材がそろって頭角を表したわけである。

一代ではなく、数世代のスパンで見れば、たとえば足軽として召し抱えられた田辺忠八の養嗣子四友は半髪《はんぱつ》、小役人、御徒士と席格《せきかく》を進め、幕末には御馬廻に到達、さらにその子貞吉は菊間藩において少参事《しょうさんじ》という幹部にまでなっている。身分の固定化は絶対的なものではなく、また幕末維新という変動期がもたらした幸運もあった。

しかし、士分の足軽に対する差別意識は維新後も根強く残ったようで、足軽から身を起こし千葉県庁の官吏になった渡辺孝が乗馬のまま挨拶したことに対し、上士の出身だった佐々木勘兵衛（別名は左源太）が激怒し、下馬させた上で挨拶をやり直させたとの逸話もある（『老母を圍んで』）。

渡辺孝
（渡辺敏男氏蔵）

福利・厚生のしくみ

衣食住という藩士たちの生活面で、特に藩の関与が見出されるのが「住」である。江戸詰の者は藩邸内の御長屋が支給されたし、国許でも同様だった。一定の身分以上の者は一戸建ての屋敷があてがわれた。沼津城下の藩士の屋敷割りは幾つかの絵図に描かれ現存する。しかし、それらはある一時点でのものにすぎない。なぜなら、沼津・江戸間での転勤にともなう転居もあったし、割り当てられた住居の変更もしばしば行われたからである。藩士の住まいは基本的に官舎であった。転居の際には、規定により「引越料」が下された。また、それまで住んでいた屋敷に「自分家作」つまり自分の費用で増築などをしていた場合、転出することになった時は、その分を買い取ってもらうこともできた（慶応元年閏五月の山田錥太郎の沼津西之城居屋敷の例など）。御長屋に明かり取りの窓を新設するなど、許可を得れば住居を改造することもできた（安政二年八月の諏訪三郎兵衛の江戸浜町藩邸内での例など）。

公務ではなく私用で旅行することも申請が認められれば許された。沼津から江戸へ行った際には、藩邸内の長屋を借りることができた。江戸から沼津へ行く際には、親類などの滞在先を申請することになっていた。公務、たとえば藩主の供をして沼津へ行った際、帰路に江の島・鎌倉に寄り道することを許されるなど（嘉永五年七月の山田錥太郎の例）、融通もきいたようだ。

厳格な身分制度で縛られていた藩士の社会であるが、沼津は伊豆という一大温泉地に近いということもあってか、病気や怪我などの際に休暇をもらい、湯治に行くことが公に認められていた。医療に関しては、「人参代」という名目で薬代が下されてもいる。

たとえば半髪で御門番をつとめた大畑栄助という藩士は、嘉永三年八月には疝《せん》積《しゃく》（胃腸の痛み）・腰痛を理由に修善寺温泉へ湯治、同六年六月と七月には江戸尾張町二丁目大和屋文次郎方薬湯へ行き、十月には人参代を拝借、安政二年（一八五五）一月と三月には大和屋薬湯へ行き、九月には人参代を拝借するといった具合で（「明細帳」）、かなり頻繁だった。また、鵜沢鉄馬は、弘化四年（一八四七）四月に疝積のため熱海温泉へ、同五年正月に吉奈温泉へ、嘉永七年五月に修禅寺温泉へ、安政二年三月に相模国堂ヶ島温泉へ湯治に出かけ、同五年三月には眼病治療のため小田原藩医堀京春のもとへ赴くといった具合である（「明細帳」）。

温泉行きは、現代人の感覚と同様、保養・娯楽といった側面もあった。さらには、熱海へ湯治に行った若い藩士の目的が買春であったことを、その母が平然と口にしたことに驚いたという証言もある（『明治学院史資料集』第八集）。しかし右に紹介した大畑や鵜沢の場合は純然たる病気療養だったのであろう。

沼津藩での湯治の有り様については、一廻り（七日間）を単位としたゆったりとした期間設定、蘭方医の診断にもとづく合理的な実施、産後の女性を含めた家族での行動など、重役の地位にあった水野重教の事例をもとにした研究が近年生み出されている（「幕末沼津藩における湯治の諸相」）。

藩士には隠居という制度もあった。たとえば、勘定奉行をつとめた六十七歳の平林永昌（通称は隆左衛門）は、嘉永二年七月、近頃は老年によって根気がなくなり、持病もあることから御役御免を願い出た。ところが、藩では引退をすんなり認めなかったようで、翌年一月、郡町方の仕事だけは免除し、勘定奉行の仕事はそのままとした。しかし、同七年閏七月に再度隠居願いを提出した結果、翌月それが認められた。また、藩への長年の貢献が評価され、生涯にわたり三人扶持を支給されるとされ、褒美に銀三枚も下賜された(「明細帳」)。いわば恩給であった。もちろん、すべての藩士がそのような恩恵を受けたわけではないだろう。

盲目の藩士

福祉に関わり、ある盲目の沼津藩士について紹介したい。藩士の履歴書をまとめた「明細帳」から判明するのは以下の事実である。御勘定所吟味役などをつとめた藩士に芹沢五左衛門(別名は理平)がいた。その弟を左一といったが、彼は盲目だった。左一は嘉永三年(一八五〇)十一月、駿東郡大平村(現沼津市)の百姓左平太の養女を妻とした。安政四年(一八五七)十二月、芹沢勾当《こうとう》★と称することを京都から許可された旨を藩に届けた。盲人としての官位を得たのである。同六年十月、江戸深川の藤田検校《けんぎょう》★のもとへ行くことを届け出る。たぶん盲人として鍼灸などの技術に関わる用件であろう。同七年閏三月、「御療治」すなわち藩主水野忠寛を治療するため出府を命じられ、その間、二人扶持の追加で五人扶持やお手当・道中雑用金を下される旨を申し渡された。文久二年(一八六二)十一月、大殿様(忠寛)の治療を終え、妻とともに沼津へもどるよう申し渡されている。そして慶応三年(一八六七)五月十七日、左一こと芹沢勾当は死去した。兄の家からはすでに分家しており、勾当の跡は息子文也(別名は文蔵)が継いだ。

▼勾当
江戸時代の盲人の官位のうち、検校・別当に次ぎ、座頭の上に位置した。

▼検校
江戸時代の盲人の官位のうち、最上位。

芹沢勾当の存在は、障害者であっても立派に武士として生きる道が開けていたことを示す。そればかりではない、彼は技術を他の盲人たちに伝え広めるという役割も果たしたのである。明治十年（一八七七）二月に書かれた静岡県駿東郡西熊堂村（現沼津市）在住の平民、小野恒闇という鍼医の履歴書には、「文久三癸亥年二月より駿河国駿東郡沼津宿住居水野出羽守家来芹沢勾當ニ随ヒ慶応二丁卯年四月迄四ケ年三ケ月間杉山流★鍼術修業」（西熊堂区有文書）と記されている。すなわち、芹沢勾当は地域の盲人社会における指導者・教育者だったといえる。藩士としては稀有な存在であろう。

地域の中の藩士たち

姻戚関係以外でも藩士と地元庶民との交流はさまざまな場面で見られた。沼津宿の豪商和田伝兵衛家は、町方で千三百余棟を焼いた弘化四年（一八四七）十一月二十七日の火災により類焼した。その時、同家に寄せられた見舞の品の中には、「御城内」の「御奉行」（三浦・丸山・平林）のほか、四名の沼津藩士からのものがあった。三人の奉行からは松魚節、他の四名からは炭・切餅・大九年母《くねんぼ》（柑橘類のひとつ）・酒札だった（『沼津市史　史料編　近世3』）。

また、安政四年（一八五七）三月、同じく和田家の当主伝兵衛宜歳《よしとし》の祖母はむ

▼杉山流
元禄年間に検校杉山和一が創始した鍼術の流派。

が八十歳を迎えた時の賀筵《がえん》では、藩の御年寄・御用人・御目付・御代官・町方御懸など、計三〇名に対し、はむの和歌を刷った短冊とともに祝儀の品が贈られた。逆に、扇・菓子・卵・詩作・和歌・朱塗盃・鯛などが五名の沼津藩士から和田家へ贈られている（同前書）。

沼津宿の名主や割元、御用達などをつとめた和田家は、町人とはいっても特別な存在であり、藩からも大事に扱われたのであり、個々の藩士との間にも人間的な関係が生じていたのであろう。この点では、支配する者と支配される者という立場の違いはそれほど露骨ではない。

信仰の場についても武士と庶民は共通だった。沼津宿の日枝《ひえ》神社は周辺の村々にも氏子が広がった地域の有力な神社であったが、同社に残された天保十年（一八三九）の「御社用日記」という記録からは、年頭にあたり神社が沼津藩の御年寄・御用人以下、郷同心・町同心にいたるまでの諸役人に対し「大祓紙」「小祓帯紙」などを呈したことがわかる。また、翌年十一月には、「宮参り御初穂覚」として「鈴木勘左衛門殿　当五才倅金作殿」、「柿崎源兵衛殿　当子五才二男富次郎殿」といった記載があることから、藩士一〇名が子どもの七五三のため参詣していることがわかる。さらに、同年九月の神事では、町内毎に「ねりもの」が賑やかに行われたが、それに対しては「殿様御すき見」（藩主が非公式に見物すること）がなされることになっていたらしい（『日枝神社鎮座八百八十年記念誌』）。年中行事や祭礼などの機会は、藩士たち、あるいは藩主も含め、地域住民としての武士と庶民が行動をともにする場だったといえよう。

沼津藩士の文化面での足跡については後述するが、文化運動における士庶交流について少しだけ触れておけば、天保十四年に沼津の隣東間門村に建立された六代松碑のことが好例となる。それは源平時代の故事について顕彰するため、庶民の中の知識層が中心となって募金を行い、碑を建設したものであるが、拠金者の中には柿崎仁右衛門・駒留判次・今井篤平・小林祐助・鈴木金之助ら沼津藩士数名が含まれ（『沼津市史　史料編　近世2』）、地域の文化的活動にいっしょに参加したことがわかる。そもそも碑文の撰者となったのも藩医駒留陋斎《こまどめろうさい》（諱は正隆）であった。

その他、地域民衆と藩士たちとの接点には、金銭をめぐる関係がある。具体例までは挙げないが、富裕な庶民に融通を依頼した藩士の姿は、残された借金証文や無尽・講関連の書類・書簡などから見て取れる。

江戸藩邸でのくらし

藩士たちの仕事と生活の場は国許だけではなく、江戸にもあった。現代と同様、のんびりした地方の小都市でのそれとは違い、巨大都市江戸での勤務とくらしに

六代松碑（沼津市東間門）
平維盛の遺児六代の処刑めぐる伝説について顕彰したもの

は刺激が多かったに違いない。

藩の重役だった水野重教が残した日記から、文久元年（一八六一）十二月から翌年閏八月までのわずかな期間を対象としたものであるが、江戸藩邸でのようすを垣間見てみよう。

そもそも上屋敷、中屋敷、下屋敷といった藩邸は移転されることが多く、時期によって場所の移り変わりが激しい。藩主が老中をつとめている時期などは江戸城の近くの一等地を割り当てられているが、いったん御役御免となればすぐに屋敷替えが行われた。水野重教が江戸在勤になった文久元年時点では、大名小路に上屋敷、芝二本榎に中屋敷、浜町・蠣殻町に下屋敷があった。

重教は文久元年十二月十八日沼津出立、二十日に江戸の上屋敷に到着するが、大森には出迎えの者が来ており、彼らに対し高輪辺の茶屋で一杯献じている。翌日には御用部屋で到着の届を提出、さらにその翌日には御居間書院にて藩主水野忠寛の拝謁を得た。忠寛は幕府の御側御用人に在職中であり、取次頭取介《とりつぎとうどりのすけ》という重教の役目はその公務を補佐することにあったので、老中たちの屋敷を訪問し、自分が新たに江戸在勤になったことを吹聴してまわった。老中の取次頭取たちとの間では、年始や転役の挨拶など交際がなされた。

同二年正月二十三日、重教が日光社参の公務を終了した旨を報告するため、老中内藤信思《のぶこと》（受領名は紀伊守）の屋敷を訪問した際、やはり老中久世広周《くぜひろちか》（受領名は大和守）の取次頭取小田部謙次郎がやって来て同席し、内藤邸で酒肴の馳走になったが、小田部は酒乱だったのだろうか、その「行状卑劣千万」であり、「心中あきれ果」ててしまったという。江戸での他藩の人士との交流は、人間を見る目を養い、世間を広げる機会となったことであろう。

浜町の藩邸では足軽による弓術や棒取手の訓練などが行われ、藩主も上覧した。蠣殻町の藩邸ではしばしば調練が行われ、重教も組下の足軽たちを率い参加した。蠣殻町では藩の兵学師範・軍師谷正太夫が行っていた『武経全書』の講義も聴いた。他に藩が招聘した浪人儒者東条一堂★（主膳）からも論語講釈を受けたり、師範堀江源五右衛門の指導によって馬術の稽古を続けるなど、江戸勤務は勉学の機会にもなっている。

江戸でのプライベートな面での楽しみは、何といっても沼津にはない華やかな娯楽や飲食だったろう。重教もしばしば外出し、それらについての記述を残している。たとえば、

文久二年正月二十五日　猿若町一丁目へ芝居見物、夜六ツ半時帰宅
二月九日　弓町の観世家で能を見物
二月十七日　倭市と浅草観音へ参詣
二月二十七日　六郎兵衛と猿若町三丁目で芝居見物、六時過帰宅
三月九日　笠井順助と弓町観世家で能の稽古を見物、夕刻帰宅

▼東条一堂
上総国出身の儒者。京都の皆川淇園に学び、江戸の神田で塾を開いた。

▼
史料の原文は以下の通り。
猿若丁一町目之芝足（居カ）江相越見物致し、夜六半時帰宅（文久二年正月二十五日）
昼後弓町観世へ相越、能見物致し候（二月九日）
倭市同道ニ而浅草観音へ参詣（二月十七日）
六郎兵衛同伴、猿若丁三町目芝居見物罷越、六時過帰宅（二月二十七日）

四月二十一日　昼後から堀江鋋之助らと本町小桜亭で飲酒
四月二十五日　渡井元雄を連れ、猿若町一丁目で芝居見物
五月六日　俵三郎らと同道し、猿若町一丁目で芝居見物
五月二十六日　源五右衛門らと久保町辺に行き、梅茶亭で飲酒
六月十五日　早朝から権之丞らと山王祭礼を見物、四時帰宅
八月二十日　富士郎らと弓町観世家の稽古を見学
閏八月一日　伊庭丈之助と猿若町で芝居見物
閏八月十七日　早朝から富士郎らと二丁目で芝居見物★

といった具合である。

　また、江戸で手に入れた品物を沼津の親類・知人へ贈ることもあった。同二年二月十三日には定飛脚《じょうびきゃく》★が出立するのに合わせ、養父へ金玉糖（金平糖か）一箱、角田・深沢らに蒸菓子、叔父鈴木謙斎《すずきけんさい》に浅草海苔二帖、妻に雪月花一折などを送ることにした。逆に国許からの贈り物が届くこともあり、三月四日に到着した定飛脚は五十川からの熱海雁皮《がんぴ》半紙切三袋、角田からの蒲鉾五本や自宅からの品々を持ってきた。

　重教のような地位の高い者には自由があったが、身分の低い者たちには華やかな江戸でも気ままな行動は許されなかった。江戸勤番中の半髪・足軽たちは五人組に組織され、伍長の下、管理監督されていた。文久二年四月には彼らに対し、

笠井順助同道ニ而弓丁観世稽古能見物相越、夕刻帰宅（三月九日）
昼後ゟ堀江鋋之助、青地亨次郎同道、本町小桜亭へ相越一杯傾、六時前帰宅（四月二十一日）
渡井元雄を召連レ朝六時半時ゟ猿若丁へ相越、一丁目芝居見物致し候、帰宅六半時（四月二十五日）
俵三郎、六郎兵衛、健三郎、丈之助同道ニ而猿若丁壱町目芝居見物相越、帰宅五時前（五月六日）
源五右衛門、主税同道ニ而、久保町辺江相越、梅茶亭へ立寄一盃相催（五月二十六日）
山王祭礼ニ付早朝ゟ自分、権之丞、延蔵、繆之助同道見物罷越、四時帰宅（六月十五日）
弓丁観世宅稽古能有之ニ付、自分、富士郎、亘、延蔵、権之丞、勘三郎同道ニ而五時ゟ罷越見物致し候、帰宅七ツ時過（八月二十日）
伊庭丈之助同道ニ而猿若町芝居見物相越、帰宅夜五半時（閏八月一日）
早朝ゟ自分、富士郎、亘同道ニ而二丁目芝居見物罷越、六半過帰宅（閏八月十七日）

▼**定飛脚**
一定の土地の間を日を定めて往復した飛脚。

万端睦まじくし、風儀を良くするとともに、遊興にふけるなど若年の者が心得違いなどしないよう注意し、精勤に励むようにとのことが申し渡された。「江戸足軽へ対し楯を突様之事」がないようにとも特記されており、沼津からの出張者と従来からの江戸在勤者との間で対立が起こりがちだったことがうかがえる。

閏八月二十日、重教は浜町・蠣殻町の藩邸で暇乞いをし、翌日には御用部屋と御目付に出立を届けた。他にも暇乞いにまわり、餞別も受け取った。そして二十二日暁七半時、江戸を発った。戸塚・小田原に泊まり、沼津に着いたのは二十五日だった。知人や部下の者たちは三島宿まで出迎えに来ていた（「水野伊織日記」）。こうして重教の江戸在勤は、予定の一年間より短く終わったのだった。

なお、鏡心明智流の印可★を受けた広瀬坦（通称は鉞太郎）は、「殿様の御許を得て浜町の山伏井戸の傍で町道場を開いて」いたというので（『老母を圍んで』）、公務とは別に自ら道場を構え他藩士や庶民に剣術を教えるようなことも可能だった。他にも俳諧や学問・武術修行を通じての交際など、江戸勤務の藩士たちは外界との接触を多く持ち、多様な人間関係を形成していたのである。

▼印可
武術の奥義を身に付けたことの証明。

文久３年（1863） 沼津城藩士屋敷割図

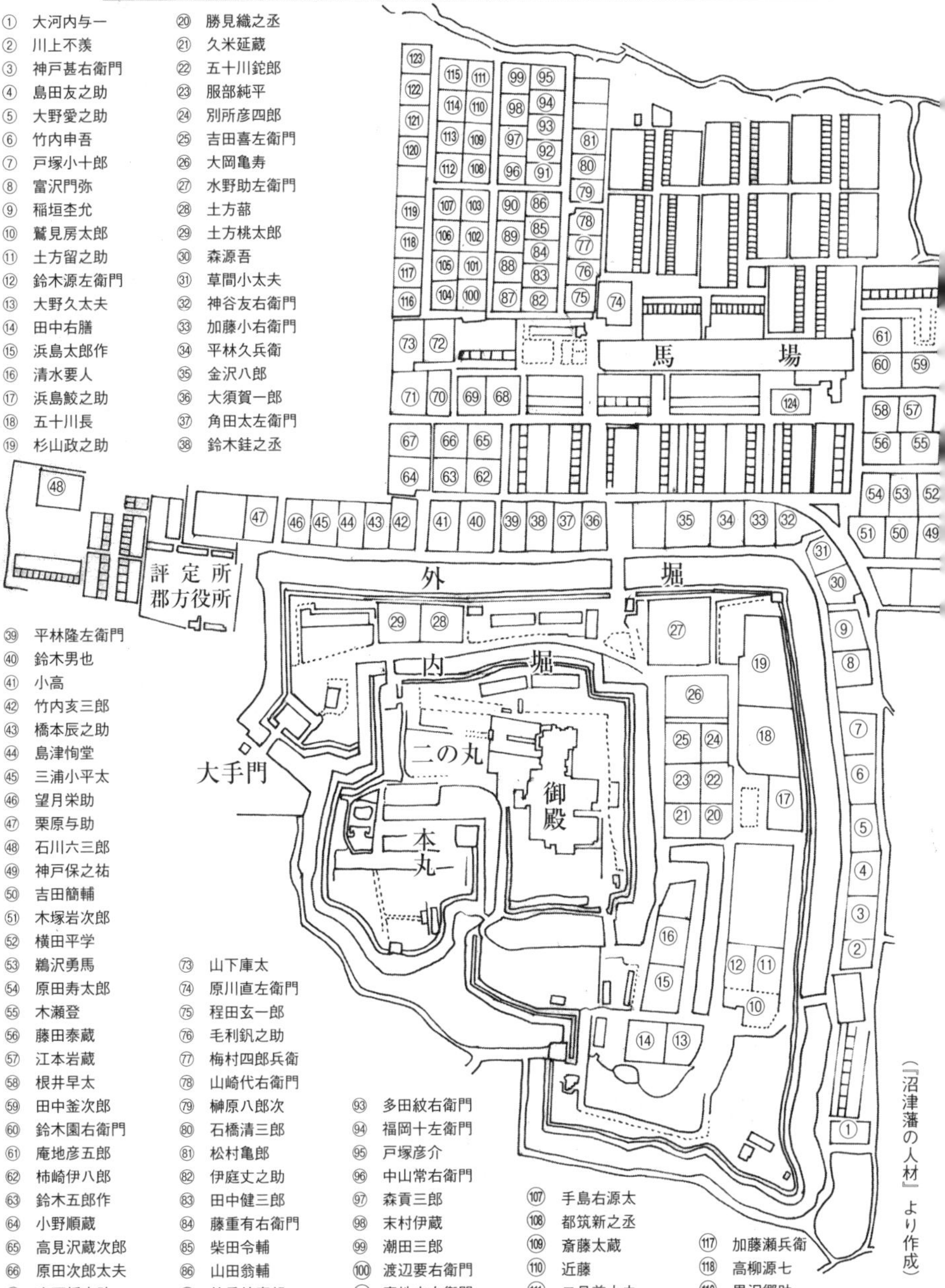

① 大河内与一
② 川上不羨
③ 神戸甚右衛門
④ 島田友之助
⑤ 大野愛之助
⑥ 竹内申吾
⑦ 戸塚小十郎
⑧ 富沢門弥
⑨ 稲垣杢允
⑩ 鷲見房太郎
⑪ 土方留之助
⑫ 鈴木源左衛門
⑬ 大野久太夫
⑭ 田中右膳
⑮ 浜島太郎作
⑯ 清水要人
⑰ 浜島鮫之助
⑱ 五十川長
⑲ 杉山政之助
⑳ 勝見織之丞
㉑ 久米延蔵
㉒ 五十川鉈郎
㉓ 服部純平
㉔ 別所彦四郎
㉕ 吉田喜左衛門
㉖ 大岡亀寿
㉗ 水野助左衛門
㉘ 土方蔀
㉙ 土方桃太郎
㉚ 森源吾
㉛ 草間小太夫
㉜ 神谷友右衛門
㉝ 加藤小右衛門
㉞ 平林久兵衛
㉟ 金沢八郎
㊱ 大須賀一郎
㊲ 角田太左衛門
㊳ 鈴木銈之丞
㊴ 平林隆左衛門
㊵ 鈴木男也
㊶ 小高
㊷ 竹内亥三郎
㊸ 橋本辰之助
㊹ 島津恂堂
㊺ 三浦小平太
㊻ 望月栄助
㊼ 栗原与助
㊽ 石川六三郎
㊾ 神戸保之祐
㊿ 吉田簡輔
51 木塚岩次郎
52 横田平学
53 鵜沢勇馬
54 原田寿太郎
55 木瀬登
56 藤田泰蔵
57 江本岩蔵
58 根井早太
59 田中釜次郎
60 鈴木園右衛門
61 庵地彦五郎
62 柿崎伊八郎
63 鈴木五郎作
64 小野順蔵
65 高見沢蔵次郎
66 原田次郎太夫
67 森下楯之助
68 稲垣名兵衛
69 丸山貫太郎
70 雨宮彰之助
71 内野繁太郎
72 秋山吉兵衛
73 山下庫太
74 原川直左衛門
75 程田玄一郎
76 毛利釟之助
77 梅村四郎兵衛
78 山崎代右衛門
79 榊原八郎次
80 石橋清三郎
81 松村亀郎
82 伊庭丈之助
83 田中健三郎
84 藤重有右衛門
85 柴田令輔
86 山田翁輔
87 祐乗坊庸軒
88 土屋清蔵
89 遠山瑞碩
90 雑色鋏之助
91 秋山六郎兵衛
92 深美勘四郎
93 多田紋右衛門
94 福岡十左衛門
95 戸塚彦介
96 中山常右衛門
97 森貢三郎
98 末村伊蔵
99 潮田三郎
100 渡辺要右衛門
101 青地市右衛門
102 酒井門太夫
103 祐乗坊元東
104 谷城之助
105 笠井官蔵
106 松崎祐吉
107 手島右源太
108 都筑新之丞
109 斎藤太蔵
110 近藤
111 二見善太夫
112 南條弥左衛門
113 谷井林蔵
114 箱根粒五郎
115 二木勘之助
116 石川治兵衛
117 加藤瀬兵衛
118 高柳源七
119 黒沢郷助
120 石井官次
121 入江甚之丞
122 松山立亭
123 近藤直記
124 堀江源五右衛門

（『沼津藩の人材』より作成）

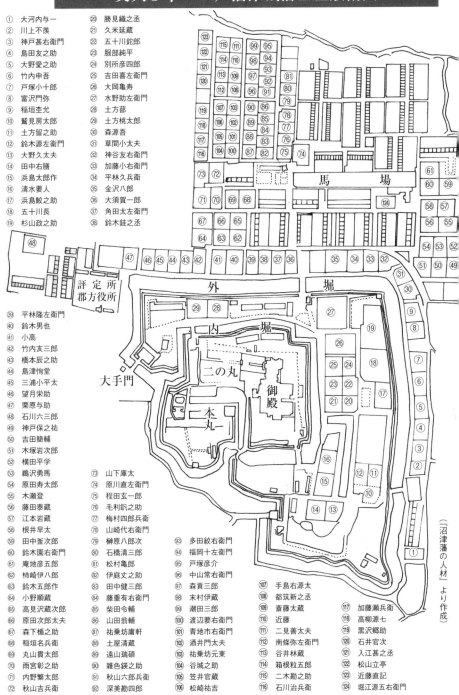

②

藩士が担った文化

藩士の中には技芸を本務とした技術者・医者・武芸者などもいたが、個人の趣味として俳諧・和歌・絵画などに親しむ者もおり、彼らは江戸と沼津とを文化的につなぐ役割を果たした。藩校の教師以外に、自宅で私塾を開いた藩士は地域の庶民教育にも寄与した。

俳諧・和歌・絵画

沼津藩が成立したことによって生み出された地域への文化的影響について、まずは俳諧や和歌・絵画といった分野から紹介してみよう。

藩士の中での俳諧熱は幕末に至ると最高潮に達したようである。単に俳諧を嗜むといった程度ではなく、宗匠として江戸の俳壇で活躍する、田辺直之丞（俳号は瑶草庵四友）のような人物も現れた。『俳諧人名録』（天保七年～嘉永四年刊）という江戸で出版された書物には、田辺のほか、吉村甚五右衛門（俳号は竹堂・南華房東鳩）、星野次郎右衛門（俳号は諸浮龍・天均庵閑鷗・こからし庵）、青木半右衛門（俳号は犂牛斎烏久）、山崎源吾（俳号は飛銭事佛・壺中庵夜雨麿）、佐々木正五郎（俳号は左源太・大圓庵・湛兮舎草舟）、小林篤右衛門（俳号は椎か本・蠏庵水哉）、成田氏

田辺四友
（沼津市明治史料館蔵）
明治３年（1870）撮影

田辺四友の句碑
（沼津市明治史料館）

更ゆくや野にも山にも月の影。最初東京に建設、後に神戸市の田辺家に移設された後、近年沼津市に移譲された。

（俳号は南帰亭寿考・尺斎羊起）、清水氏（俳号は嵊象谷時雨）、本岡氏（俳号は鶉盧・鶉草庵把菊・探芝庵）、石橋氏（俳号は不積・環中庵・跨鶴斎雲臥）、箱根粒五郎保教（俳号は映洲舎蚊思）、新林氏（俳号は坎井居・交帰庵蒼海）、二見善太夫（俳号は何有盧左角）、田中氏（俳号は燕市・一畝庵青芝・麦芝）、程田《ほどた》氏（俳号は日月庵・柳々園）らの名前と作品が掲載されており、俳壇で名をなした沼津藩士が少なくなかったことを示す。田辺と佐々木・本岡は実の兄弟であり、そろって俳句や謡・能を好んだことは本岡の娘が後年証言しているところである（『老母を圍んで』）。

第二代藩主忠成は狂歌を詠んだことが知られるが、藩士の中にも狂歌を得意とした者がおり、矢田正純（通称は圓司）、湯山儀四郎（号は紀ノ安丸）らの名が知られる。矢田には「松廼枝折」などの著作があったというが、下目付や小役人与頭兼御茶所世話役をつとめ、弘化三年（一八四六）十月六日に没した矢田圓次（旧名松之助）のことであろう。湯山は小田原藩から沼津藩に転じた人で、浅草の緑樹社に加盟し狂歌をよくし、慶応初年に七十一歳で亡くなった（『沼津史料』）。また、天保十五年に五十四歳で没した原川豊三郎敏隣は笛窓と号し、俳諧・狂歌を好んだという（原川家過去帳）。

江戸で刊行された文人の紳士録『文久文雅人名録』には、沼津藩士程田又之進（号は程麿・礼斎・花中庵）が、戯文（滑稽文）を得意とした人物として収録されている。彼は旧名を長五郎といい、嘉永三年に家督、御広間御番方・御供頭番・下

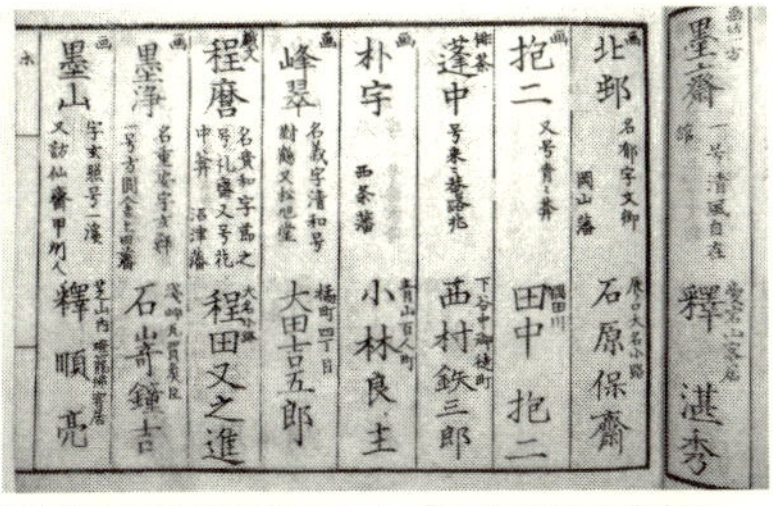

程田又之進が掲載された『文久文雅人名録』
（沼津市明治史料館蔵）

乗目付・御供頭をつとめた人物であろう（「藩鑑譜」）。

和歌や国学を学び、歌人として活動したことが知られるのは、文化十四年（一八一七）に伊豆の国学者竹村茂雄《たけむらしげお》に入門した郡方手代の加藤円蔵英清、伊勢の国学者鬼島広蔭《きじまひろかげ》の門下となった加藤善右衛門（嘉永二年、八十五歳で没）らである。

絵画の分野では、重臣水野助左衛門其敬の弟でありながら、天保五年、藩士の身分を捨て、以後、明治初年に七十六歳で亡くなるまで、もっぱら絵画・俳諧といった風流の世界に生きた鈴木謙斎（通称・別号は金平・金瓶・茶佛）のごとき風変わりな人物もいた。谷文晁《たにぶんちょう》、もしくはその弟子鏑木雲潭に学んだという。

初代藩主水野忠友は、武芸とともに能・茶道・蹴鞠・小鼓などの多才な趣味を持っていた。特に茶道に関しては、家老土方縫殿助とともに江戸千家流の祖川上不白《ふはく》（別号は孤峰・不羨斎）の門弟となったほか、その弟子不白（別号は梅翁・物々斎）を茶頭として召し抱えた。川上家は沼津藩士として続いたが、その影響が藩士層や領民にまで広く及んだといった形跡はない。

教化と信仰

国学系の知識人には、あくまで個人として日本の古典に親しみ、和歌を詠むといったことにとどまらず、思想的な運動や信仰、あるいは民衆への教化といった

鈴木謙斎画（沼津市明治史料館蔵）
謙翁とも号した

レベルにまで踏み込んだ例もある。

沼津藩は国学者平田篤胤《ひらたあつたね》との関わりが浅くない。享和元年（一八〇一）、篤胤が妻に迎えた織瀬《おりせ》という女性は沼津藩士石橋宇右衛門《いしばしうえもん》（諱は常房・別称は清左衛門）の娘だった。彼女は文化九年（一八一二）、三十一歳で病死するまで、内助の功で篤胤の学問生活を支えた賢婦人として知られる。石橋家は宇右衛門の先代嘉七が足軽として召し抱えられた下級藩士だったが、宇右衛門は下目付役介となり、御徒士席に昇った。宇右衛門の後嗣は養子の清左衛門（諱・別称は常則・喜太郎・宇右衛門）で、御上屋敷勝手・御供中小姓となった。篤胤が著した国学の入門書「入学問答」の稿本（国立歴史民俗博物館蔵）には、文政十二年（一八二九）四月に記された「沼津殿人石橋常則」と署名された序文があり、自分は学問の道を知らないものの、篤胤とは「いと近き由縁ある身」なので、篤胤に代わり若い初心者のために清書したとの旨が記されている。織瀬没後も清左衛門は平田家との交際を続け、篤胤の仕事を手伝ったことがうかがえる。

浪人生活を送る篤胤は自分の才能を買ってくれる大名に仕官することをめざした。天保初期、亡妻の実家である石橋家が橋渡ししたのかどうかはわからないが、沼津藩士稲垣素平（諱は守勝）は篤胤の相談に乗っている。稲垣は御目付・御取次介などを歴任、藩主水野忠成の言行録「公徳辨」の筆者としても知られる。石橋家とは違い上士であり、篤胤に対し出版助成金を出したものの、門人にはなっ

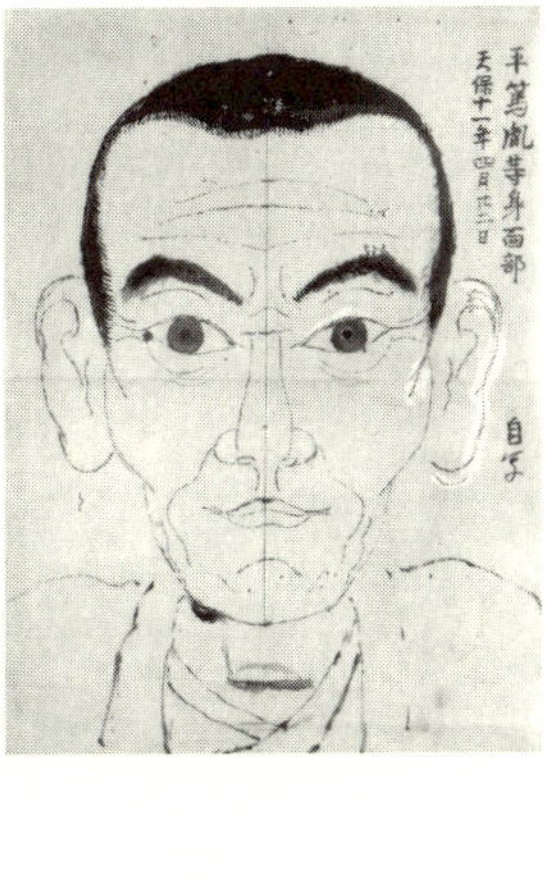

平田篤胤自画像（国立歴史民俗博物館蔵）

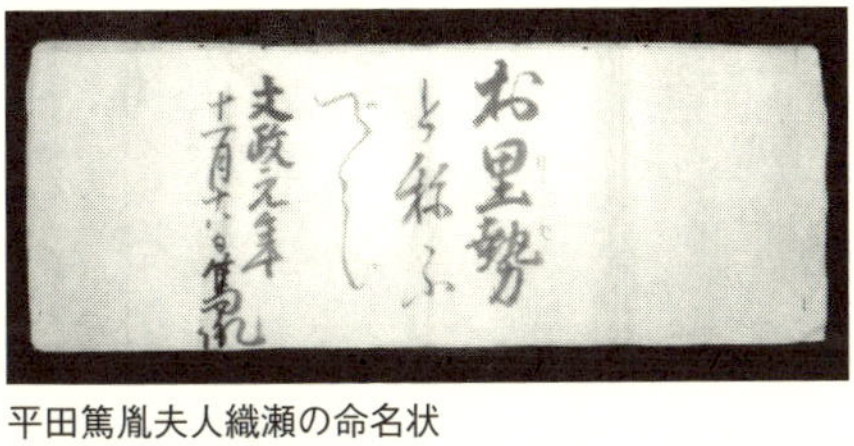

平田篤胤夫人織瀬の命名状
（国立歴史民俗博物館蔵）
文政元年（1818）。「お里勢と称ふべし　文政元年　十一月十八日篤胤」とある

ていない。なお、稲垣には飢饉対策について記した「御世のめぐみ」（天保三年〈一八三二〉九月）という著作がある。

平田篤胤門下の佐藤信淵《のぶひろ》は、国学者としてよりも農政家として沼津藩と関係を持った。天保九年、家老土方縫殿助仁翁の依頼を受け、四男祐三を伴い駿河・伊豆・三河の沼津藩領を巡廻し、藩の農政に対する改革案を提出したのである。同十四年、沼津藩が幕府から印旛沼普請を命じられた際、藩士石川治兵衛は掘割の方法などについて佐藤の助言を仰いだが、彼は佐藤の門人だった。

やがて平田国学は沼津周辺の駿河・伊豆の豪農商層に普及し、彼らに思想的な覚醒をもたらすことになるが、沼津藩と平田・佐藤とのつながりはそれらの動きと直接リンクすることはなかった。

一方、学問・思想というよりも一般庶民を対象とした教育として展開したのが心学《しんがく》である。心学は石田梅岩《いしだばいがん》によって創始されたもので、勤勉・倹約・正直などの徳目を平易に説き、それまで蔑まれてきた商業行為に正当性を与えたことから、町人の哲学として広く受容された。心学教場である江戸の参前舎の舎主であり、関東の心学界を代表した中村徳水が、弘化二年（一八四五）から嘉永三年（一八五〇）にかけ七回にわたり駿東郡西間門村（現沼津市）などの豪農・地主宅を訪れ道話を行った際、近隣の松長村（現沼津市）に陣屋があった荻野山中藩の藩士らとともに、沼津藩士も参加し、中村に入門した。小林要造・小高平馬・三浦佐

佐藤信淵
（『天地鎔造化育論』所載／沼津市明治史料館蔵）

太郎・富沢門弥・田所八五郎・森下格之助の藩士六名であり、嘉永二年五月に西間門村で入門している。心学に入門した沼津藩士には、地方役をつとめた者が多いようであり、支配者として対民衆を意識し、心学を何らかの形で領民教化に利用しようとした可能性がある。

富士登山をともなう富士信仰から派生した不二道《ふじどう》★は、実践的な道徳の教えであり、いわば新興宗教として民衆の間に全国規模で広がった。しかし、幕府からは怪しい宗教結社であるとみなされ、弾圧されることとなった。米穀商を営んだ沼津宿きっての富豪で、名主・割元・問屋取締などをつとめ、沼津藩からも苗字帯刀を許されていた和田伝兵衛宜歳は信者の一人としてこの事件に関わり、幕府から取り調べを受けた事実があった。そして、沼津藩士にも不二道弾圧事件に巻き込まれた者がいた。

事件の容疑者から寺社奉行あてに出された、不二道関係書類の提出を誓約した請書のひとつに、「水野惣右衛門藩中　伊藤八太郎母いよ」と署名されたものがある（『幕末期不二道信仰関係資料』）。水野惣右衛門は水野惣兵衛（諱は忠良）の誤記かと思われる。そして何よりも沼津藩側の史料、藩士の履歴書集成「明細帳」に載った伊藤八太郎の履歴の中に、嘉永二年（一八四九）五月二十六日付の寺社奉行本多中務少輔あての届出の写しなどが残されていた。それによれば、八太郎の母いよは出頭を命じられたが、病気のため和田鉄五郎を名代とし出頭させたと

田所嘉文
（沼津市明治史料館蔵）
通称は八五郎。

▼不二道
民間信仰である富士講の一派。武蔵国の小谷三志が指導者だった。明治後には教派神道の扶桑教や実行教へとつながった。

ころ、父伊兵衛の代までは富士参行を信心していたようであるが、父没後も信心が続いていたのか否か、他人の勧めで信心するようになったのか否か、講中に参加し焚上などを行ったか否か、いよが勧誘した弟子がいるのか否か、信仰容認を大目付に直訴した武州大杉村庄七から多大な世話を受けたというのは本当かといった事項について尋問を受けたが、本人に確認しなければ返答できないため、明後二十八日までに始末書を提出したいとの届書を差し出したという。そして二十八日には返答書を提出した旨も記されている。以上から、沼津藩士の母親が事件に関係して取り調べを受けたことがわかるのである。伊藤家は職人席で大工をつとめた家で、下級藩士であり、社会的には庶民に近い位置にあった。不二道信仰もそのような境遇から発生したのであろう。

なお、他に不二道の指導者小谷三志《こたにさんし》と交遊があった沼津藩士には、前述したように国学・和歌を嗜んだ加藤善右衛門（嘉永二年八月二十二日没）がいたが、彼の履歴書には事件のことは記されていない。

藩校と私塾

俳諧・和歌・国学・絵画などは、私的な趣味であったり、個人の嗜好だった側面が強いが、武士の素養とみなされる文武といった場合、文とは漢学（儒学）である。藩校や私塾がそれを教え学ぶ場として位置づけられた。

沼津藩の藩校は矜式館《きょうしょくかん》といい、文化年間（一八〇四〜一八一八）に沼津城二の丸に設置され、安政地震後に城外の添地町に移転した。藩による学問奨励の方法としては、藩主や重役による視察制度があった。藩主によるそれを「御覧」、重役によるそれを「御見分」といった。御見分は毎年一回実施され、大書院にて、老職が四・五人、担当役人や教師が二・三〇人ズラリと並んだ中、生徒が素読・講義などを行ってみせたという（『明治学院史資料集』第八集）。試験は春秋の年二回行われ、優秀な生徒には賞与が下されたともいう。

藩主忠誠により校名が明親館《めいしんかん》と改められ、再発足した元治元年（一八六四）には、人事面でも多くの藩士が担当者に任命され、スタッフの充実がはかられた。学校奉行に原田糺（五月十八日発令）、句読師に富沢文五郎（五月十八日発令）・戸塚武允（同前）・橋本辰之助（六月一日発令）・二木徳次郎（同前）、記宝助教に高柳国五郎（五月十八日発令、後に文学教授）、剣術教授に竹内申吾（六月九日発令）といった発令が行われたことが、履歴書を集成した「藩鑑譜」や「明細帳」からわかる。他に学監・侍読・教授・授業生などの職名があり、江戸の上屋敷にも明親館の分校が設けられたとされる（『日本教育史資料　壱』）。さらに三河国の飛び地を管轄した大浜陣屋の中にも日進館《にっしんかん》という名の学校が置かれていたほか（『大浜町誌』）、幕末には越後の五泉陣屋にも学問所が設けられ、盛岡の人千葉成章（通称は盛三・

号は沌斎）が教師をつとめたという（『五泉郷土史』）。

また、同じ時、内実に関わる思い切った施策が実行に移された。元治元年六月、藩校へ庶民が入学することが許されたのである。藩主忠誠が趣旨数カ条を自ら書き、町奉行役所の壁上に掲げ、さらに各町村の役人・長百姓を招集し、学校への入学を勧奨した（「沼津近世大事記」）。それを受け、実際に藩校に入学した百姓の例として、下石田村の青木三四郎・青木四郎・石井成斎・清兵衛・安兵衛らが知られる。彼ら五名は入学を希望し、毎月二・四・七・九の日に沼津城の御殿《ごてん》で授業を受けたという（『伴右衛門沼津むかしばなし』）。

藩校で教鞭をとった者や漢学を深く身に付けていた者が自宅で希望者を教える場合も少なくなかった。私塾である。私塾を開いた沼津藩士には、島津一斎《しまづいっさい》（別号は恂堂《じゅんどう》）、本田喜久左衛門、渡辺孝（通称は乙蔵）、五十川中（前名は静）、草間学らがいた。それらの私塾の多くは藩士の子弟のみならず、庶民にも解放されていた。士庶の生徒が席を同じくして学ぶ姿が見られたのであり、たとえば渡辺塾は町場と接する場所にあったため、「市中ノ子弟就学スルモノ少カラズ」、一〇〇名を超す生徒がいたとされる（『沼津史料』）。ただし、明治になって編纂された『日本教育史資料　壱』に収録された沼津藩の部の記述には、「藩内習字ノ外私塾ヲ禁ス」とあるので、以上紹介した私塾は基本的には習字のためだけのものとされていたのかもしれない。漢学を深く教えることは学派を唱え、派閥を形成することにつながることから忌避されたのであろう。

天保九年（一八三八）もしくはその翌年に刊行されたと思われる『童蒙須知《どうもうすち》』は、沼津藩士駒留正隆《こまどめまさたか》（号は陋斎《ろうさい》）が校訂し、柿崎徳卿（温所、御用人御物書御右筆をつとめた仁右衛門のことであろう）が版元となった朱子学の入門書であるが、沼津近隣の素封家の蔵書中に伝来しているので庶民にも普及したと考えられる。

沼津から江戸へ遊学し、あるいは江戸詰の者が藩外の教師に入門するといった学習法もあった。もちろん藩の許可が前提となる。藩士の履歴史料「明細帳」からは、小高謙次郎が阿部誠蔵《せいぞう》方へ入門希望（慶応元年）、杉田新五郎が小笠原佐渡守家来山田忠蔵に文学修行希望（慶応元年三月十二日）、土方斧次郎が林大学頭に入塾希望（慶応二年二月）、二木健蔵が若山壮吉方で文学修行希望（慶応三年二月二十六日）などを藩外での漢学学習の具体例として拾い出すことができる。

林大学頭家の入門記録である「升堂記《しょうどうき》」には、慶応二年二月二十日の入門者として土方斧次郎の名が記されているほか、杉田新五郎の名も土方が紹介者となり同三年五月二十四日に入門したとして記載されている。土方の入門時の紹介者は、やはり沼津藩士喜多島周悦であり、その喜多島も文久三年（一八六三）九月六日に林家に入門した先輩だった。芋づる式の入門だった。ちなみに、沼津宿本陣の息子間宮格（後名は喜十郎）も元治元年（一八六四）に林家に入門しており、その肩書は「水野出羽守家来」となっているが（『「升堂記」翻刻および索引』）、士

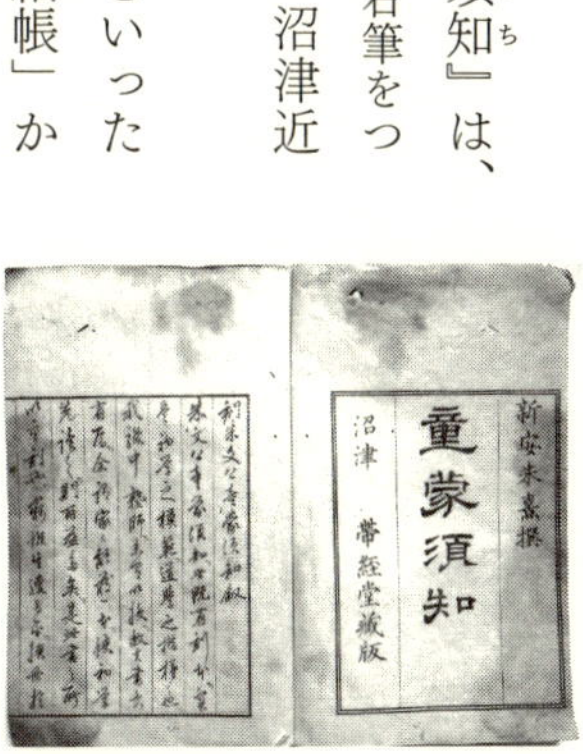
『童蒙須知』
（沼津市明治史料館蔵）

分とみなしてもらうべく名目上そのように記したのであろう。また、間宮は藩士五十川中に漢籍を学んでおり、江戸遊学には師の推薦があったのかもしれない。

林大学頭が幕府の昌平黌《しょうへいこう》を統轄する儒学の総本山であることは言うまでもない。若山壮吉は御儒者をつとめた幕臣であるが、彼には藩主水野忠敬も教えを受けており（慶応三年三月）、主従ともに師事した。若山没後、忠敬は同じ幕府の御儒者望月万一郎から教えを受けた（慶応三年八月）。藩主の場合、教師のほうが沼津藩邸を訪れ教授を行ったわけであり、いわば家庭教師であった。

阿部誠蔵襲撃事件

阿部誠蔵（別名は千万多）は元治元年（一八六四）に沼津藩に雇われた出羽国の浪人学者であるが、学派の違いから藩内に対立を引き起こしたらしく、従来からの藩の漢学者五十川中を支持する有志によって、同年八月、江戸で阿部襲撃事件が発生した。犯人となった藩士らは投獄され、死亡する者も出た。阿部招聘は藩主忠誠によって行われた学政改革の一環だったが、思わぬ波乱を藩内に生んだのである。

右の阿部襲撃事件の実行犯は神谷房次郎・高部善太郎の二人であるが、同志として他に庵地福太郎がいた。神谷・庵地は御番士、高部は御徒士であり、みな二十代の青年だった。もう一人、彼らの師匠というべき存在が御者頭・御目付・教授文学をつとめた五十川中であり、反阿部派のリーダー的存在だった。阿部は負傷しただけで殺害はかなわなかったが、事件を起こした四名は脱藩を試みた。一方、「学授附属之役」に就いて藩内で阿部支持派を構成していた服部純《はっとりくわし》（通称は峰次郎・弁内）は、五十川らからは阿部の「腹中之者」とみなされていたが、事件の責任を感じ反対派との融和を試み、結局、ともに脱藩事件を引き起こしてしまった。服部を含む五名は西国を目指したが、途中で捕らえられ、藩や幕府の吟味を受けることとなった。そして慶応元年（一八六五）十月、判決が下され、いずれも揚屋《あげや》★入りとなった。その後、神谷・庵地は獄中で死亡した。

そもそも事件の原因は何だったのか。逮捕後、五十川らが取り調べの中で語ったことが記録されているが（『近世庶民生活史料藤岡屋日記』第十三巻）、それによれば阿部は「人才御教育」や「富国強兵之基」を築くことを期待され雇われたのであるが、最初は「良義之士」と見えたものの、その行状はよろしからず、言行不一致で「我意」ばかりが募り、「不法之事」をはたらき、あまつさえ「水野家ニは忠臣壱人も無之」などと暴言を吐き、御殿に上がった際には給仕の者を悪口で罵る始末だった。そこで「一藩人心不平」を取り除くべく、決死の覚悟で奸人阿部の「斬除」をはかったという。

そもそも才気あふれる服部純が、「御屋敷の先生許りでは駄目だからモット偉

▼揚屋
武士用の牢屋。

い先生を雇ひ夫れに色んな事を教はらなければ」と言い出したのが阿部招聘のきっかけだったという（『老母を圍んで』）。藩外から刺激を取り入れ改革を促そうという服部の思惑だったのであるが、思わぬ反発を招き暗殺未遂・脱藩事件にまで発展してしまったのである。

その後、当然ながら事件によって阿部は沼津藩を去ったが、もともと学者というより海防論者・経世家ともいうべき志士だったこともあり、戊辰戦争に巻き込まれ郷里の庄内で戦死することとなった。

武芸者

兵士たる武士にとって、武芸の腕を磨くことは本務であり、それが自己の存在証明でもあった。番方の役にあった者は当然であり、沼津藩でも剣術・鎗術・柔術・弓術・馬術などが奨励された。藩内で行われた流派は、決して一派に集中することなく、多様性があった。剣術では直心影流の山下房彬（通称は林右衛門）・竹内章貞（通称は申吾）・古地茂穂（通称は保作）、心形刀流《しんぎょうとうりゅう》の神戸定次郎（号は常壮子）・駒留判次（号は常連子）、鏡心明智流の広瀬坦（通称は鉞太郎）、神道無念流の小野房精《ふさあき》（通称は順蔵）、鎗術では種田流の庵地保基（通称は彦助）、柔術では揚心流の戸塚英俊（通称は彦介）・同英美（通称は彦九郎）・柏崎綱修（通称は又士郎）

小野房精・兼基父子
（『小野兼基自叙伝』所載）
明治初年の撮影。左二人が房精・兼基。房精の父房貞も神道無念流をよくした

・藍沢勝之（通称は重次郎）、弓術では日置流雪荷派の富沢正篤（通称は門弥）・原田種匡（通称は糺）、馬術では大坪流の堀江源五右衛門、遊泳では笹沼流の大竹森吉といったように、藩内にもそれぞれの道の達人がおり、藩から師範に任命され弟子たちを指導した。もちろん藩外への遊学も認められた。

沼津藩では、各人が目録や免許皆伝などを得た際、師に対し支払うべき巻物の代金を給付した。その申請の記録は藩士の履歴書にしっかりと書き残されている。たとえば、毛利釟之助が揚心流柔術免許につき巻物料を（弘化二年）、深美勘四郎が天遊流鎗術皆伝につき謝礼を（嘉永元年）、渡辺与作が鏡心明智流剣術中段伝授につき謝礼金を（嘉永二年）、大井平左衛門が揚心流柔術目録伝授につき巻物料金一〇〇匹を（同年）、富田貞次郎が柳生流鎖剣搦捕手道の免許に対する謝礼を（安政四年）、内野茂太郎が神道無念流剣術目録伝授につき巻物料を（同年）、近藤直記が大坪流馬術免許につき巻物料を（慶応三年）、といった具合である。社員が業務上必要とする資格の取得に対し、会社が経費を支出するようなものである。

武術は武士の専売特許ではあったが、幕末ともなると庶民の間にもそれを身に付けようとする者も現れた。たとえば、隣の三島宿の本陣の当主で、北辰一刀流を学んだ樋口正隣（通称は伝左衛門）は、自宅に道場を設けていたばかりでなく、手合わせをした来訪者の氏名を書き残しており、安政から慶応期の試合相手として一五名の沼津藩士が登場する。原謙次郎（心形刀流・駒留判次門人）、今井孝平

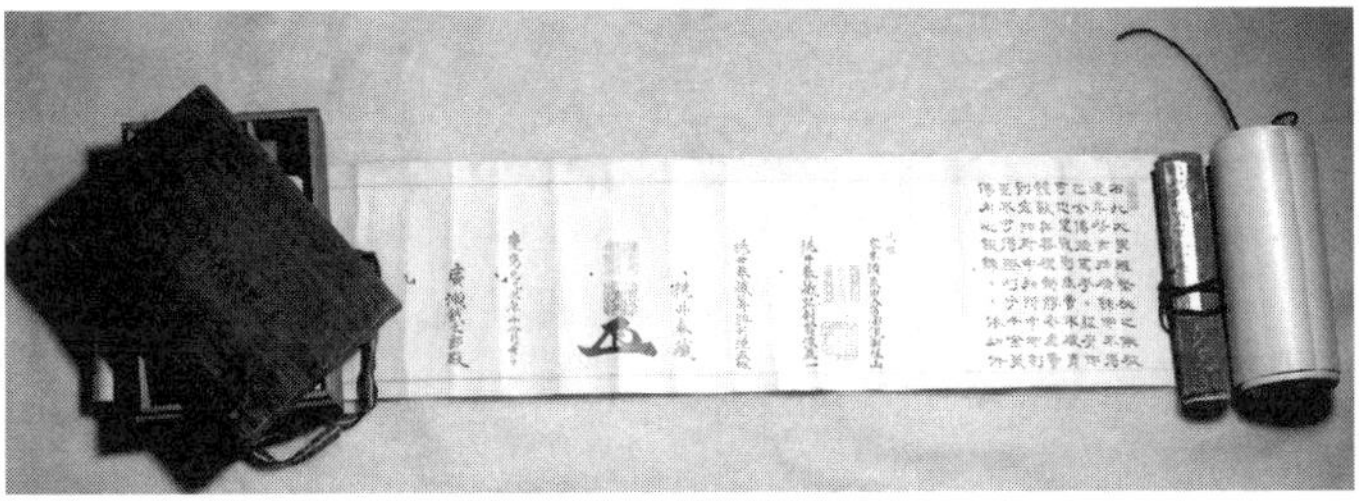

鏡心明智流の免許状（広瀬二郎氏蔵）
春井直正より沼津藩士広瀬坦に授与されたもの

（神道無念流・小野唯蔵門人）、岩城丹士・豊田静太郎・柳沢一馬（神道無念流）、斎藤玄次郎・今井財次（神道無念流・小野順蔵門人）、外木需之助・斎藤玄次郎（同前）、福岡五百八・福井寅之助・杉浦軍治（同前）、島津精一郎・大須賀金八郎・佐々木菊次郎・一杉元平（同前）らである（『静岡県史　資料編15　近世七』）。

柔術については、天保元年（一八三〇）、揚心流戸塚派の宗家戸塚英俊が召し抱えられた。戸塚は幕府の講武所にも出仕した。柏崎又士郎とともに戸塚門下で勇名をはせた藍沢勝之は、沼津城下に私設の道場五カ所を開き、有志を指導した。志多町では相撲の力士を教えたこともあったという（『練體五形法』）。

武芸に熟達した藩士たちは、特命の公務をつとめることもあった。文久三年（一八六三）、将軍家茂が上洛の途次、沼津藩領だった富士郡今泉村（現富士市）の東泉院に宿泊した際には、竹内申吾・駒留判次・柳沢一馬・柏崎又士郎・藍沢勝之ら藩士の一団は強壮組と命名され、警護の任に就いている（瀬川家文書「文久二戌年御上洛一件」）。

医学と洋学

藩に仕えた医師は、藩主に奉仕するのが最優先の義務であるが、一般の藩士や庶民に対して医療活動を行うこともあった。自身の子弟のみならず、後進たちを育成すべく医学を教える教師でもあったし、漢方医の場合は儒者を兼ねることも少なくなかった。

沼津藩の藩医は、当初は漢方医が独占していたが、幕末に近づくにつれ蘭方医が増え、その地位を向上していった。文久二年（一八六二）八月三日、藩主忠寛の世子忠誠《ただのぶ》は当時流行していたコレラに罹ったらしく、幕府に仕える蘭方医、林《はやし》洞海《どうかい》（史料原文には「林東海」と記される）の治療を受けた。さらに翌日には伊東玄《いとうげん》朴《ぼく》・竹内玄同《たけうちげんどう》・伊東貫斎《いとうかんさい》ら、錚々たる蘭方医も治療に加わった。そもそも忠寛は「蘭家極々御嫌忌」、また家老の土方も「蘭家悉嫌」であり、二人とも蘭方嫌いだったが、危急の場合であり、「臨機応変」により蘭方医の治療を受けることも構わないとの「御意」が下ったので、林洞海を招いたのだという（「水野伊織日記」）。やはり藩主や重役など上層部の考えは保守的だったのだろう。この後、忠誠は快復し、西洋医学の効能は実証されることとなった。

藩を代表する蘭方の家が柳下家と深沢家である。柳下家は駿東郡上香貫《かみかぬき》村の名主・豪農柳下家から分かれた家。甲斐国出身の深沢家も最初は沼津宿で開業した町医者だった。ともに医師としての技能を買われ、藩医に取り立てられたのである。両家からは、緒方洪庵に学んだ柳下立達、坪井為春に学んだ柳下亮達、杉田立卿に学んだ深沢雄甫（諱は文温）らが出た。

もともと漢方の藩医だった島津家からも、三宅艮斎《みやけごんさい》に学んだ島津元圭《げんけい》が出てい

深沢雄甫
（深澤滋氏蔵）

る。吉田長淑《よしだちょうしゅく》・堀内素堂《そどう》に学んだ程田玄悦《げんえつ》、その子で幕府の歩兵屯所出役になった程田玄隆《げんりゅう》が出た程田家も漢方からの転向者と思われる。文政九年（一八二六）、藩の重役水野重教の弟正見が医師として取り立てられ成立した駒留家は、もともと漢方医か蘭方医か不明であるが、高野長英《たかのちょうえい》の先輩として加賀藩の蘭方医吉田長淑門下でともに学び、高野の長崎遊学を勧めたという駒留正見が同名異人ではなく同一人物だとすれば、最初から蘭方医だったことになる。正見の孫である駒留謙斎が蘭方医・洋学者杉田玄端《すぎたげんたん》に学んだことははっきりしている。

　彼らは領民に対しても種痘をほどこすなど、地域医療の近代化に貢献した。一方、華岡青洲《はなおかせいしゅう》★に学んだ漢方の藩医中村元敬（別号は信斎）は、西洋医学にもとづく種痘を批判すべく嘉永五年（一八五二）、『種痘弁』を出版した。小さな藩内でも医学界の派閥対立があった。

　蘭学・洋学の普及は、医学と砲術（兵学）の分野から始まったが、砲術については後述するので、ここではそれ以外について触れておきたい。

　英学（英語）の学習者には、文久二年に江戸で杉田玄端に入門し、慶応三年（一八六七）には幕府の開成所★に入った深沢要橘《ふかさわようきつ》、同三年一月に慶応義塾に入門した鷲見謹吾《すみきんご》、同年二月入門の佐々木定静らがいる。元治元年（一八六四）三月から七月まで大鳥圭介《おおとりけいすけ》に英学を学んだ神谷有慶は、後述するように平田篤胤の没後門人となり、明治二年（一八六九）三月まで篤胤の養嗣子平田鉄胤《かねたね》に師事したとい

▼華岡青洲
紀伊国の外科医。麻酔手術の先駆者。

▼開成所
幕府の洋学研究教育機関。前名は蕃書調所、洋書調所。

う（『都市紀要十九　東京の初等教育』）、洋学から国学への転向者だった。

　仏学（フランス語）の学習者としては、江戸の村上英俊に入門した寺田将美・谷井元次郎・駒留良蔵《こまどめりょうぞう》ら、一八名の藩士の存在が知られる。東京・青山霊園にある駒留の墓誌には「慶応二年自奮航仏朗西国学法律明治四年命為留学生」（慶応二年自らフランスへ航し、明治四年政府の留学生を命じられる）とあるので、沼津藩時代に自費でフランスへ渡航したことになる。現在のところ公的な記録は見つかっておらず、駒留は密航者だった可能性がある。

　元治元年八月、藩士小松周之助は蘭学を学ぶべく、下曽根甲斐守邸内にいる平野一（上総一宮藩主加納官一郎の分家？）なる人物に師事したいとの願いを藩に提出している（「明細帳」）。

　幕府の教育機関である海軍所《かいぐんしょ》（軍艦操練所）に学び、海軍士官としての技能を身に付けようとした者としては、慶応二年時点で同所において諸術世話心得をつとめるに至った田辺貞吉《たなべていきち》（蒸気機関担当）、柳元正次郎（測量算術）、佐々木定静（造船学）らがいた。柳元は最初、文久三年二月に軍艦操練所での修行を願い出、元治元年六月、慶応元年五月と修行延長を願い出たことがわかっている（「明細帳」）。また、田辺は元治元年三月、上記以外では黒沢鍗蔵が慶応二年正月に軍艦操練所での修行を願い出ていた（「藩鑑譜」、「明細帳」）。藩内で海軍熱が高まっていたらしい。

谷井元次郎
（関堅太郎氏蔵）

駒留良蔵（個人蔵）
フランスで撮影されたもの

これも沼津

鏡心明智流の剣豪 桃井直正

　幕末、剣術における江戸の三大道場と呼ばれたのが、北辰一刀流（千葉周作）の玄武館、神道無念流（斎藤弥九郎）の練兵館、鏡心明智流（桃井春蔵）の士学館であった。心形刀流の伊庭軍兵衛を含め、四大道場とくくられることもある。「技は千葉（栄次郎）、力の斎藤（新太郎）、位は桃井」とも称された。その桃井道場の隆盛をもたらした同流四代目が沼津藩出身の桃井直正（一八二五～一八八五、通称は春蔵）であった。

　そもそも鏡心明智流は桃井直由（通称は八郎左衛門、号は士流軒伴山）が開祖であり、大和郡山藩を辞して諸国を武者修行した末、安永二年（一七七三）に江戸で道場を開いたという流派。無辺流鎗術・戸田流・一刀流・柳生流・堀内流などの長所をとって創始された。二代目は養子の直一（通称は春蔵、号は弘剱翁）、三代目は直雄（号は籌勝軒）だった。

　そして三代目の弟子になったのが直正である。沼津藩士田中重郎左衛門の次男田中甚助というのが入門時の名前であり、十四歳だった。天保十二年（一八四一）、十七歳で初目録、二十五歳で奥伝を許された。直雄にその腕を見込まれ、婿養子に迎えられた。嘉永五年（一八五二）、三代目が没すると四代目宗家を継ぎ、直正と称した。

　直正の門人からは、土佐勤王党を組織した志士武市半平太、「人斬り以蔵」として知られる同じく土佐藩の岡田以蔵、後に警視庁の師範となった上田馬之助、立身流を創始した逸見宗助らが出た。沼津藩士織田芳次郎は、安政二年（一八五五）、師事していた直正とともに土佐藩に剣術修行に赴くという願いを藩に提出しており（「明細帳」）、桃井一門と土佐藩とは関係が深かった。

　桃井家は浪人として江戸で町道場を構えていたわけであるが、直正は文久二年（一八六二）十二月、幕府の諸組与力格として召し出され、切米二〇〇俵を給された。もちろん剣の腕を評価されての採用であり、翌年正月には剣術教授方出役に任命され、慶応二年（一八六六）五月には富士見御宝蔵番格剣術師範役並となった。内外の危機から武術への期待が高まる中、れっきとした幕臣となったわけである。

　慶応三年、上洛し、駐屯する幕臣たちのため大坂玉造に置かれた講武所で教え遊撃隊頭取並に就任した。幕府瓦解後は出奔したとされ、大坂に残ったようである。大阪天満で道場を開いたというので、徳川家の臣籍を離れたらしい。その後、現在の羽曳野市にある誉田八幡宮の社司をつとめ、明治十八年（一八八五）六十一歳で没した。

　旧菊間藩士の履歴明細短冊にある田中健三郎（明治八年時点で五十二歳）が、父が重郎右衛門、祖父が伝九郎とあることから（『水野藩士転籍者名簿』）、田中甚助こと桃井直正の実兄であろう。健三郎（旧名は石松）は公用方御右筆・寺社方御右筆頭取・御内玄関出役などを歴任（「藩鑑譜」）、慶応三年時点では御馬廻席で調役の任にあり、家格は低くなかった。

第四章 海防と幕末の動乱

対外危機の中、伊豆での海防に奔走。戊辰の戦乱では早々に新政府に恭順する。

①海防・砲術・安政大地震

伊豆の海防を任務とした沼津藩では、西洋式の高島流砲術を取り入れ、軍制の近代化につとめた。安政の地震によって沼津城下も大きな被害を受けた一方、領内の伊豆・戸田村ではロシア使節プチャーチンによる洋式帆船の建造が行われた。

水野忠良と伊豆の海防

弘化元年（一八四四）に兄忠武の跡を継ぎ第五代藩主となった忠良《ただなが》は、「色白く痩形にして婦人の如く」という人だったという（『明治学院史資料集』第八集）。安政五年（一八五八）に若くして亡くなるが、その間、沼津藩は伊豆半島東海岸での海防で多忙を極めた。忠良時代を中心に『御代々略記』から海防関係の記事を拾い出せば、次頁の表のようになる。

弘化三年閏五月はビッドル率いるアメリカ軍艦、同年七月はデンマーク軍艦ガラテア号、嘉永二年閏四月はイギリス軍艦マリナー号、同六年六月はペリー来航、同七年一月はペリー再来航、同年十月はロシアのプチャーチン来航、安政五年七月はイギリス使節エルギン卿の来航である。沼津藩領は伊豆東海岸のみならず、駿河国志太郡・益津郡（現焼津市など）にもあったので、東奔西走を強いられることになった。

ペリー来航を受け、老中阿部正弘《あべまさひろ》は諸大名・幕臣ほかに対し広く対応策について意見を求めたが、沼津藩主として忠良も回答を提出している。それは、「元来之大法」の通り通信・通商は認めるべきではないが、アメリカがどのような「不法乱妨」に及ぶかもしれないので、十分に内海防備をしておくべきであるといった内容であり（『勅教奏建嘉永明治史鑑』第五号）、無難な答えだった。

右に列挙した記録には欠けているが、安政三年七月二十一日、アメリカの駐日総領事としてハリスが下田に着任した際には、現地から沼津に以下のような通信がなされたことがわかっている。まず、三本マスト

沼津藩の海防関係記録

（『御代々略記』より）

天保14年（1843）	稲取・白浜・富戸の三カ村に御台場完成、大筒も江戸で製造。
弘化３年（1846）閏５月	下田沖合に異国船発見につき一番手・二番手を白浜・稲取・川奈・富戸へ派兵、６月撤兵。
同年６月	浦賀沖に異国船停泊につき稲取・白浜・川奈・富戸へ二番手派兵。
同年７月	相模国大磯沖に異国船発見につき稲取・白浜・川奈・富戸へ一番手派兵。
嘉永２年（1849）閏４月	伊豆国洲崎沖に異国船渡来につき稲取・白浜・川奈・富戸へ一番手・二番手派兵。
同年８月	新規鉄砲完成につき大小目付へ届出。
嘉永４年（1851）３月	下田等へ異国船渡来時には江川太郎左衛門の依頼によって派兵すべきと老中より指令。
嘉永５年（1852）閏２月	沼津で鉄砲鋳造につき大小目付へ届出。
同年４月	伊豆国に異国船渡来につき派兵、５月撤兵。
同年６月	下田に異国船渡来につき派兵、７月撤兵。
嘉永６年（1853）６月	下田沖に異国船渡来につき派兵、白浜村等へも同様。
嘉永７年（1854）１月	駿河国益津郡城越村沖合に異国船発見につき志太郡へ派兵、伊豆国稲取村等へも同様。
同年３月	神奈川沖から下田へ異国船廻航につき下田へ派兵。
同年４月	下田に停泊のアメリカ船、平穏につき白浜等より撤兵。
同年６月	一貫目筒一挺完成につき届出。
同年10月	下田にロシア船渡来につき一番手・二番手派兵。
安政２年（1855）12月	戸田村でのロシア人造船終了し、担当藩士引き払う。
安政３年（1856）２月	下田にアメリカ船入港につき派兵、５月撤兵。
同年９月	下田にオランダ船・アメリカ船渡来につき派兵。
同年11月	下田にロシア船停泊につき派兵。
安政４年（1857）７月	下田にアメリカ船渡来につき派兵。
安政５年（1858）７月	下田にイギリス軍艦渡来につき派兵、８月撤兵。
安政６年（1859）３月	下田にアメリカ船入港につき派兵。

のアメリカ蒸気船一艘が下田港に入港、船は長さ三〇間余、左右に大砲一三門を備え、乗組員は約三〇〇人、将官らしき人物は白髪の老人で、副将らしき人物が二名いるといった情報が、当日の七月二十一日、未《ひつじ》の刻に下田問屋・年寄服部九郎兵衛から沼津藩の「白浜御陣屋御役人衆中様」あてに注進された。それを受け白浜村在勤の代官鈴木五郎作は、二十三日付で沼津にいる代官三名にあて、一昨日アメリカ蒸気船が下田に入港したので、いつものように下田奉行からの指示を待っていたところ何の沙汰もないので、使者を下田へ送ったところ、今回は小田原藩・掛川《かけがわ》藩に対応させることになったことが判明したと「村継御用書」で報知した。文中には、我が藩が派兵しなくてすむのは「御同慶」であるとも記しており（宮内庁書陵部蔵・手島右源太筆記「安政二三年雑記」）、遠方まで人数を送り出すことがいかに大変だったかがうかがえる。

高島流砲術の導入

海防への従事は、砲術の採用・発展をともなった。天保期（一八三〇～一八四四）、沼津藩が伊豆東海岸の川奈・富戸・稲取・白浜に設置した台場に装備したのは、それまで藩内で行われていた和流の砲術、武衛《ぶえい》流の製法にもとづいて製作された大筒だった。「芋筒」とあだ名された和流の大筒は、飛距離も短く、実戦

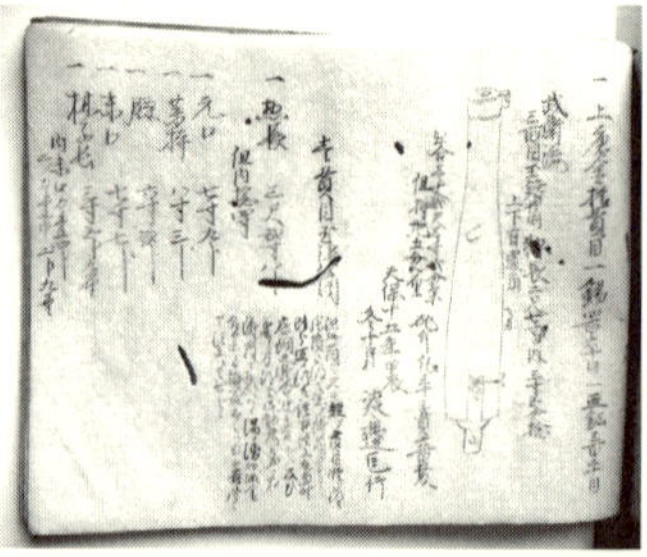

伊豆の台場に配備された武衛流の大筒
（沼津市明治史料館蔵）
沼津藩士田辺四友が記した「渡辺森両先生ヨリ授砲術伝書」所載

には耐えないものだった。

しかし古式の和流砲術の武備では心もとなく、幕府の要請に応えることはできない。そこで、沼津藩では西洋砲術の先駆者高島秋帆《たかしましゅうはん》に学び、天保十三年、代官所内に韮山塾《にらやまじゅく》を開設していた幕府代官江川坦庵《えがわたんあん》（通称・諱は太郎左衛門英龍《ひでたつ》）のもとへ藩士を送り出すこととした。弘化四年（一八四七）三月、三浦千尋（通称は佐太郎・小平太）・服部純（通称は峰次郎・弁内）・宮山千之助（諱は真信）・稲垣源次兵衛の四名が韮山塾に入門したのである。嘉永元年（一八四八）二月、四名はカノン伝授を受け、翌年三月、三浦・服部・宮山は皆伝を授けられた。三浦は、嘉永三年六月に退塾するまで塾頭をつとめた。

また江川坦庵に対しては、銃砲の供給も依頼したようで、嘉永元年十二月ゲベール銃五挺を受け取り、同二年七月には臼砲の試射を韮山で実施、同四年三、四月には二〇センチ曲射砲の訓練を韮山と口野村で実施している。塾生の存在とも相まって、沼津藩と韮山代官所の間では密接な関係が生まれていた。

韮山塾における沼津藩士と江川坦庵をめぐっては、以下のような逸話が伝わる。坦庵は、授業後には必ず宮山のノートを点検し、添削して返していた。三浦と服部は、自分たちのノートを点検してくれないのは何故かと師を詰問した。それに対し坦庵は、三浦は優れた理解力があるので、自分があえて見直す必要はない、また才気走った服部は、自分が教えたことをその通り墨守するような者ではない

江川坦庵肖像
（公益財団法人江川文庫蔵）

ので、そもそもノートを直してやる意味はない、それに対し、宮山は質朴・正直な性格なので、間違った点は正しく訂正してやらなければならないのであると答えたという（『明治学院史資料集』第二一集）。坦庵が三人三様の能力・性格を把握して適切な指導を行った、一流の教育者だったことを示す。

また、ある日、服部は「高島流と称せんよりは寧ろ江川流と呼ぶの正しきに如かず」と発言したのに対し、坦庵はそれを叱責したという。秋帆を尊敬する坦庵の姿勢を示すと同時に、その坦庵を慕うあまりの服部の失言である。ノートの逸話にもあった通り、才気に富んだ服部であるが、その分だけ師を愛し、師からも愛されたらしい。安政二年（一八五五）、坦庵の死の床には何度も見舞いに訪れたほど、師に密着した弟子だった。

韮山塾で学んだ三浦・服部らを先導役に、藩内で高島流が広がることになった。嘉永三年から慶応四年（一八六八）までの期間、高島流砲術に入門した沼津藩士を記録した「砲術稽古入門姓名録」（慶応三年二月改）という史料から集計したのが下の表である。合計六五一名という数字は、

沼津藩における高島流砲術の入門者数

入門年	入門人数	初段	カノン	目録	幕内立入	免許	皆伝
嘉永３年(1850)	53	5	4	15	7	5	2
嘉永４年(1851)	10	2		6	3		
嘉永５年(1852)	6			1	1		
嘉永６年(1853)	55	5		8	3		
安政元年(1854)	12	1			1		
安政２年(1855)	12	1		1			
安政３年(1856)	64	9		7	3		
安政４年(1857)	5						
安政５年(1858)	12	3		1			
安政６年(1859)	4						
万延元年(1860)	8	2					
文久元年(1861)	25						
文久３年(1863)	90	7		2			
元治元年(1864)	56						
慶応元年(1865)	12						
慶応３年(1867)	206						
慶応４年(1868)	11						
不明	10			1	3	4	
計	651	35	4	42	21	9	2

（「慶応三歳次丁卯春二月改　砲術稽古入門姓名録」〔沼津市明治史料館蔵〕より作成）

藩士の数（戸数）が五八三（慶応三年時点）とか六四四（明治四年時点）とされる沼津藩にとっては極めて大きな数字である。次三男も当然含まれるはずであるが、平均すれば一世帯一名以上が入門したことになる。文久三年（一八六三）の九〇名、慶応三年の二〇六名といった数字は、軍制改革の実施時期と重なる。この姓名録からは後年の著名人の名も見出され、たとえば手島精一は銀次郎・惇之介の名で元治元年正月十八日入門として記載されている。

　個々の藩士の履歴書にも、嘉永七年「六月廿日高島流砲術免許幕内立入伝授三浦佐太郎宮山千之助より受候付、書物料願出」、安政三年「正月廿五日高島流砲術免許伝授受候付、書物料願書出」（「藩鑑譜」、小林信近の例）などと記されており、三浦・宮山らから指導を受けたこと、藩士の修行にあたっては藩が費用を支出したことなどがわかる

　高島流の導入前に行われていた和流の荻野《おぎの》流・武衛《ぶえい》流と後発の高島流との間でどのような葛藤が引き起こされたのかについてはわからない。反発や抵抗が当然あったと考えられるが、「砲術稽古入門姓名録」には、和流の師範たち、鵜沢鉄馬・古地保作・江本岩右衛門が安政三年、江本岩蔵が文久三年の入門者として記されている。岩蔵は、元治二年（一八六五）三月に初段、慶応二年正月に目録を許された。つまり和流砲術家は西洋流砲術家に転向したのである。

　三浦千尋の息子徹は、子ども時代に高島流砲術に入門し、父の薫陶を受けた

高島流砲術入門時の起請文
（公益財団法人江川文庫蔵）
沼津藩士三浦千尋・服部純・宮山千之助・稲垣源次兵衛が提出したもの

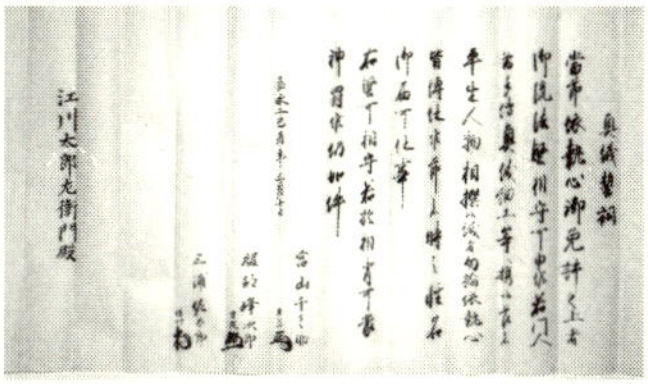

高島流砲術の奥儀誓詞
（公益財団法人江川文庫蔵）
沼津藩士三浦千尋・服部純・宮山千之助が出したもの

が、その回想録（『明治学院史資料集』第八集）からは、沼津藩での砲術修行の一端を垣間見ることができる。火技の稽古場には角見というものがあり、角に的中すれば「カァークー」と叫び、星に的中すれば「ホーシー」と叫んだ。製薬所の壁に高く「百打」の額が掲げられており、それは角打の技に慣れた者が一日に一〇〇発して九〇発以上的中させた際、年月日・姓名と的中数を記して掲げたものであり、角打を奨励するためのものだった。野戦砲の演習を千本浜の松原で実施し、甲乙二門を左右に列し、速射の競争をした。千本浜は的なしで破裂弾を撃つ際に使い、我入道浜は的をたてて狙撃をなす時に使用した。牛臥山《うしぶせやま》は根に的を立てる便利があった。我が藩が持つ最大の口径の大砲は二九拇《ドイム》★といい、約七八寸★だったが、長さは六七尺にすぎず、また施条砲ではなく、弾丸も円形で砲口から装塡し、有効距離も一〇町にすぎなかった、といったものである。

　高島流砲術を土台にして軍制改革が進んでいく。少し先回りするが、慶応三年早春には幕府の軍制改革に対応し、銃隊編制が発表され、四月には教授並鈴木広次郎・五十嵐新六が銃隊教授に任じられた。ここで軍事組織の全面銃隊化が実施されたことになるが、三浦徹の回想では、慶応三年ではなく慶応初年に兵制改革が行われ、他の武芸を全廃して、全員が砲術訓練に出席しなければならなくなったため、「白髪梓腰の人々」（老人）までもが銃を担ぎ行軍するという奇観が現出したという。クネクネとした歩き方しかできず、どうしても隊列での歩調を合わ

▼拇
オランダの長さの単位。この時代の一拇はほぼ一センチ。

▼約七八寸
二九拇は七八寸にはならず、明らかな誤りであると考えられるが、ここでは典拠となった文献の記述通りにしておく。

せられない者、背丈が低いため少年の隊に編入されたことを怒る者、洋式の軍装を毛嫌いする者、和服を洋風に改造した不格好な服装をする者など、「千態万状、奇々怪々、笑草」となるような珍風景が続出した（『明治学院史資料集』第八集）。

それでも沼津藩は他藩に比べれば軍制改革は早いほうであり、戊辰戦争の時点では、すっきりと若党《わかとう》・鎗持などの無駄な従者をなくし、小銃で武装し洋装した戦闘員のみから成る藩兵が出来上がっていた。高島流砲術を幼くして身に付けた少年藩士三浦も、「我藩は小きだけに開化も早く疾く既に旧兵式を廃して新兵式を採用し」たのだと、藩の近代化に自信を持っていたようである。

下野国の黒羽藩では、慶応元年十一月、「拙者家来共（中略）隊伍散乱致（中略）不取締之事も有之、差支候ニ付水野出羽守人数同様隊伍編製致（拙者の家来たちは隊伍が散乱し、不取締のことがあるので、水野出羽守の人数と同様の隊伍を編成したい）」といった文面で、沼津藩の軍制を見習いたいとの書付を幕府に提出しており（「幕末期一小藩の軍制改革——黒羽藩を中心として」）、他藩の模範となったこともわかる。三浦の自信は決して根拠のないものではなかったようだ。

安政の大地震とヘダ号建造

安政期は開国・開港にともなう海防問題への対応のみならず、巨大な自然災害にも襲われた。嘉永七年（一八五四）十一月四日に起きた、いわゆる「安政の東海地震」である。

沼津城でも御殿など建物や門が倒れ、石垣・土居が崩れるなど、大きな被害があった。藩士たちの住居も同様で、三七軒が全壊、二六軒が半壊だった。長屋の一部は出火によって焼失した。城の奥女中一名が即死、二名が怪我をしたほか、各家においても人的被害が出た。久米半蔵の母親が即死だったとする記録があるが、藩士の人事記録「明細帳」では六日に病死したとなっており、混乱時に生じた誤聞かもしれない。少年藩士三浦徹の回顧によれば、当日、役所に出勤しようとしていたところ、どこからともなく鳴動が始まり、やがて立っていることもできなくなるほどの大振動のため、地面に座ってようすをうかがっていたところ、見る限りの家々が倒壊していったとのこと（『明治学院史資料集』第一〇集）。在城していた藩主忠良は、十日間ほどは本丸内に建てられた仮屋での生活を余儀なくさせられたという。もちろん領内の村々も、四九三九軒の家屋が潰れるといった大きな被害を受けた。一三三頁に掲げたのは、十二月十六日に沼津藩が幕府に届け出た被害の一覧であり、別の典拠にもとづく。

この地震によって生じた津波により、下田に停泊中だったロシア軍艦ディアナ号は大きなダメージを受け、修理を行うため伊豆国君沢郡戸田村（現沼津市）に廻航することとなった。しかし、戸田へ向かった同艦は途中、駿河湾で沈没して

小林村での安政東海地震の被害
（沼津市明治史料館蔵）
沼津藩士山崎継述が「地震之記」と題し、地震のようすを文章と絵で解説したものの一部

安政東海地震による沼津藩の被害届

【城や藩の施設】


大手枡形内、同所左右土塀　89間潰れ。渡櫓大破。石垣孕出。内外番所２カ所潰れ。橋台破損。門際石垣崩、14間半潰れ。

本丸門潰れ。二重櫓大破。台石孕出。同左右土塀潰れ。長延74間。多門３カ所潰れ、土塀とも。石垣潰３間余。三重櫓台石孕出。

二之丸潰れ。石垣崩18間余。番所潰れ。櫓形柵大破。喰違門潰れ。土塀長延84間潰れ。外塀石垣崩５間余。堀外通岸欠崩長延７間余。北之方土居欠崩長延20間余。水際石垣２間余崩れ。玄関前門潰れ。番所潰れ。太鼓櫓潰れ。東門大破。番所大破。左右石垣崩合７間半余。南之方土塀３間余潰れ。橋台崩れ。住居向不残、諸役所とも潰れ。稽古所・休息所２カ所潰れ。

三之丸喰違門潰れ。番所潰れ。橋台左右石垣崩れ、合16間余。内外石垣崩れ、合60間余。外堀両岸・土居崩れ。

搦手門潰。左右堀石垣とも崩。土居・外通堀岸とも崩れ所々。

外堀堰崩れ３カ所。角二重櫓石垣とも大破。南之方柵32間破損。丸馬出門潰。土蔵５カ所潰れ、３カ所大破。稲荷社１カ所潰。

大手外駒寄１カ所潰れ。二ノ丸玄関前馬建大破。腰掛潰れ。勘定所・表門客屋とも潰れ。裏門大破。土蔵大破。物置潰れ。地方役所潰れ。作事方役所・物置４カ所とも潰れ。

小人小頭役所・役割場とも潰れ。小人部屋２カ所潰れ。

辻番所３カ所潰れ。夜番所１カ所潰れ。

厩２カ所潰れ。

武芸稽古場４カ所潰れ。

学問所１カ所潰れ。

砲台置場１カ所潰れ。

焔硝蔵２カ所潰れ。

合薬製作所２カ所大破。

東西番所２カ所潰れ。

伊豆島田役所１カ所潰れ。

水窪村役所１カ所大破。

侍屋敷62軒潰れ。同７軒半潰れ、ただし此外不残大破。

長屋９棟潰れ。ただし５軒焼失。同23棟半潰れ、ただし此外不残大破。


【駿河国領分】


居宅1417軒潰れ。同３軒流失。同10軒埋家。同637軒半潰れ。同290軒大破。

土蔵395カ所潰れ。同11カ所流失。同54カ所半潰れ。

物置1033カ所潰れ。同16カ所流失。同148カ所半潰れ。

寺院64カ所潰れ、７カ所半潰れ。諸寺堂鐘楼とも158カ所潰れ。同20カ所半潰れ。神社48カ所潰れ、５カ所半潰れ。

御高札場２カ所潰れ、３カ所半潰れ。

雑小屋210カ所潰れ、同３カ所半潰れ。

漁舟24艘流失。網43流失。


【伊豆国領分】


居宅144軒潰れ、11軒流失、44軒半潰れ、同56軒大破。

土蔵20カ所潰れ、13カ所半潰れ。

物置75カ所潰れ、同７カ所半潰れ。

寺院３カ所潰れ、同１カ所半潰れ。

諸堂・門・鐘楼とも５カ所潰れ、同１カ所半潰れ。

雑小屋11カ所潰れ、同２カ所半潰れ。


【家中・領分の人的被害】

怪我人287人　男132人、女155人。
即死51人　男24人、女27人。
斃馬６疋。

【三河国大浜陣屋】


外構土塀之分、長延50間余潰れ。囲同断大破。

玄関・座敷向、その他諸役所とも大破。

表裏門２カ所大破。土蔵２カ所大破、１カ所半潰れ。物置１カ所半潰れ。

家中屋敷・長屋向とも大破。


【三河国領分】


居宅87軒潰れ、同142軒半潰れ、同216軒大破。

土蔵１カ所潰れ、同５カ所半潰れ、同44カ所大破。

雑小屋101カ所潰れ、同13カ所半潰れ、同28カ所大破。

物置32カ所潰れ、26カ所半潰れ、77カ所大破。

御高札場１カ所潰れ。

神社17カ所大破。寺院14カ所大破、１カ所半潰れ、８カ所破損。

諸堂・門・鐘楼とも11カ所大破、４カ所損、１カ所半潰れ。

人馬怪我等なし。


（『近世庶民生活史料藤岡屋日記』第六巻〈1989年、三一書房〉より作成）

しまう。プチャーチン以下の乗組員は上陸し、陸路戸田村へ向かい、同地で代わりの船を建造することとなった。沼津藩では、途中通過するロシア兵たちの護送にあたった。さらに、戸田村が旗本小笠原氏との相給だったため、同地での造船についても幕府の命により韮山代官とともに世話をすることとなった。警衛のための人数が派遣されたほか、戸田村以外の領内の村々に対しても資材の供出や職人の派遣など、協力が求められた。

　戸田村でロシア人たちと地元の船大工らによって行われた造船は、安政二年（一八五五）三月、ヘダ号の完成として結実し、日本人に洋式帆船の造船技術を伝授する役割を果たした。この仕事に携わった戸田村民の中からは、後に幕府海軍に採用され、オランダ留学に派遣された船大工上田寅吉《うえだとらきち》のような人物が出た。ただし、ヘダ号建造は幕府の権限で行われたものであり、沼津藩はそれをサポートする立場にすぎなかったので、藩が独自に得たものは少なかった。

　なお、ヘダ号完成後も同型の帆船君沢形《きみさわがた》の建造が幕府によって指示され、それにも沼津藩は協力している。安政二年五月十九日、沼津郡方役所から駿東郡多比村・口野村に対して造船用の丸太の納入が指示され（口野足立家文書）、同月、獅子浜村取締名主植松七右衛門《うえまつしちえもん》が、職人募集のお触れに対し自村には船大工庄八がいるとの回答を差し出している（獅子浜植松家文書）のは、そのためであろう。

　三浦徹は、戸田村に勤務した藩士から、ロシアの番兵は交代する際、警戒のた

ヘダ号の模型
（くるら戸田蔵）

ディアナ号乗組のロシア人と見物する武士たち（沼津市明治史料館蔵）
「地震之記」所載

め必ず三人目の兵が付き添っていたとの目撃談を聞いた。目撃した者は、敵に襲われるような危険がないにもかかわらず、そのような儀礼的な規則を守っているのは意味がなく馬鹿馬鹿しいとの感想だったが、三浦は実戦を経験してつくられた西洋の軍規であり、決して侮れないと思ったという（『明治学院史資料集』第一二集）。いずれにせよ、沼津藩士にとって戸田村での体験は、西洋人との初めての接触であり、大なり小なり何らかのカルチャーショックを受けたであろう。

安政三年五月、戸田村詰の責任者だった代官小原直之進に対して、幕府からは銀一〇枚が下賜されている（『御代々略記』）。

戸田村の領民からは、幕府海軍の鵬翔《ほうしょう》丸に乗り組み、万延元年（一八六〇）、下田沖での沈没事故によって落命した大工常蔵のように、その後も幕府からの徴用が続いたようである。ちなみに常蔵の未亡人に対しては、文久三年（一八六三）、沼津藩を通して幕府から生涯三人扶持を下さるとの補償がなされている（『沼津水野藩地方書式範例集』）。

『輿地航海図』

造船技術とは別に、ディアナ号沈没が沼津藩にもたらした思わぬ副産物があった。メルカトル図法による国内初の本格的世界地図が沼津で翻訳・刊行されたという事実である。

駿河湾に沈没したディアナ号にあったイギリス製の世界地図が近くの海岸に漂着し、それを私的に入手した沼津藩士らが、安政五年（一八五八）に翻訳・出版したものが『輿地《よち》航海図』であった。翻訳者は武田簡吾《たけだかんご》、校閲者は江戸の蘭方医・洋学者杉田玄端であり、小林信近・服部純の二人の沼津藩士が序文を寄せたほか、図面の模刻を担当したのは栗原与助であった。原図は英語で記された地図であり、翻訳するには英語の知識が必要だったが、小林・服部らは武田とともにその学習にも参加したらしい。

しかし、この出版は正式な手続きを踏まないままになされたものであり、幕府や藩に咎められ、関係者は処罰されることとなった。小林・服部の履歴書には、安政六年、「五月七日御目見医師並《なみ》武田簡吾翻訳之輿地航海図」に開板前に伺いを出さないまま、序文に名前を載せたことは、法令違反であり、「元図者出所不正之品」（原図の出所が不正である）という点からも「不束《ふつつか》」であり、「差控」を命じるといった記載があり（「藩鑑譜」）、彼らが処分を受けたことがわかる。

そして張本人ともいうべき翻訳・出版者である武田簡吾は、逮捕・投獄され、最後は痩せ細り獄死を遂げた。父の武田悌道《たけだていどう》（前名は悌斎）も沼津を追放処分となったらしい。そもそも武田家は正式な沼津藩士ではなく、沼津宿不二見町で開業していた町医者だった。種痘の技術も身につけた蘭方医だった。その後、御目

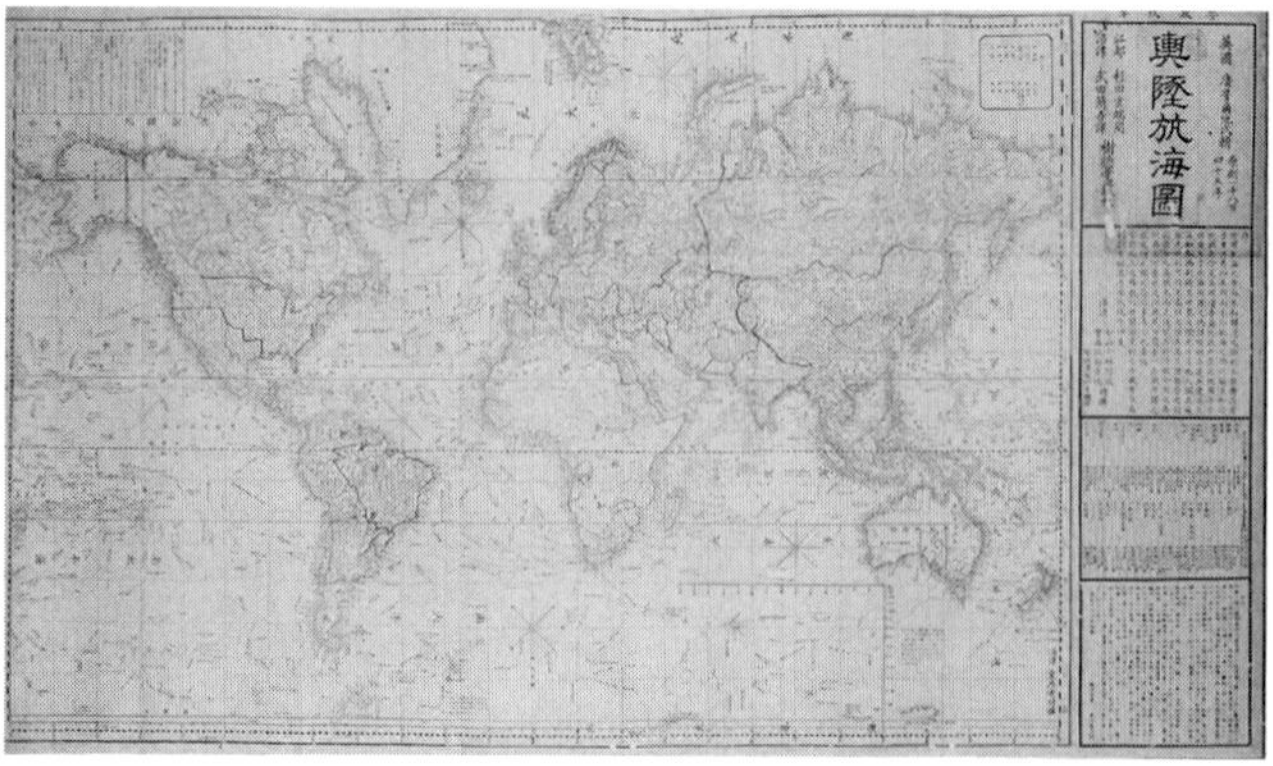

『輿地航海図』（沼津市明治史料館蔵）

見医師として沼津藩に出仕することとなり、嘉永二年（一八四九）、マリナー号下田来航時の出兵などにも同行している。下田在勤のオランダ通詞名村常之助・志筑辰一郎・田中三四郎が沼津宿の武田悌斎あてに書状を送ったとの記録も残されていることから（下田市教育委員会所蔵「諸御用日記」安政二年十月十三日条）、蘭学者たちが形成したネットワークに属していたらしい。

なお、御目見医師とは、町村医の身分のまま藩に奉仕したものであり、正式な藩士に取り立てられたわけではないので、同じ沼津宿の町医者荻生洪道（別号は洪斎）などと同様、武田父子の名前が藩士の名簿や履歴書集に見当たらないのはそのためであろう。武田家が沼津藩の御目見医師だったことは、悌道が安政四年閏五月十八日付で御目見医師の御免と息子簡吾（寛吾とも記す）への継承を願い出た記録（「明細帳」）が見つかったことから判明した。

武田簡吾は不幸な死を遂げたが、彼が遺した『輿地航海図』はその後も生き続けた。沼津を追放された父悌道が版木を保存し、居を定めた横浜で再版したと思われるのである。文久二年（一八六二）二月に出版された『万国航海図』がそれで、ドイツ人商人エドワード・スネル★が出版者であった。たぶん、スネルに印刷・販売の権利を譲渡したのであろう。題名は変わったものの中身の地図は同じであり、『輿地航海図』にあった「沼津武田簡吾」の記名のうち、「沼津」は消された。

武田悌道は慶応期（一八六五〜一八六八）には幕府の神奈川奉行所に医師として

▼エドワード・スネル
開港直後から横浜で貿易商を営んだドイツ人。戊辰戦争では会津藩の軍事顧問となった兄ヘンリー・スネルとともに武器・弾薬の購入に奔走した。

勤務し、また広島藩士を教えるなど私塾を開いていた。維新後も健在で、明治二十四年（一八九一）時点でも横浜英町三丁目で開業していた（『横浜沿革誌』）。『増訂輿地航海全図』（明治五年刊）など、『輿地航海図』をリメイクした地図は明治期にも刊行されており、簡吾の遺業は文明開化期にも残った。

2

戊辰戦争と藩政改革

七代藩主忠誠は慶応期に老中に就任し、長州征討に出陣中、若くして病没した。
八代藩主忠敬は戊辰戦争ではいち早く新政府に恭順し、
藩の存続をはかるとともに、時代に即応した大胆な藩政改革を実施し、有能な人材を採用した。

幕末政局の中の忠寛・忠誠

安政五年（一八五八）五月、忠良の死により第六代藩主の地位に就いた水野忠寛は養子である。二千石の分家水野忠紹の子であり、二代藩主忠成の孫にあたる。すなわち忠良とは従兄弟の間柄である。分家当主の時、すなわち旗本時代には右京亮《うきょうのすけ》・河内守と名乗り、御小納戸・御小姓頭取介・御小姓頭取などをつとめた。沼津藩主となった後は、出羽守を名乗り、奏者番（安政五年）や御側用人（同六年）をつとめた。

忠寛が襲封した前月には井伊直弼《いいなおすけ》が大老に就任、六月には勅許を得ないまま日米修好通商条約が締結され、紀伊藩主徳川慶福《よしとみ》（後の家茂《いえもち》）が将軍継嗣に決定され、七月からは一橋派への弾圧、すなわち安政の大獄が始まっていた。忠寛は井伊政権の一画におり、その一派と目された。

御側御用人兼公用人をつとめた沼津藩士金沢八郎は、「奸物」と評されるほどの敏腕家ぶりで井伊政権下の忠寛を支え、藩内では飛ぶ鳥を落とす勢いであり、旧来の老臣たちも「顔色なき有様」だったという（『明治学院史資料集』第一一集）。その暗躍ぶりの一端は、金沢家に残された文書の記述からもうかがえる。すなわち、安政六年三月七日、老中太田備後守に召され、人払いの上、「極深秘之事件」について申し含められたこと、六月十七日、井伊の家臣宇津木六之丞《うつぎろくのじょう》★からの内翰《ないかん》によって井伊大老に召され、人払いの上、営中では出羽守（忠寛）と公然と話ができない場合があるので、今後は「腹心股肱無二《ふくしんここうむに》」というお前に「執次《とりつぎ》」を頼みたいと言われ、縞縮と菓子を賜ったことなどである。しかし、八月二十九日には忠寛が井伊の「逆鱗」に触れるような事態となり、その身代わりとして金沢が責任を負い、公用人を免じられ、江戸から沼津へと左遷されることとなったようである（「義嶽院殿御一代御留記」）。金沢の左遷について、「水戸殿家来江一味致し一件ニ付、在所沼津江遣し、押込置候由」（『近世庶民生活史料藤岡屋日記』第九巻）と記された史料もあり、鯖江《さばえ》藩士間柄十郎左衛門も同様の処分を受けていることがわかる。ただし、水戸藩士に加担した一件、あるいは密事の内容や井伊との間で起きたトラブルの中味までは記されておらず、どのような問題が生じたのかはよくわからない。忠寛や金沢がどこまで深く井伊の専制政治に関与してい

▼**宇津木六之丞**
井伊直弼の信任を受け公用人をつとめた彦根藩士。安政の大獄では志士の摘発にあたった。後に斬罪に処せられた。

たのかについては闇の中である。

万延元年（一八六〇）三月、桜田門外の変によって井伊は死んだ。忠寛は隠居後、左京大夫《さきょうのだいぶ》を称した。文久二年（一八六二）十一月、「勤役中井伊故掃部頭ニ阿諛《あゆ》致《いた》シ勤柄《つとめがら》不《ふ》似合《にあい》之《の》事《こと》」との理由で差控の処分を受けたものの、翌月には許された。

第七代藩主水野忠誠は、岡崎藩主本多忠考《ただなか》の四男に生まれ、安政六年（一八五九）、六代藩主忠寛の養子となった人である。最初は欽之助《きんのすけ》、その後、惣兵衛《そうべえ》・豊後守《ぶんごのかみ》と名乗った。家督を継いだのは文久二年閏八月、出羽守と改称、翌年十月には奏者番兼寺社奉行に就任した。忠誠は英邁な君主として藩内でも好評だったようだ。彼が主導して藩校を刷新したことは先に述べた。

伊豆の領内を巡視した際、予定では修善寺に一泊することになっていたが、忠誠が一般の湯治客に迷惑をかけることを嫌い、自領の戸田村泊まりに変更したところ、温泉に未練がありわざと出発を遅らせようとする家臣たちの態度に、「グズグズせず早くせよ」と一喝したというエピソードがある（『明治学院史資料集』第一一集）。この一件は、八月二十三日沼津発、二十四日鎌田村泊、二十五日川奈村泊、二十六日大川村泊、二十七日稲取村泊、二十八日白浜村泊、二十九日梨本村泊、九月一日上修善寺村泊、二日戸田村泊という予定が組まれていた、文久三年の巡視でのことだったと思われる（「沼津水野藩と西浦（三）」）。

忠誠の名君ぶりは他にもある。海外事情にも明るく、実家の岡崎藩士が訪問し

水野忠誠
（鈴木重久氏蔵）

水野忠誠の書幅「寿雲」
（沼津市明治史料館蔵）

た際、「藩内には時事の相談相手になる家臣が少なく困る」とこぼしていたということ、近侍していた沼津藩士手島精一はそれを聞き、悔しく感じたとのこと（『手島精一先生伝』）。

文久三年五月、幕府から駿府城とその近辺の海岸警衛を命じられ、御番頭服部純平（諱は方信）以下が先発し、忠誠自らも同地へ出向いた。将軍が天皇に対し攘夷《じょうい》決行期日を五月十日と約束したことを受け、万一の場合に備えるためだったと思われる。この海岸警備については、元治元年（一八六四）二月から九月にかけての従事者の氏名が記録されており（沼津市明治史料館蔵「掌中控」）、供が付いている場合もあるが、多くは数日おきに二、三人の藩士が組となって見廻りを行ったことがわかる。また、駿府出張中の藩士には羽目を外す者が少なくなかったらしく、謹慎処分を受けている者が人事記録に散見される（「藩鑑譜」「明細帳」）。沼津藩では駿府およびその近在の海岸警備の負担が加わったため、元治元年八月、従来の伊豆下田への派兵義務が免除された。

忠誠は健康がすぐれず、同年十一月には奏者番・寺社奉行を辞した。しかし、慶応二年（一八六六）六月、「御進発御供」すなわち第二次長州征討への従軍を命じられ、七月大坂着、同地で老中に任命された。征長総督・紀伊藩主徳川茂承《もちつぐ》を補佐すべく副総督に任じられ、八月には広島に着いたが、病が重くなり、九月同地で死去した。広島行きの船中で詠んだ漢詩は、「不遠士益雄討罰何日平逆賊浪華城上奏凱功」（逆賊を討伐し平らげる日は遠くなく、大坂城で凱旋を上奏したい）との字句で結ばれていたが、それが実現することはなかった。遺骸は船で江戸へと運ばれた。

跡継ぎには十六歳の分家当主水野忠敬《ただのり》（通称は吉太郎）が養子として入り、最後の藩主となる。複雑な関係であるが、忠敬の実母は忠誠夫人であり、彼女が忠誠に再嫁する前に分家忠明との間に設けた子が忠敬だった。また忠敬の曽祖父・旗本岡野知隣は、第二代藩主忠成の実弟にあたる。七月には十四代将軍家茂が死去、九月には幕長の間で休戦が成立、十二月には孝明《こうめい》天皇が死去という、ゴタゴタ続きの中だった。

非常組から常整隊へ

慶応三年（一八六七）十月の大政奉還《たいせいほうかん》、十二月の王政復古《おうせいふっこ》のクーデター、そして明くる四年正月の鳥羽・伏見の戦いによって、徳川幕府は崩壊への道をまっしぐらに進んだ。江戸へ逃げた前将軍徳川慶喜《よしのぶ》は朝敵とされ、薩長を中心とする新政府軍が追討の軍を東へ進めることとなった。

戦乱の影響は沼津藩にも及ぶ。領内の治安維持のため、村々に非常組という名の自警団を組織させることとなった。駿東郡志下村他五カ村（現沼津市静浦地区）

水野忠敬
（沼津市明治史料館蔵）

が慶応四年正月に定めた非常組規定書では、各村に四名の小頭を置き、非常時には二名の小頭が二〇名ずつの若者を率いて駆けつけること、残り二名の小頭は村の守りを固めること、浮浪人・夜盗・博徒などの悪徒が現れた際には、異変の合図として半鐘を打ち鳴らし、得物を持って出動し、場合によっては相手を殺害しても構わないことなどがうたわれていた。若干文言や条文数が違うが、同様の非常組規定書は、伊豆島田村他九カ村（現裾野市、長泉町）では二月に（『裾野市史第三巻』）、根方組一一カ村（現沼津市大岡、金岡地区）では三月に作成されている。

　非常組は沼津城の城門警備なども担当し、後述する遊撃隊の滞在中は、城下の東関門を昼夜四人ずつ交代で警備、夜分には一〇人ずつ隊伍を組んで市中巡邏を行った。その姿は、黒手紹の羽織に唐機の裁付を着し、頭には韮山笠をかぶり、腰には一刀を差し、鉄砲を担いでいた。非常組は、やがて常備軍としての農兵組織に改変され、常整隊《じょうせいたい》と改称された。岡宮村の光長寺境内では、藩士によって「体操銃器扱方」の訓練が行われたという（『手向艸』）。

　なお、沼津藩では文化年間（一八〇四〜一八一八）から、百姓に鉄砲を貸与し、ふだんは害獣駆除にあたらせるとともに、一年に一度沼津城内で訓練を行い、非常時には足軽同様に藩が動員する場合もあるという、郷筒《ごうづつ》・郷組《ごうぐみ》と呼ばれる制度があった。年三斗の米を給され、年始には羽織袴を着用し藩の役所に出頭するという名誉もあった（『沼津水野藩地方書式範例集』）。越後国五泉領にも郷筒が置か

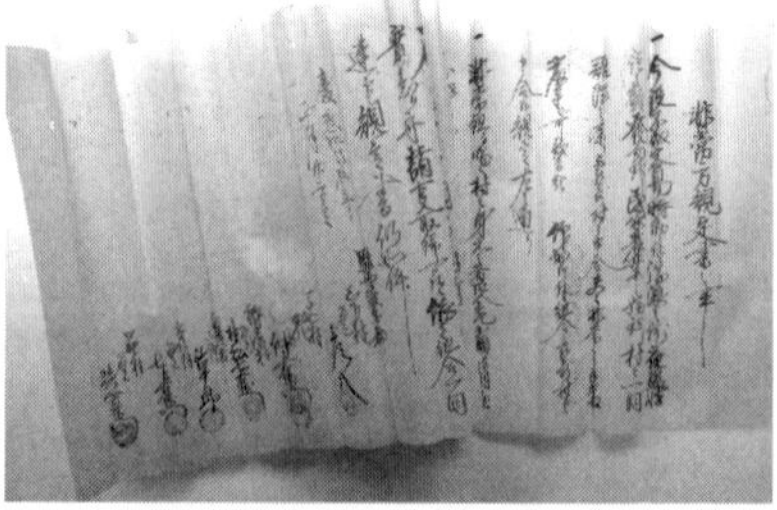

志下村他五カ村の非常組の規定書
（沼津市明治史料館蔵）

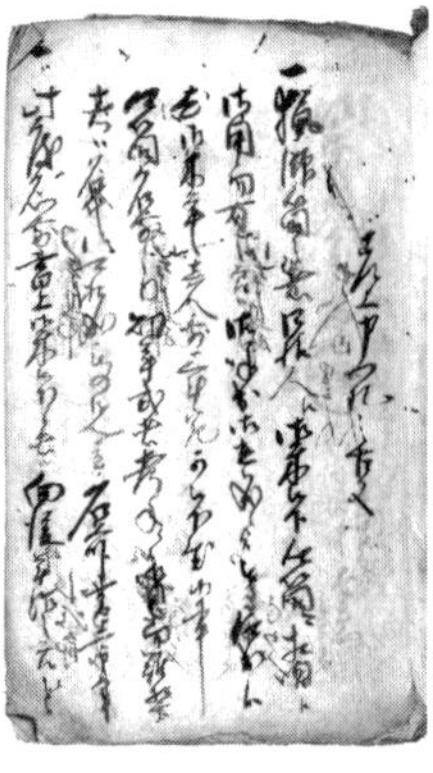

村之鉄砲郷筒之者江申渡
（沼津市明治史料館保管・西熊堂区有文書）
文化四年（一八〇七）九月、沼津近隣の村々の郷筒四〇名が藩に提出した誓約書

れたが、「家柄又は資産、人物等を斟酌され」、「一村の名誉としたもの」だったというので（『和泉佳逸翁伝』）、同地では単なる猟師というよりも豪農・素封家が任命されたものか。ただし、幕末の非常組や常整隊は郷筒・郷組とは関係なく組織されたものであり、両者に直接の関係はないようである。

戊辰戦争

新政府軍は、沿道の諸藩に対し朝廷への服従を命じ、ほとんどの藩がそれに応じた。尾張藩からのはたらきかけを受け、二月、沼津藩でも勤王証書を提出、新政府に従うことを誓った。早速、沼津藩は蒲原《かんばら》宿から三島《みしま》宿までの警衛を命じられ、兵糧用意や人馬継立といった面で新政府軍に協力することとなった。そして、藩主水野忠敬は、駿府に到着した先鋒総督橋本実梁《はしもとさねやな》・副総督柳原前光《やなぎはらさきみつ》から甲府《こうふ》城代《じょうだい》を命じられ、三月、四五〇人の藩兵を率い甲府へ出陣することとなった。

三月中には沼津藩兵と入れ替わるように東征軍の先鋒総督以下が沼津宿に到着した。彼らは沼津で、愛鷹山の野馬を見物したほか、千本松原で銃隊調練を観閲するなどし、四月四日には江戸に入った。四月十一日、江戸城が正式に新政府軍に明け渡された。しかし、旧幕府側には徹底抗戦を叫ぶ者が少なくなく、各地で戦闘が続行される。その一派である遊撃隊は、旧幕臣伊庭八郎《いばはちろう》・人見寧《ひとみやすし》（通称は勝太郎）らに率いられ、閏四月、請西藩主林忠崇《ただたか》（通称は昌之助）を誘って上総国で挙兵、館山から海を渡り真鶴《まなづる》に上陸し、小田原藩や韮山代官所に同盟を求めた。その後、遊撃隊は御殿場《ごてんば》経由で甲府城攻略に向かうが、恭順を説く旧幕臣山岡鉄太郎《やまおかてったろう》（号は鉄舟）や甲府城代の任にあった沼津藩からの説得を受け、ひとまず謹慎することとなった。説得役になった沼津藩士は服部純と丸山貫太郎だった。謹慎場所は沼津藩領の上香貫村・霊山寺《りょうぜんじ》とされ、五月五日に到着した。

霊山寺と近隣の農家に分宿し、沼津藩によって監視されることとなった遊撃隊は、三〇〇名余だった。人見・伊庭らの旧幕臣以外に、林を頭に戴く請西藩士、さらに岡崎藩士・飯野藩士・館山藩士・前橋藩士・勝山藩士・駿府勤番士などから成っていた。しかし、五月十九日、江戸で彰義隊《しょうぎたい》が壊滅させられたとの報が伝わると遊撃隊は霊山寺を脱走、再び戦闘状態に入った。箱根関所を奪い、小田原藩を味方に付けたものの、新政府軍の追討を受け、箱根で敗退、落ち延びた網代《あじろ》で旧幕府海軍の艦船に拾われることになった。

箱根での戦争の前、遊撃隊の沼津脱走時には一騒動があった。五月十九日朝、遊撃隊の一員が、沼津宿に滞在中だった官軍軍監・大村藩士和田藤之助（別名は勇馬）を襲撃したのである。下本町の肴屋《さかなや》直右衛門方に宿泊していた和田は、寝巻き姿のまま裏口から脱出したが、逃げ遅れた従者田添弥十《たぞえやじゅう》が殺害された。沼津城内や市中では、遊撃隊の来襲を恐れ、女性や子どもを避難させ、関門が閉め

箱根戦争で奮戦する伊庭八郎を描いた錦絵（沼津市明治史料館蔵）

切られるなど、大混乱をきたした。二十三日、沼津藩では応急の治安措置として、市河為次郎《いちかわためじろう》・和田伝兵衛《わだでんべえ》・勝亦重三郎《かつまたじゅうざぶろう》・足助喜兵衛《あすけきへえ》・鈴木与兵衛《すずきよへえ》ら沼津宿の有力者を「御城下見廻り役」に命じ、平日の帯刀を許した。

当時、藩兵のほとんどが甲府へ赴いており、沼津には老人と少年ばかり二〇〇名足らずが残っていただけだった。そのため、霊山寺の遊撃隊に対しては、謹慎を迫るどころか、馬術練習のための馬、剣術稽古のための撃剣道具などを要求されるままに提供し、言いなりになっていた。新政府からは、旧幕府方に内通しているのではないかと疑われることとなった。実際、側用人水野伊織は、遊撃隊側と事前に打ち合わせた上、空砲を放ち、戦闘を交えたことにして、官軍への言い逃れとしたという。

五月二十一日、藩主水野忠敬は、沼津での遊撃隊脱走の責任を問われ、甲府城代を罷免され、六月二日には沼津にもどった。藩主の出発に先立ち、先発隊は富士川沿いに吉原《よしわら》宿へ出て、五月二十五日、老公水野忠寛が出迎える中、沼津に帰城した。翌二十六日には遊撃隊討伐のため箱根へ出陣したが、実戦には加わらなかった。

沼津藩は、その後も新政府への謝罪・弁解につとめ、隊長をつとめていた藩士吉田喜左衛門が追放処分とされただけで、それ以上の責任を追及されることはなかった。明確な形で遊撃隊に味方してしまった小田原藩が減封処分を受けたのに対し、沼津藩は何とか危機を回避したのである。

五泉領と北越戦争

沼津藩と戊辰戦争との関わりは沼津近辺に限られなかった。遠く離れた越後でも戦争に巻き込まれたのである。

慶応四年（一八六八）閏四月、会津藩支援を表明する奥羽列藩同盟《おううれっぱんどうめい》が結成され、五月には越後諸藩が同盟に加わり、奥羽越《おううえつ》列藩同盟となった。北越では長岡藩の河井継之助が中心となり、新政府軍との戦闘も開始された。

前年の九月十五日には会津藩が主導し、越後に所領を有する一三藩の代表者が新潟に集まり、上方での緊迫する情勢を受け、今後の事態に対して共同歩調をとることなどを決めたが、その会議には沼津藩五泉陣屋の寺田将美（通称は信三郎）・稲村真郷（通称は継蔵）が参加していた（『河井継之助伝』）。奥羽越列藩同盟の側への参加はその時からの流れにあった。

当時、五泉陣屋に勤務した藩士は、代官寺田将美、手代頭取稲村真郷以下、十数名にすぎなかったと思われる。明治二年（一八六九）に記されたと思われる五泉在勤藩士のリスト（杉浦家文書）には、「昨年召抱」の銃隊として高橋多次郎・伊藤安兵衛・波多彦四郎・同九郎次の名前があるので、戦乱に際し急遽現地で採

稲村真郷
（植松直彦氏蔵／沼津市明治史料館保管）

用した者がいたらしい。それでも兵備は不十分であり、正月からは領内で農兵を徴募し、一〇〇名ほどを集めたという。草刈場を調練場とし、会津藩士によって訓練がほどこされた（『五泉郷土史』）。

新政府軍が小千谷《おぢや》★を占領しようとした際、寺田は農兵四〇名ほどを指揮し出陣した。しかし、新発田《しばた》藩が列藩同盟から離反し、松ヶ崎に新政府軍を上陸させたと聞き五泉に引き返し、以後は情勢を観望し動かなかった。七月、長岡城が奪取され、八月初めには越後平野は新政府軍によって平定されることとなる。五泉陣屋では会津藩兵を去らせ、進出してきた新政府軍に対し恭順の意を示した。一転して五泉の農兵は新政府軍に協力し、その道案内をつとめ、八月四日には薩摩・長州などの兵とともに村松《むらまつ》城（藩主堀直賀・三万石）を攻め落とした（『復古記』第十四冊）。

越後での戦争に際しては沼津藩士一名が死亡している。郷方をつとめていた二十七歳の内藤孝四郎である。何かの行き違いで長岡藩によって殺害されたというのが彼のことか。沼津藩からの糾弾に対し、小藩と侮ったものか長岡藩は誠意を示さなかったという（『五泉郷土史』）。翌年四月の藩による調査では、越後での戦闘について「戦死傷人等無之」とされており（「御維新以来願伺届写」）、やはり内藤は戦死したわけではないらしい。ちなみに内藤の子は生まれたばかりの幼児だったが、明治三年（一八七〇）に家督相続を許され、同家はその後も菊間藩士と

▼小千谷
五泉領の近くにあった小千谷は会津藩の預かり地であった。

して存続している。

一方、北越での「戦功」によって明治元年十二月、御目見格への転席を許された五泉詰郷方森田寛（通称は辨次郎）のような者もいた（『水野藩士転籍者名簿』）。

転封直前の藩政改革

関東や奥羽越で戊辰戦争が続いているこの時期、沼津藩は藩内の改革を進める。若き藩士田辺貞吉（前名は秀之助）は、慶応四年（一八六八）三月七日付、四月八日付、同じく四月の三回にわたり建白書を提出、議事院の設置による藩政全般の改革を求めた。「広ク会議ヲ興シ、万機公論ニ決スヘシ」との、新政府の五カ条の誓文を受けての提案であり、旧弊を打破するべく思い切った藩政改革が必要であると、強く迫る意見であった。田辺は幕府海軍で学んだ経験を持ち、広く時代の趨勢を洞察する能力を有していた。

藩内では、文久二年（一八六二）五月、容易ならざる時勢を迎え、これまでの「弊臭一洗《へいしゅういっせん》」のため、「家中一同之存意」を把握したいので、席格に関係なく意見があれば「十分申立」してほしいと、封書による建白を奨励する布達を発していた（『水野伊織日記』）。それから数年を経て、ようやく自由な意見が藩士から吐き出されるようになったのである。

田辺貞吉（沼津市明治史料館蔵）
明治三年（一八七〇）撮影。

四月に新政府は上京諸藩に対し藩政改革を推進すべしとの布告を発していたが、その影響も及んだのであろう、沼津藩では七月六日、ついに藩政改革を宣言するに至った。七日には人材登用のため全藩士を対象とする選挙を実施し、十四日に二〇名を選出、彼らによって政体が議論され、十五日には立法局・行法局の二局が藩政の最高議決・執行機関とされた。また、議正《ぎせい》・参知《さんち》・議長《ぎちょう》・議衆《ぎしゅう》・施政《しせい》といった新しい役職が置かれた。左の表が改革によって誕生した新指導部の顔ぶれである。江川坦庵門下の砲術家としての前歴を持つ三浦千尋（通称は小平太）が議正・施政を兼任し藩の最高指導者の地位に就いたほか、改革の提唱者であった田辺貞吉は、弟の手島精一（前名は惇之介）とともに議衆の一人となった。こ

慶応4年7～8月の職制改革による人事

職名		氏名
立法局	議正	三浦千尋（小平太）
		水野重教（伊織）
		鈴木重雄（主税）
	参知	原田粟生
		稲垣名兵衛
		小林信近（貫一）
	議長	柳元正次郎
		渡辺孝（乙蔵）
	議衆	谷井質（藤蔵）
		原田考太郎
		高見沢稠
		手島精一（惇之介）
		関勘四郎
		戸塚武允
		富沢終吉（兵馬）
		田辺貞吉（秀之助）
		二木幹（健蔵）
	筆生	川口泰助
行法局	施政	水野重教（伊織）※
		三浦千尋（小平太）※
		鈴木重雄※
	幹事	森下総（春太郎）
		柿崎緑（伊八郎）
		古地保作
		南條弥左衛門
	副幹事	山崎兼三郎
	筆生	柿島為弥
公務人		五十川中（静）
公務人介役		服部純（均平）
司録		加藤精之助
監察刑法掛		大須賀一郎
商法掛総括		丸山貫太郎
商法掛		田所嘉文（八五郎）
		原川徹平（恵七郎）
		岩城魁（魁太郎）
弥縫隊総括		戸塚英俊（彦介）
近侍隊長		清水悪人
		黒沢瑳磨允
聚合隊取締		酒井重固（門太夫）
軍務幹事		望月周助
軍務副幹事		藤田信孝（泰蔵）
		秋山喜久三
		古地保作※
小隊令士		久米延蔵
		伊藤銕三郎
御徒士小隊令士		秋山六郎兵衛
近侍隊半隊令士		大岡亨（台助）

（「慶応四年正月ヨリ　雑記」〈沼津市明治史料館蔵〉より作成）

の改革と人事刷新は、家格・身分に縛られた旧弊を打破したものだった。こうした新鮮な顔ぶれが、やがて家老・年寄といった門閥層に取って代わっていくこととなる（「維新期沼津藩（菊間藩）の藩政改革」）。

藩政改革は七月から八月にかけて行われたが、その最中の七月十三日、徳川旧将軍家の駿河移封にともない、沼津藩は上総国への転封を命じられた。徳川家の駿河移封自体は五月に決定されていたので、すでに沼津藩でも沼津から転出しなければならないことはわかっていた。最後に実施した藩政改革は上総転封への準備ともなったのである。

沼津藩領内の宿村では、六月から八月にかけ、村明細帳・村絵図・村高書上帳・貯穀書上帳・貯金銭書上帳・村内軒別坪数書上帳などが作成され、役所に提出された。いずれも沼津藩の転出、徳川家の転入のために用意された書類であった。

七月二十五日、岡宮村の重立《おもだち》四名、同心得四名は御殿に召され、大広間で藩主水野忠敬に拝謁し、親しく告別の辞を聞いた上、酒肴の饗応を受け退散した。単なる別れの挨拶だけではなく、家老土方・用人鈴木らから内政不如意の故をもって応分の献金を懇請されたのである。当然ながら、岡宮村だけでなく領内の宿村から多くの人数が招集されたはずである。各町村がどれほどの金額を献上したのかはわからないが、判明している例では、沼津宿本町では二十六日、転封費用として一五〇〇両を献金した。豪商和田伝兵衛に対しては、明治元年（一八六八）十月二十日付で藩士戸塚武允・鈴木五郎作の連名で転封費用として一五〇〇両が来年十二月までの返済期限で借用されたことが記録に残っている（和田家文書）。

なお、沼津藩は多額の負債を地元商人たちに残したまま去ったようであり、明治五年九月時点での調査では、沼津宿井上甚太郎・三八〇〇両、同宿市河彦七・二〇〇〇両、同宿和田伝太郎・二五〇〇両、同宿仁王藤八《におうとうはち》・三四九二両、静岡野崎延太郎・二〇〇〇両、横浜永楽屋千代八郎・五六〇〇両、計一万九三九二両余となっていた（「御維新以来願伺届写」）。

二十七日、藩主は沼津を退去し、伊豆国君沢郡戸田村へ移り、上総への移封準備にあたることになった。すぐに上総へ出立するわけにはいかなかったのである。二十八日には行法局・立法局が戸田村に置かれることとなり、議長・議衆らが同地へ移り、名主辻平兵衛宅を御用宿とした（「当家明細書」）。

藩士たちも同様に順次城下を離れ、近在の駿河・伊豆の民家で暫時を過ごし、やがて懐かしい故郷を去っていった。たとえば施政・議正鈴木重雄の家族は伊豆国君沢郡八反畑《はったばた》村（現三島市）に寄留した後、十一月一日に上総へ向け出立した。公務人介役服部純の場合、隠居した父をはじめとする家族を、十二月から翌年正月にかけ伊豆国田方郡丹那村（現函南町）の豪農川口太兵衛宅に預けている。三浦千尋・徹とその一家の場合、香貫村の飴屋に一時寓居した後、戸田村の廻船問屋太田家に移り、同家で二カ月をすごしたという（『明治学院史資料集』第八・九集）。

徳川家の移封には関係がない伊豆国の藩領はそのまま残されたので、その統治は続けられた。八月二十九日、領地のひとつ伊豆国賀茂郡浜村（現河津町）に榎《えの》本武揚《もとたけあき》率いる旧幕府脱走艦隊の一隻蟠龍丸《ばんりゅうまる》★の乗組員が上陸し、飲み水の補給を求めた。その情報は村役人から戸田村の藩当局へ知らされ、藩からは小田原駐在の新政府軍軍監に通報された。伊豆の海岸部では、引っ越しの最中も不断の警戒が求められていたわけである。

藩としては完全に沼津を引き払ってしまうことはできず、残務整理はどうしても必要だったようであり、藩士鈴木五郎作は、三枚橋町の山王社（日枝神社）境内に仮住まいし、事務を続けた。沼津城が徳川家へ引き渡されたのは八月晦日《みそか》のことだった。

徳川家・駿河府中藩《するがふちゅう》（翌年、静岡藩と改称）は沼津城に沼津兵学校を設置し、陸軍士官の養成を行った。その先進的な教育制度と教授陣の優秀さは全国に知れ渡った。沼津藩と沼津兵学校は入れ替わりであり、両者の間に関係はない。唯一、沼津藩士の子服部綾雄が沼津兵学校附属小学校の生徒になったとする説があるが、典拠が不明であり真偽は定かでない。

▼**蟠龍丸**
慶応四年八月十九日に品川沖を脱走した榎本武揚率いる旧幕府艦隊の一隻。銚子沖で暴風に遭い破損、修理のため下田を経由して、九月一日に清水港に投錨した。

これも沼津

新島襄の親友杉田廉卿

ロシア軍艦ディアナ号にあった原図をもとに出版された『輿地航海図』の翻訳者武田簡吾には弟がいた。地図の不正出版をめぐり武田家が処罰され、一家が離散した際、その弟は江戸の蘭学者杉田家の養子となった。簡吾の師である杉田玄端（玄白の孫、幕臣杉田家当主）が、武田家の苦難を救うべく、残された弟の養子先を世話したのかもしれない。それが杉田廉卿である。

廉卿は安政六年（一八五九）四月に小浜藩医杉田成卿（玄白の孫、小浜藩士杉田家当主）の養子となり、藩主酒井家に奉仕し、百四十石を下されるという幸運に恵まれた。亡き兄と同様、洋学の素養は十分にあったのであろう、元治元年（一八六四）四月には幕府の外国御奉行様御手附翻訳御用御雇に抜擢された。そしてそこで新島襄と出会った。

当時、幕府外国方では杉田廉卿・吉田賢輔・津田仙らが自主的な勉強会を開き、英語で書かれた聖書を秘密裡に研究していた。英学を学ぶため江戸に来た若き安中藩士新島もその仲間に加わっていた。津田によれば、廉卿は「元来宗教心ふかき人とて、解剖学など究めゆくに従ひ遂に神を認め、而して之を奉ずるには、基督教ならざる可らず」との思いに至ったのだといい、津田は廉卿の勧告によってキリスト教が良いものであると悟ったのだとする。津田仙は津田塾大学をつくった津田梅子の父である。

新島はその後アメリカへ密航するが、日本の廉卿との間で交わされた書簡からは、偶像崇拝や迷信の排除など、二人が信仰に関して秘密を共有し、同じ考え方を抱いていたらしいことがわかる。キリシタン禁制の当時、大胆不敵にも幕府のお膝元である江戸でキリスト教を密かに奉じていた廉卿

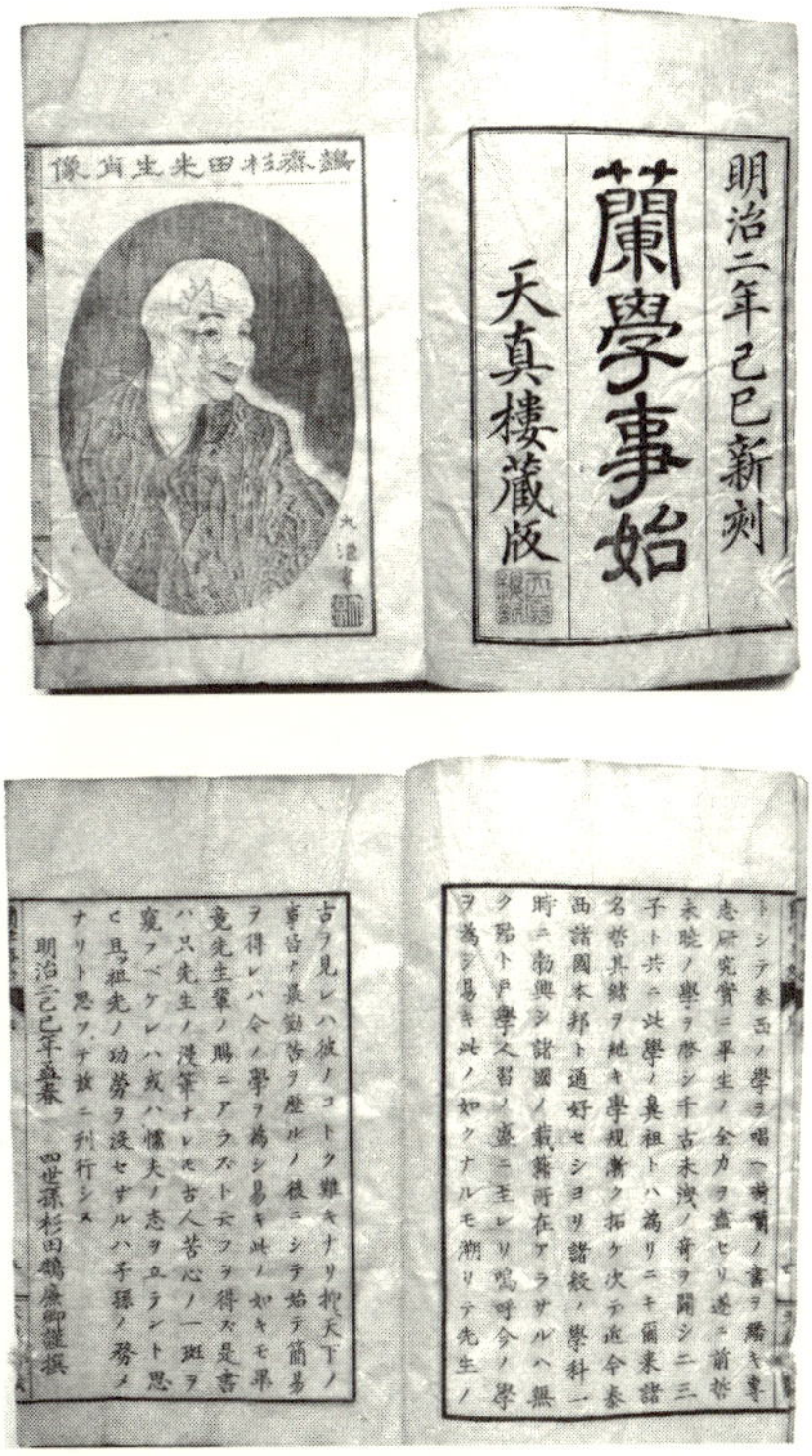

『蘭学事始』（沼津市明治史料館蔵）
明治２年（1869）刊　見返しと廉卿の序文

は、誠に稀有な存在だった。

福沢諭吉の勧めを受け、明治二年（一八六九）、曽祖父にあたる杉田玄白が著した名著『蘭学事始』を出版し、初めて刊本の形で世に出したのも廉卿であった。実際に刊行されたどうかわからないが、明治初年には乙骨太郎乙・外山正一・津田仙・吉田賢輔・河津祐之らとともに『英和字典』（明治五年刊・知新館蔵版か）の翻訳・校正者の一人に名を連ねており（『新刻書目便覧』）、旧幕府英学者グループの一員だった。

静岡藩の沼津病院長となっていた杉田玄端の誘いにより、病気療養のため沼津に移住したが、同三年二月二十日、二十六歳の若さで病死した。新島が帰国するのは明治七年のことなので、二人が再会することはなかった。新島は「本場」で信仰を学び、正真正銘のクリスチャンとして凱旋したのであるが、廉卿が存命だったとすればそれを歓呼して迎えたに違いない。

外国方時代、廉卿が篤い宗教心を抱き、キリスト教の信仰へと足を踏み入れたのが本当だとしたら、その背景に沼津時代の武田家をめぐる不幸なできごとがあったことは看過できない。兄箇吾の世界地図を通じての海外へのあこがれが、やがて弟廉卿のキリスト教への傾斜へと結び付いていったと考えられるのである。

沼津市千本緑町の長谷寺には「S」の一字を彫ったマッシュルーム形の墓石が残っているが、古くからそれは杉田玄端の墓だと言われてきた。しかし、明治六年、一家そろって沼津を引き払った玄端が没したのは東京であり、墓も青山霊園にあるので、沼津に墓が別置される理由はない。廉卿が継いだ小浜藩士杉田家の菩提寺も東京にあるが、そこに彼の墓石はない。長谷寺の墓石は沼津で死んだ廉卿のものではないだろうか。Sは杉田のSなのか、なぜマッシュルームの形をしているのか？　不思議な人生を送った彼は、墓にも謎を残したようである。

杉田廉卿の墓か（沼津市千本緑町・長谷寺）
Sの字が掘られている。杉田玄端の墓といわれてきたが、玄端は青山墓地に葬られており、沼津で没した廉卿の墓と考えるのが自然である

これも沼津

深沢要橋と写真術

東西の先覚者である下岡蓮杖や上野彦馬のような著名人ではないが、日本写真史の上で沼津藩士深沢要橋（一八四七〜一九一四）も多少名前が知られた人物である。

要橋は沼津藩士清水要人（号は千翁・貞翁）の次男に生まれ、杉田立卿・緒方洪庵らに師事した蘭方の藩医深沢雄甫（諱は文温）の養嗣子になった。諱は温尭。妻は小林信近の妹だった。当然、家業である医師を継ぐべく勉学し、文久二年（一八六二）正月には御番医師に任命された。同年、江戸の杉田玄端に入門したほか（「藩鑑譜」）、慶応三年（一八六七）三月には幕府の開成所に入り英語を学んだ（『東京教育史資料大系』第三巻）。

維新後は菊間転封を経て、明治二年（一八六九）に大学南校少得業生に任じられ、翌年中得業生、大得業生に進み、同四年には少助教となった。その後、民間での教育に従事することとし、東京神田の共立学校（現開成学園）で英語を教えた。

要橋が写真に関心を抱いたのは慶応元年（一八六五）頃、江戸薬研堀で写真館を開業した鵜飼玉川と知り合ったのがきっかけだった。杉田玄端には「写象新法　印象啓微」という銀板写真の技法解説書の訳稿があったので、師の影響を受けた可能性もある。明治四年には明治天皇に写真に関して進講したという。その翌年には写真師北庭筑波の依頼で英書から翻訳した技術を写真師たちに講義した。

このように写真師や写真材料を扱う商人などから講師として招かれ、写真技術に関する新知識を披露する機会が増えたため、その講義内容を印刷・配布すべく作成されたのが、北庭たちと明治七年に発刊した『脱影夜話』という日本最初の写真専門誌だった。さらに同十三年には『写真雑誌』を発刊した。

明治十四年からは自らも東京・京橋で写真業を営み、乾板製造法の研究を行った。その後も写真技術に関する雑誌の編集・発行に携わり、同二十七年発刊の『写真裨誌』（大日本写真品評会）の編輯担任幹事や同二十九年発刊の『写真新報』（写真新報社）の編輯人などをつとめた。

また、『最近印画法』（明治三十年、浅沼商会）という著作も刊行したが、同書はよく売れたらしく、後年まで重版を続けた。晩年は伊東で隠居し、同地で没した。

要橋が撮影した作品は本書一六一頁に掲載した沼津城の写真以外にあまり知られない。沼津藩士高安計が残したガラス板の写真が子孫の手元に現存するが、その箱書には、「于時明治元戊辰年初冬　駿陽於沼津写真　菊間藩高安計辰三十九歳　倅同姓熊雄辰八歳　豆陽田方郡平井養徳禅寺十七世住職宗一覆作之」とあり、沼津で写されたものであることがわかる。高安は伊豆国に残された菊間藩の飛び地支配の担当者として君沢郡中村（現三島市）の役所に勤務したので、その時期にも沼津を訪れ写真を撮ったのであろう。撮影者が誰であるのかはわからないが、ひょっとしたら要橋の作品である可能性もあるかもしれない。

なお、沼津藩と写真に関わるエピソードとして、ジョン万次郎こと中浜万次郎による初期写真撮影のモデルとなった藩士の存在が挙げられる。明治四十三年に三越呉服店で開催された古写真展覧会を見た石井研堂によれば、安政二年（一八五五）万次郎撮影の沼津藩士原川徹平のガラス板写真があったという。『みつこしタイムス』第八巻第十二号（一九一〇年十一月一日発行）の記事では、法学博士山田三郎所蔵品として出品された「沼津藩士原川徹平氏肖像」「韮山代官江川太郎左衛門手代松岡正氏肖像」（松岡正平の誤りであろう）のうち、後者のほうのみ「安政二三年頃江戸芝新銭座（現時芝離宮）江川塾縄武館に於て中浜万二郎氏撮影」とあり、また口絵として掲載された松岡の写真には「文久二年外国漂流人中浜万次郎氏撮影」とキャプションが付けられている。万次郎がアメリカから写真機を持ち帰ったのは万延元年（一八六〇）なので、安政二年撮影というのは誤りであろう。

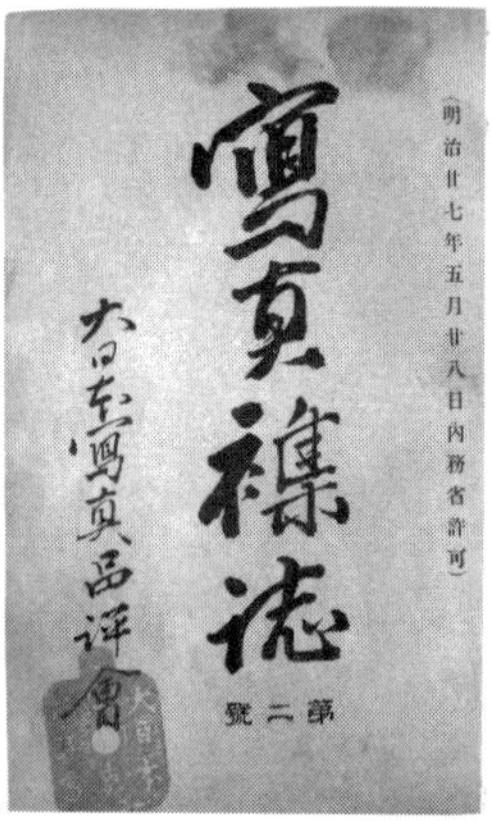

『写真襍誌』第二号
（沼津市明治史料館蔵）

『写真新報』第二号
（沼津市明治史料館蔵）

原川徹平（旧名恵七郎、一八二五～一八九三）は、江川坦庵に仕えた蘭学者矢田部卿雲の義兄（妻の兄）、反射炉築造に携わった江川手代八田公経（旧名は運平）の甥にあたり、韮山代官所の職員たちとはごく近い関係にあったため、坦庵の手付になっていた万次郎に写真を撮ってもらう機会があったとしても不思議ではない。

また、沼津藩士田辺貞吉は、万次郎の影響を受けて写真術を学んだという（『日本写真界の物故功労者顕彰録』）。田辺は幕府の海軍所で学んだ若い藩士であり、洋学に通じていた。ただし、彼が残した資料（沼津市明治史料館蔵）の中には、慶応年間に京都の写真師含春舎によって撮影された父田辺直之丞（号は四友）のガラス湿板写真などがあるが、貞吉自身が撮影した写真の存在については確認されていない。

深沢要橋と中浜万次郎に接点があったのかどうかは不明であるが、幕末の沼津藩は写真史においても少なからず足跡を残したのである。

第五章　明治維新のあと

明治初年の菊間転封、そして廃藩後も旧藩主・藩士らの交流は続いた。

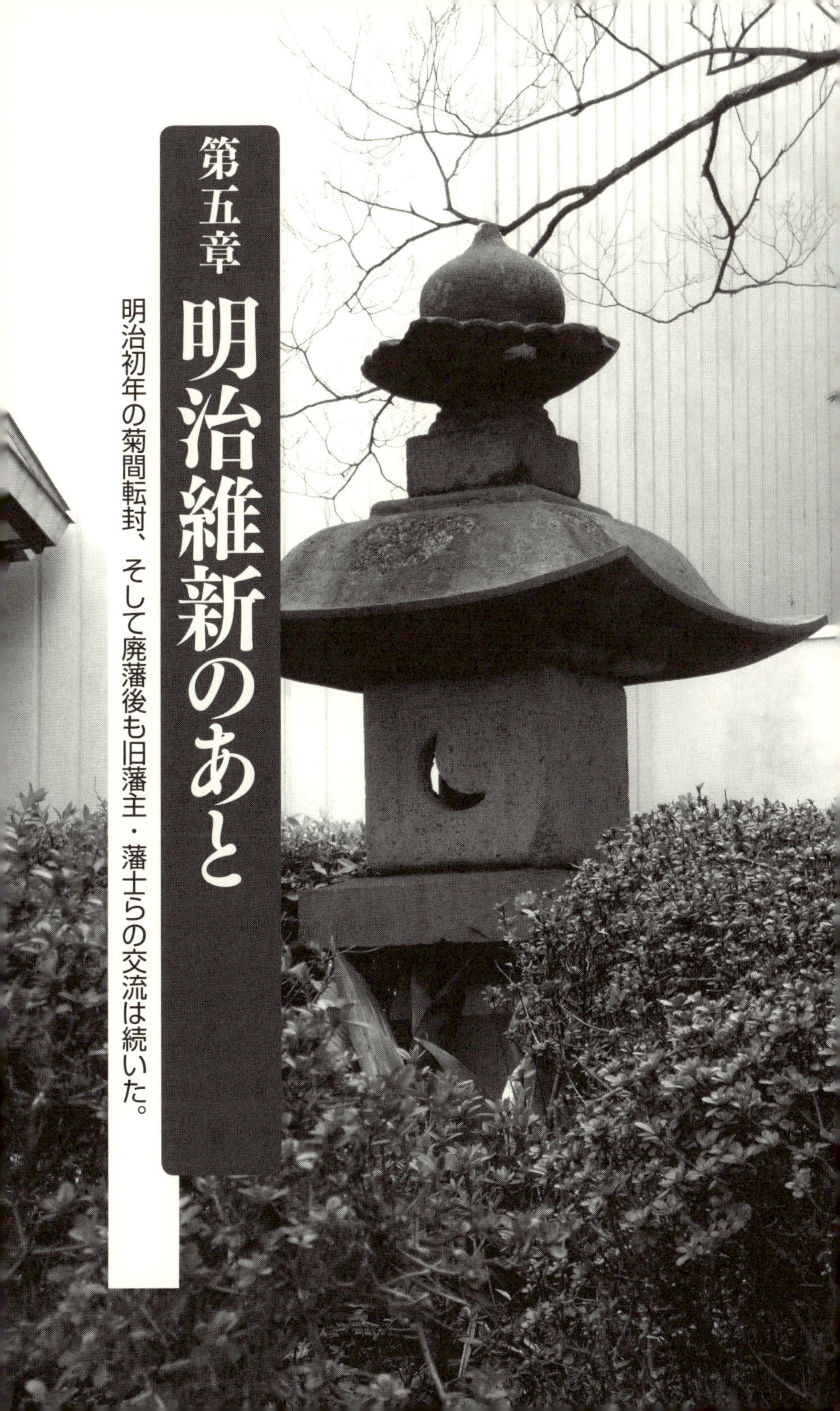

①維新後の転封——菊間藩

明治維新を迎え、水野家は沼津から上総国へ転封となり、菊間藩となる。新政府の中央集権化に対応し、藩政改革を進めるが、三河国の飛び地では大浜騒動が引き起こされた。新時代にふさわしい洋学教育も行われ、沼津藩時代から引き続き人材の養成がはかられた。

上総への転封

藩主忠敬は慶応四年（一八六八）九月十三日に戸田村を発ち、十六日、東京浜町の藩邸に入った。隠居忠寛も二十三日に東京に到着、二十六日には上総へ出立した。忠寛は八幡町（現市原市）の称念寺《しょうねんじ》などに仮寓し、明治三年（一八七〇）三月に上京するまで同地で暮らしたと思われる。忠敬は長らく東京に留まり、上総に初入国するのは明治二年七月らしい。

明治元年十月頃、沼津城下はまだ、元沼津藩士と新来の旧幕臣とが入り混じった面白い状況を呈していた。後に静岡藩が設立した沼津兵学校教授に就任する旧幕臣の英学者乙骨太郎乙《おっこつたろうおつ》の日記によれば、十月二日に沼津に到着、四日には水野藩★医島津氏が寓居を訪問、五日・六日には水野藩士服部純、七日には三浦千尋が

▼水野藩
上総移封が決定したものの、この時点ではまだ菊間藩という藩名は命名されていない上、すでに沼津藩と称することもできないので、このような呼び名になる。

来談した。八日には水野藩士鷲見謹吾・深沢要橋がやって来た（「乙骨太郎乙「沼津日記砕片」）。深沢は江戸の開成所に入学しており、乙骨の教えを受けたことがあったのかもしれない。他もみな洋学関係者で、旧知の間柄であり、挨拶のためか学問上の相談のためか、早速面会し、語り合ったのであろう。

写真術を身に付けていた洋学者深沢要橋は、沼津を去る前に沼津城を撮影したという。たぶん名残惜しさから城の姿を写真にとどめておきたかったのであろう。現存するその写真は、沼津城を写した唯一のものとなっている。

沼津からは上総に先発隊が派遣され、上総の新領地でさまざまな準備作業を行うこととなった。八月、田所嘉文は「総国拝領地請取方且《かつ》藩地境界測量方」を、黒沢著幸は九月四日付で「土地点検 并《ならびに》 測量方」を、服部純は「転封ニ付土地点検士邸割」を命じられた（『水野藩士転籍者名簿』）。

上総では反政府勢力や浮浪の徒の横行が憂慮されたため、九月には二小隊が派兵された。実際、同月十日、旧幕臣と称する一五〇名余が五井《ごい》村（現千葉県市原市）に現れたため、それに対応すべく滞陣していた八幡宿から出兵しているほか、十月にも下総国匝瑳《そうさ》郡八日市場村（現千葉県匝瑳市）に襲来した「賊徒」（水戸藩諸生党）の追討が要請された（国立公文書館蔵「御維新以来願伺届写」）。

十月九日には新政府に願書を提出した。城郭を築くに相応しい場所が領内に見当たらないため、近隣の菊間村（現千葉県市原市）および大厩《おおまや》・山木・市原・西ノ

沼津城の写真（深澤滋氏蔵）
上総への転封直前に深沢要橋が撮影したもの

深沢要橋
（深澤滋氏蔵）

谷の諸村を自領に差し替えてもらった上、そこに築城したいとの趣旨だった。この希望は翌月認められた。十二月には、転封にあたっての経費や家臣の戦功への賞与などとして一万五〇〇〇両と米千石が新政府から下賜された。同二年四月、菊間・大厩・山木・草刈四カ村への藩士用住居の建設についての伺いに対し、民部官からは田畑を潰してまでの「城郭同様之造営」は無益であり、できるだけ簡易にするようにとの回答がなされ、五月の再伺の結果、可能な限りひとまとめにするなど庶民の迷惑にならないようにとの条件付で住居建設が許可された。菊間村では千光院《せんこういん》が仮陣屋とされたほか、御殿や医局が新築されたらしい。

五月十八日、転封以来まだ正式な藩名が決まっていなかったが、菊間村等への住居建設が認可されたことから、以後、菊間藩と称したい旨が申請された。翌日には領内村々にも藩名決定の旨が通達された（『市原市史　資料集　近世編4』）。

金沢六郎（諱は正順）は、明治二年二月に沼津を発ち、上総国の五井村農相川小八方に寄留、八月には菊間村で宅地一五〇坪と家作料一〇〇円を下賜された。翌三年正月、銃手隊長を免ぜられ、禄高改正によって三十七石とされた。さらに同年五月には二十石に減らされている（金沢家文書「明和以来代々記藁」）。

菊間に移っても郷里沼津とはつながっていた。藩士岩城魁《いわきかい》は妹の嫁ぎ先である駿東郡千福村《せんぷく》（現裾野市）の豪農横山瑞平あてに書簡を送り、明治二年七月二十三日に東京出立、南五井村百姓与十方に仮住居したこと、菊間に宅地一五〇坪を下されたこと、魚類が少なく貝ばかりで困ることなど、上総移住後の近況を報じている（千福横山家文書・八月三日付）。三年正月、沼津在の木瀬川村の豪農大古田《おおこだ》長平《ちょうへい》あてには、菊間藩士寺田一尾から、昨年冬に権少属に任命されたという自身の動静や長平夫人の実家である藩士天野家の近況報告などが年賀のあいさつとともに手紙で伝えられた（木瀬川大古田家文書）。

新政への対応

転封直前に沼津で始まった藩政改革は、菊間においても継続する。藩は存続したが、明治政府による中央集権化の動きは始まっていた。明治二年（一八六九）正月、薩長土肥の四藩が版籍奉還の上表を提出し、全国諸藩も続々とそれにならった。菊間藩主水野忠敬も二月十九日に封土人民返上の願書を提出し、三月八日には版籍奉還を行った。忠敬は、出羽国が羽前《うぜん》・羽後《うご》に二分されたのに伴い、これまでのように出羽守と称していてよいのか否かを政府に伺い出たところ、三月になり以後は羽後守と称すべしと下達された。六月十七日、政府は諸藩による版籍奉還を許可し、改めて二七四名の知藩事を任命した。この時、忠敬も菊間藩知事となり、華族に列せられた。

藩は府県と同様とされ、知藩事や藩の諸役人も中央政府の官吏として位置づけられたのであるが、実質的には従来との違いは顕著ではなかった。忠敬は知藩事への任命をはさみ、五月二十八日と六月十九日の二度にわたり「郡県ノ議」を建白し、六月二十日には知藩事の差免《さめん》を求めた（「御維新以来願伺届写」）。同月二十一日には輔相《ほそう》★三条実美《さんじょうさねとみ》にあて、六月二十二日には議定岩倉具視《いわくらともみ》にあて、「其職を辞して菊間の藩を削らせん事」を請願した（『岩倉具視関係文書』四）。忠敬個人というよりも菊間藩では、今回の版籍奉還は不徹底であり、より完全な郡県制をめざすべきであると、藩を廃止するよう自ら願い出たわけである。国家の近代化にとって領主制の排除が不可欠であることを認識するとともに、沼津からの移封によって疲弊し、藩を維持していく自信が失われていたのであろう。七月二十五日に待詔院《たいしょういん》★に提出された幣制改革の建言書もその流れで作成されたものであろう。

　中央集権の傾向は藩士の動向にも表れた。菊間藩士の中からも中央省庁や他府県の官吏に就任することが求められ、藩を離れる者が出てきた。たとえば、喜多島直蔵が外国官御雇に（明治二年二月）、深沢要橘が南校《なんこう》★少得業生《しょうとくぎょうせい》に（同年十一月）、水野重教が東京府権少属に（三年六月）、桜井教孝が宮谷《みやざく》県租税課へ（同年九月）、中村恒定が同県権少属へ（同年閏十月）、黒沢著通が東京府権大属へ（同年同月）、堀江利貞が外務省出仕に（同年同月）、柳下知之が大学東校《だいがくとうこう》囚獄司《しゅうごくし》薬局《やくきょく》出《しゅっ》仕《し》に（四年二月）、藍沢重之が宮谷県等外出仕捕亡《ほぼう》に（同年六月）といった具合で

▼輔相
慶応四年閏四月、新政府が「政体書」にもとづき置いた行政官の首座。

▼待詔院
明治二年に政府が設置した建白書の受理機関。

▼南校
幕府の開成所の後身であり、明治政府が開設した洋学教育のための大学南校のこと。後の東京大学。

ある（『水野藩士転籍者名簿』）。

また、すでに沼津藩では明治元年九月時点で京都に、神谷晋・浜島巌・大橋春江・本岡龍雄・木次健児・井出烈・黒野虎雄・芹沢文太郎・寺島久・中野千松・木原熊雄・飯島豊三郎・森田実・高見沢速・宇佐美静江ら、「徴兵」一五名を派遣していた（田辺家文書「手留」）。これは同年二月、新政府が直属軍として初めて設置し、閏四月に各藩から募集した親兵のことである。この時集められた親兵は約四〇〇名であり、翌二年二月に廃止されるまで京都で警衛の任にあたった。菊間藩では、同二年四月三日、神谷晋以下九名の「徴兵」が休兵を申し渡され帰藩した旨を東京の弁事役所に報告している（「御維新以来願伺届写」）。

ところで先に名前を出した京都に派遣された徴兵のうち、神谷有慶（通称は晋）・森田直賀（通称は実）・木次克敏（通称は健児）・宇佐美種政（通称は静江）の四名は、明治元年九月十六日、そろって平田篤胤の没後門人に入門している（『新修平田篤胤全集　別巻』）。神谷は二十三歳、森田は二十歳、木次は十八歳、宇佐美は二十四歳であり、みな若者だった。平田国学の受容には、京都において身近に新政府の発足を目撃し、大きく感化されたことが背後にあったのであろう。しかし、なぜか平田家に残された門人帳には四名とも所属が「上総国市原郡尾滝藩」と記されている。尾滝藩という名の藩は存在せず、また四名が菊間藩士であることは明らかなので、何かの間違いであろう。

明治二年二月には俸禄に関する改革を実施し、一級から七級と歩卒《ほそつ》という爵《しゃく》秩《ちつ》、文官・武官・員外交官（医師・教師等）の職給を定めた。また、政府が発布した職員令にもとづき、十月には大参事・権大参事・少参事・権少参事といった全国諸藩と共通する職名を採用した。藩士は士族・准士族・卒の三階級、その後、士族・卒の二階級に分けられ、同三年十二月にはそれに対応する禄制改革を行った（「維新期沼津藩（菊間藩）の藩政改革」）。

民政については、当初、八幡宿に置かれていた民正仮役所が明治二年七月に勧農仮役所と改称され、責任者として田所嘉文が勧農班主事に、森下楯之助以下が司税《しぜい》などに任命され、九月末、菊間村に移転した。さらに十二月には知農局と改称され、班主事は大属、それ以下は少属・権少属・史生など、全国諸藩と共通の職名に変更された（『市原市史　資料集　近世編4』）。伊豆の飛び地を支配した知農局の出張所は田方郡平井村（現函南町）に置かれたが、廃藩直後の明治四年八月には君沢郡中村（現三島市）に移転している。

軍制については、慶応四年（一八六八）八月、御中小姓格以上を近侍隊《きんじたい》、御徒士以下を持席之銃隊《もちせきのじゅうたい》、その他を衆合隊《しゅうごうたい》に編成したのが移封にあたっての最初の改革であろう。明治二年頃には、銃兵八小隊三八〇人（小隊四〇人・中隊八〇人）、他隊長以下役員一五人、大砲四門、砲手二四人、連砲長二人、単砲令士四人という兵力を維持していた。三年には東京藩邸から約二〇名を政府陸軍の大手前第一

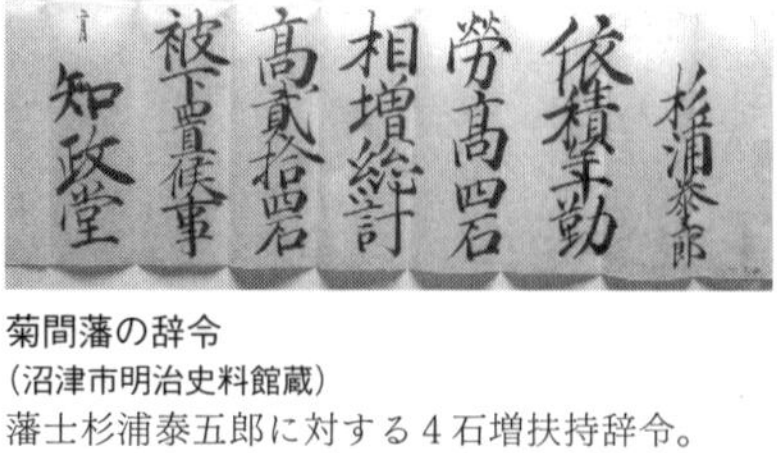

菊間藩の辞令
（沼津市明治史料館蔵）
藩士杉浦泰五郎に対する４石増扶持辞令。知政堂は菊間藩の行政部門のこと

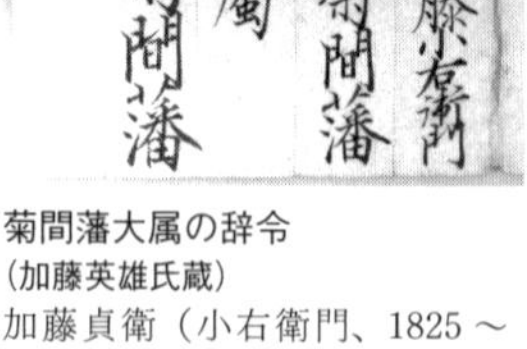

菊間藩大属の辞令
（加藤英雄氏蔵）
加藤貞衛（小右衛門、1825～1905）は明治元年菊間藩学校取締などの前歴を有した

大隊に通わせフランス式操練を学ばせている。政府の方針を受け、陸軍の仏式化を進めたのであり、それまでの士銃隊・歩銃隊・弥縫隊は廃止された。

卒という身分の存置によって、かつての足軽差別が残存した。もちろん卒とは足軽などの軽輩身分だった者の名称である。その区分が解消され、士族の名称に一元化されたのは廃藩後一年以上を経過した明治五年十月のことだった。その時、士族に列せられた一人小野虎一は、履歴や年齢から判断して、嘉永三年（一八五〇）十二月、三十六歳の時、一季抱の足軽として採用され、出精《しゅっせい》を評価され安政七年（一八六〇）一月に譜代となった小野恵三郎と同一人物であることがわかる。彼はもともと駿河国駿東郡柳沢村（現沼津市）の農民の子であったが、沼津藩の足軽となり、菊間藩の卒を経て、廃藩後に士族となったのである。

明治三年六月には越後国の所領が村松藩へ管轄替えとなり、代わりに上総国長《なが》柄《ら》郡に一万石を与えられたことも大きな変化だった。

亡命者本山漸

菊間藩には、突然飛び込んできたともいえる不思議な人物がいた。旧幕臣の本山漸《ぜん》（一八四二〜一九二〇）である。もともとの名を高松観次郎といい、緒方洪庵に学んだ洋学者であり、また幕府海軍の士官だった。榎本武揚の脱走艦隊に参加、

明治4年（1871）11月時点 菊間藩士族・卒の内訳

区　分	家　禄	人数
士族	20石	130
士族	16石	61
卒	14石	145
卒	10石	306
卒	9石	2
計		644

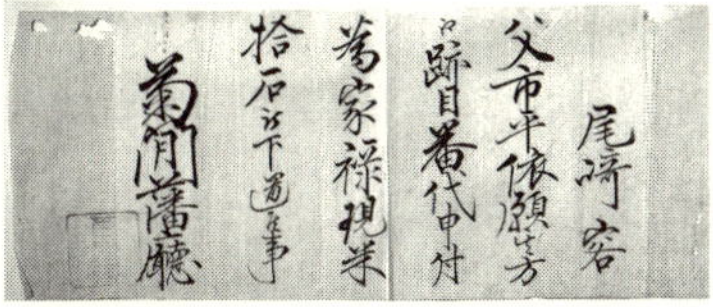

菊間藩の辞令
（沼津市明治史料館蔵）
明治４年（1871）２月10日、藩士尾崎容に対する跡目認可

運送船美加保丸《みかほまる》の航海長をつとめたが、銚子《ちょうし》沖で暴風雨に遭遇し破船してしまい、上陸して江戸に帰り着いた。しかし、新政府の追及を避けるため、髪結床に匿われ町人姿に変装の後、さらに知人を頼り菊間藩邸に逃げ込んだのだった。そして、洋学の才能を買われ、そのまま菊間藩士となってしまったのである。その際、本山漸吉（後に漸と改名）と改名した。

なお、慶応二年（一八六六）五月、沼津藩士本岡鐘太郎が「御軍艦組翻訳方高松観次郎」の英学稽古に入門している事実があることから（「明細帳」）、本山は以前から沼津藩にコネがあったのであろう。

明治元年（一八六八）十月、菊間藩では本山を洋学教授に任命し、東京の藩邸に置かれた明親館の洋学局を主管させた。翌年四月には自ら校則を定め、「明親館洋学局同社の童生に授る覚」として公布、また『格物入門』（明治二年刊）、『軍用火料新書』（同年刊）といった書籍を教科書として出版した。

本山の感化は彼が菊間藩を去り、新政府の海軍に出仕した後も続いたようで、明治三年時点で政府が調べ上げた諸藩の海軍人材候補者リストには、東京芝・増上寺の中に置かれた本山の私塾で、角谷謙吉（二十二歳）・黒野虎雄（二十一歳）・江原源八（二十歳）・木原熊雄（二十一歳）・原虎三郎（十六歳）・田中才次郎（十八

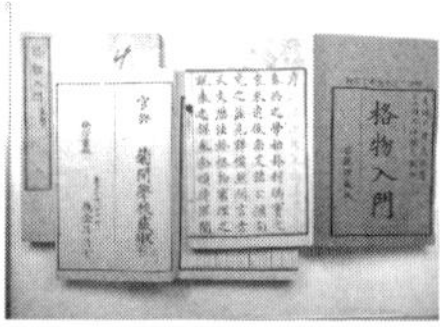

『格物入門』
（沼津市明治史料館蔵）

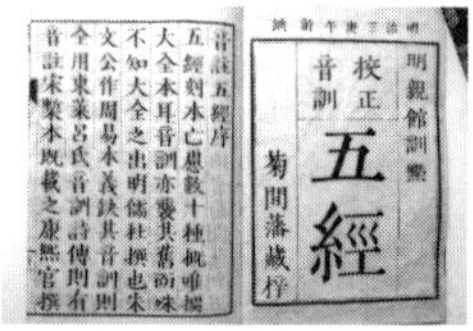

『校正音訓五経』
（沼津市明治史料館蔵）

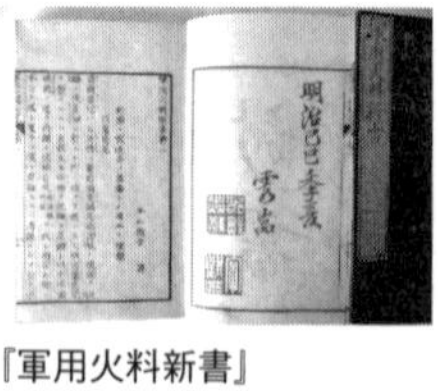

『軍用火料新書』
（沼津市明治史料館蔵）
本山漸訳、巻頭に藩主水野忠敬の筆になる題辞が付されている

「菊麻藩学校印」「明親館蔵書記」の印が押された『理学初歩』（沼津市明治史料館蔵）
「菊麻」は「菊間」の古風な表記

本山漸
（加藤英雄氏蔵）

蔵）・熊切求（二十歳）ら七名の菊間藩士が英学・算術・航海学・蒸気器械学を学んでいたことが記されている（防衛省防衛研究所蔵「府藩県海軍学修行人名届」）。

ちなみに明親館は、菊間の藩地にも設けられ、菊間村・大厩村にまたがる入会地、一万三〇〇〇坪の敷地に建坪九八坪の校舎が建設された。校舎建築前は五井村の龍善院に仮設され、同二年十月七日、庶民にも開放する形で開校していた（『市原市史　資料集　近世編4』）。教授として大助教・中助教・少助教・寮長・大得業生・中得業生・少得業生が任命された（『日本教育史資料　壱』）。菊間藩が藩校で用いるため出版した教科書には、同三年八月刊行の明親館訓点『校正音訓五経』（菊間藩蔵梓）があり、東京馬喰町《ばくろうちょう》の書林吉田屋文三郎に販売させた。

また、菊間藩では藩内での教育のみならず、大学南校・陸軍兵学寮・海軍兵学寮へ貢進生を派遣するなど、優秀な藩士を選抜し新政府の教育機関でも教育を受けさせた。慶応義塾など東京の私塾に遊学する者もあった。アメリカ留学生となった手島精一やフランス留学生となった駒留良蔵のように国外へ飛び出す者も現れた。手島は明治三年、実父田辺四友と藩の権少参事渡辺孝・権大参事寺田将美に証人になってもらい、藩から一〇〇〇両の大金を借りての海外留学であった（『手島精一先生伝』）。同じ三年十一月には五十川中（二十九歳）が自費でのアメリカ留学を願い出、許可されているが（「御維新以来願伺届写」）、実際に出発したのかどうかはわからない。

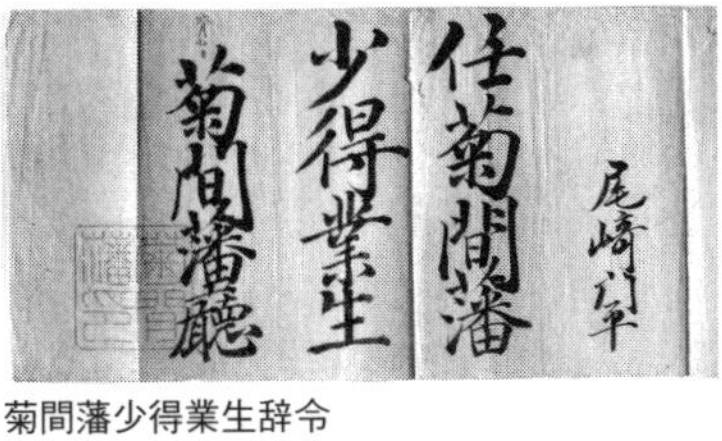

菊間藩少得業生辞令
（沼津市明治史料館蔵）
明治３年（1870）６月20日、尾崎容（門平）にあてたもの

アメリカ留学時の手島精一
（『手島精一先生伝』所収）

大浜騒動

明治三年（一八七〇）八月、少参事服部純が三河国の藩領の行政を担当すべく大浜に着任した。幕末以来、藩内の改革派だった彼は早速、自らの理想を治政に活かそうとする。村法の改正、家格の再編、下議院の設置、頼母子講《たのもしこう》の創設、教諭使による民衆教化などである。急進的ともいうべき、このような施策は菊間の本領でも実施されておらず、服部による独断専行であった可能性が高い。

彼の大浜での新政のうち、教育分野でのそれは極めて斬新だった。同四年二月、西方寺に新民序という名の学校を開設、さらに管下村々には新民塾《しんみんじゅく》という名の教育機関を設置し、庶民の子弟を対象に広く教育を行うこととした。服部自らが記した「新民塾諸役ニ示ス総論」によれば、学童にほどこす教育の眼目は、「朝廷ノ徳沢」や「朝恩」を徹底させることにあるとされたが（「新民序塾書」）、そこからは朝廷の権威を絶対視する、ファナティックな精神論の気配が感じられる。

そして、その矛先が最も鋭く向けられたのが、同地において大きな信仰心を集めていた浄土真宗《じょうどしんしゅう》の寺院である。神道の振興こそが維新の理念に沿うものであると確信していた服部は、民衆の間に根強く定着していた仏教を弱体化させることが必要だと考えた。具体策として推進しようとしたのが、寺院の統廃合であっ

新民塾学童階級
（沼津市明治史料館蔵）

服部純
（沼津市明治史料館蔵）

た。高島流という西洋式砲術をいち早く学んだ服部は、もともと洋学者というべきであり、平田国学などに入門した事実もないが、この時期、明治政府が掲げた理想を実現しようとするあまり、ゴリゴリの神道主義者と化していたのかもしれない。

菊間藩の廃仏政策に危機感を抱いた三河護法会（真宗大谷派の寺院連合）の僧侶たちは、同四年（一八七一）三月、会合を開き、藩の方針を受け入れた一部の寺院を詰問しようとした。詰問に向かう道中では一般民衆も多数加わり、不穏な空気が流れた。大浜陣屋の菊間藩士らは、鷲塚村の庄屋宅に護法会の僧侶たちを呼び出し、両者の間で交渉が行われたが、苛立った門徒らが投石を始め、やがて暴動に発展、混乱の中で藩士一名が殺害されるに至った。この時殺害された藩士藤岡薫を供養するために建てられた殉職碑は碧南市・林泉寺に残る。

結局、大浜陣屋は近隣諸藩からも応援を得て、暴動を鎮圧した。関係した僧侶や門徒ら数百名が捕らえられ、裁判の結果、二名が死刑となり、僧侶三二名、農民八名が有罪とされた。

事件後、菊間藩は政府に対し、事件を引き起こしてしまったことについての責任から進退伺を提出したが、同四年十一月、原因は「服部少参事ノ独断」にあるとされ、知藩事・大参事・権大参事らについては無罪との決定が司法省から言い渡された。一方、服部純についても「無科」（無罪）とされた（国立公文書館蔵「公

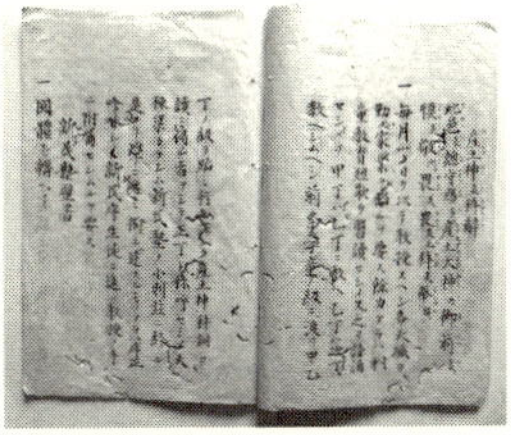
産土神拝辞
（沼津市明治史料館蔵）

大浜騒動の図（聖運寺蔵）
藩吏藤岡薫が信徒らの竹槍で襲われる場面

文録　明治四年　第百四十四巻」)。

大浜騒動を描いた、はるか後年、昭和戦前期に書かれた小説では、事件の最中、服部が責任をとって切腹しようとする場面があるが（『護法殉難』）、維新の理想実現に燃えて取り組んだ新政が思わぬ結果をもたらしてしまったことに対し、彼が相当なショックを受けたのは事実であろう。廃藩後は新川県《にいかわ》（後の富山県）典事などをつとめたが、江川坦庵からも評価された才幹は十分に生かされないままに終わった。幕末の『輿地航海図』出版事件や脱藩事件などにも関わった服部は、悲運のトラブルメーカーだったといえる。

②分家・旗本水野春四郎

沼津藩主水野家には分家として、二千石の旗本水野家があった。歴代の沼津藩主八名のうち三名が分家から本家を継いだ立場であり、両家は密接な関係にあった。幕末期の分家当主春四郎は徳川家臣の列を離れ、朝臣となって家の存続をはかった。

旗本水野家

沼津藩主水野家には、きわめて密接で、何重もの関係でつながった分家があった。少し本筋から外れるが、その旗本水野家について記しておきたい。

正徳三年(一七一三)、松本藩主水野忠周《ただちか》の弟忠照《ただてる》(通称は宮内)が二〇〇〇俵を与えられ、分家を立てたのが初代である。享保十年(一七二五)、本家松本藩が改易となった際には、信濃国佐久郡で二千石の所領を与えられた。根々井・下塚原・市左衛門新田・岩尾・市村新田・今井の六カ村(いずれも現長野県佐久市)である。浜町にあった本家の藩邸の一部が屋敷として下されたため、以後、浜町の水野家と呼ばれるようになった。

その後、忠照の長男忠卿《ただあきら》(通称は鍋之丞)が二代目、次男忠隣(通称は勝五郎)

が三代目を継ぎ、旗本岡野家からの養子として四代目となったのが忠成《ただあきら》だった。やがて忠成は本家・沼津藩主忠友の養嗣子となったため、浜町の分家のほうは忠成の子忠紹《ただつぐ》（通称は午之助）が五代目として継ぐこととなった。六代目は忠紹の子忠寛が継いだ。忠寛には男子がなかったため、旗本岡野家から養子忠明（通称は宮内）を迎えた。その後、旗本家六代忠寛は本家・沼津藩主の第六代を継ぐこととなったが、忠明は部屋住のまま先に死亡していたため、その子忠敬を嫡孫承祖★として分家七代目とした。忠明の妻（第三代沼津藩主忠義の娘）は、第七代沼津藩主忠誠に再嫁した。ところがその後、忠敬も沼津藩主・第八代を継ぐこととなったため、分家のほうは旗本牧野家から春四郎を養子に迎えたのである。

何とも複雑であるが、結局、本家の当主となった八名のうち、三名が分家当主からの横すべりだった。分家である旗本水野家は、本家の沼津藩主水野家がピンチになった時のための後継者候補、予備要員だったといえる。

最後の分家当主水野春四郎（諱は忠善、一八五二〜一九二四）は、海軍奉行並支配を経て、慶応三年（一八六七）十月、海軍術伝習御用を命じられ、十二月には海軍所に入寮した。まだ十代の少年だった彼は、幕府が招聘したイギリス軍人による海軍伝習の生徒となったのである。しかし、すでに幕府は瓦解しており、彼は海軍士官への道を歩むことはできなかった。

▼嫡孫承祖
嫡孫が直接、祖父から家督を継ぐこと。

慶応４年（1868）17歳の水野春四郎
（沼津市明治史料館蔵）

新政府への恭順と赤報隊

鳥羽・伏見の戦後、京都の新政府は朝敵徳川慶喜を討つべく征討軍を東へと進めるが、その先導役となり、東山道を行ったのが草莽《そうもう》の志士相楽総三《さがらそうぞう》をリーダーとする赤報隊《せきほうたい》である。赤報隊は沿道の諸藩に勤王を説き、軍資金や兵粮を出させつつ行軍し、二月には信濃国に達していた。ところが、彼らが民衆に対し宣告した年貢半減令が新政府によって撤回されたことから、赤報隊は一転して「偽官軍」とみなされ、粛清されることとなる。三月には相楽も処刑され、同隊は雲散霧消した。

この事件に水野春四郎とその信濃国領は巻き込まれた。二月上旬、赤報隊の一員である桜井常五郎・大木四郎・神道三郎《みちさぶろう》が小諸《こもろ》藩にやって来て、進軍への協力を依頼したが、その際、近隣の水野家の根々井《ねねい》陣屋にも同様の勧誘がなされた。以前から神道と懇意にしていた水野領今井村の百姓小林長右衛門が陣屋への使者となった。流浪の志士神道三郎（変名は三浦秀波）は、数年前には今井村の神主柳沢豊前宅に滞在し、佐藤昌信と名乗り子どもたちに国学を教えていた人物だった。その縁もあり、神道は水野家家来大塚啓三郎に対し十二日付で書簡を送り、官軍へのとりなしを引き受けるとの意向を示していた。水野家側では、大塚の名で

「官軍嚮導隊御執事様」あてに金八五両三分余の献納に応じた。

ところが、その後、相楽一派が偽官軍だったことが発覚、諸藩による追捕、そして処刑が行われるに至る。水野家は何も知らず相楽らに協力していたわけであり、事の成り行きに驚愕したことであろう。二月二十七日には新政府軍の勤王誘引担当として岩村田まで出張してきた尾張藩士に対し、水野春四郎家来「用人田辺直之丞」、「給人大塚啓三郎」の連名で勤王遵奉の請書を提出し、何とか事なきを得ている。「偽官軍」に加担したことを追及されるようなことはなく、ほっと胸をなで下ろしたことであろう。春四郎自身は三月七日江戸を発し、混乱する道中を経て、十三日には根々井陣屋に到着した（田辺家文書「雑記」）。

なお、相楽一派として捕縛された水野領今井村の百姓長右衛門（小林姓）は、「片鬢片眉剃落し」にされ、一日晒された上、追放処分となっている。

その後の春四郎

戊辰の戦乱を乗り越えた春四郎であるが、その後、徳川家の駿河移封にともない元旗本たちに迫られた三つの選択肢、すなわち駿河移住（徳川家に従い駿河に移住し静岡藩士となる）、朝臣化（徳川家の臣列を離れ朝廷に属す）、帰農商（武士身分を捨て農民・商人になる）のうち、二つ目の朝臣になるという道を選んだ。六月には、

洋式軍装の田辺四友
（沼津市明治史料館蔵）
慶応4年（1868）、京都にて撮影

水野春四郎
（水野忠璋氏蔵）

朝臣として認めてもらえるよう、供の者も含め上下★一四人で京都へと向かった。七月二日付で本家水野出羽守（忠敬）からも新政府あてに添書を提出してもらっている。供の中には沼津藩から派遣されていた付人田辺四友が含まれており、若い春四郎に代わって彼が実際の交渉事を行ったと思われる。京都では、沼津藩の公務人五十川中、同介役服部純（別名は純人）、司録加藤精之助らが後から到着し、顔を合わせた。滞在中は金がかかったらしく、沼津藩大浜陣屋の郡代を通じて御用達商人に対し借金を依頼してもいる（田辺家文書「手留」）。

朝臣になった旧幕臣は、元の禄高・家格によって区分されたが、十一月になり、本領安堵を認められるとともに、下大夫《げだいふ》という身分を得ることができた。とはいえ、せっかく確保した二千石の知行地は、翌年には政府の直轄県に編入されてしまい、蔵米を支給されるだけの立場となった。領地を奪われ、領主としての地位を失ったのである。

その後、春四郎は信州に帰農したらしいが、すぐに菊間藩を頼り本家に身を寄せ、本山漸に洋学を学んだ形跡もある。明治十四年（一八八一）以降に就いた公職の履歴は判明しており、司法十等属・会計課詰、熊谷始審裁判所詰、司法九等属、水戸始審裁判所下妻支庁会計課詰、司法八等属、裁判所書記、下妻支庁会計主務、下妻区裁判所書記、土浦区裁判所書記、土浦区裁判所谷田部出張所詰などを、三十四年までつとめた（国立公文書館蔵「叙位採可書　明治三十四年　叙位巻十

▼上下
身分の高い人と低い人（を合わせた人々）、地位が上の者と下の者。

洋式軍装の水野春四郎・田辺四友ら
（水野忠璋氏蔵）

かった。

八」)。履歴書には長野県平民となっており、帰農したためであろうか士族ではな

春四郎の実父牧野佐渡守は中奥御小姓をつとめた三千石の旗本だった。実兄牧野成行(通称・官名は伝蔵・田三・土佐守)は、幕府時代には目付・歩兵頭など、維新後は静岡藩権少参事・監正掛、司法省明法寮権大属・東京上等裁判所判事補などをつとめた。春四郎が裁判所に奉職したのは兄の口利きであろう。春四郎夫人は、三千石の旗本で西丸御留守居をつとめた太田志摩守、御先手鉄砲頭をつとめた太田運八郎の家から嫁いだ女性だった。

◆3

明治を生きた旧主と旧臣

廃藩置県後、旧沼津・菊間藩主水野忠敬は子爵となり、得意の和歌で宮内省に出仕した。藩士たちの中からは官僚・軍人・政治家・実業家・技術者・教師・牧師など、各界で活躍する者が輩出し、大正期に至るまで旧主を含めての親睦・交流を続けた。

子爵水野忠敬

明治四年（一八七一）七月の廃藩時、水野忠敬はまだ二十歳代だった。八月二十日には東京府に対し「帰田願」を提出し、念願の郡県制が実現したことを受け、率先して自活をはかろうとした。そして公侯伯子男の五段階の爵位制度が発足した明治十七年、子爵となった。とりたてて明治維新に功績があったわけでもなく、子爵という爵位は五万石の旧大名としては普通だった。中央において政治・行政の一線に立つようなこともなく、華族として目立った活動もしていない。

明治初年、若い華族たちは競い合って外国留学に旅立ったが、忠敬はそのようなこともしなかった。明治二年三月からは「昌平坂学校」で修学し、四年八月からはイギリス人「ルーセー」に入門しているので、英語を学んだことはあった。

水野忠敬
（水野忠璋氏蔵）

しかし、その教養の基本は和漢の学であり、何よりも歌人だった。後に宮内省に出仕し、御歌所《おうたどころ》参候《さんこう》をつとめた。彼が詠んだ和歌は、現在も短冊の形であちこちに残されている。古書店などで売りに出ていることも珍しくない。

忠敬はまた、中島歌子が主宰する萩の舎にも出入りし、中島門下の樋口一葉《ひぐちいちよう》とも面識があった。一葉の日記・明治二十五年三月五日条には、忠敬が菊間神社への奉納和歌を募ったことが記されているが、『いかきの松』（明治二十四年四月・上総菊間松翁稲荷社に備る歌）という活版印刷の歌集が残されており、その中には、旧家臣たちから寄せられた和歌のほか（在東京七名・在菊間一二名）、忠敬の歌人としての人脈から一葉の師である中島歌子・和田重雄らの詠歌も載っている。会主として忠敬が詠んだ和歌は、

吹すさふあらしハたえて神垣のまつのこの間にかすむつきかな

（吹きすさぶ嵐は耐えて神垣の松の木の間に霞む月かな）

である。

また、忠敬の娘銈子《せんこ》（後に旧八戸藩・子爵南部利克夫人、一八七七〜一九五二）は萩の舎で一葉と同門であり、一葉日記にも何カ所かに登場する。もちろん落魄《らくはく》した旧幕臣の娘である一葉とは家柄や境遇がまったく違うので、それほど親しい間柄ではなかった。

沼津藩時代の水野家では、遠い先祖の年忌には三河国の菩提寺乾坤院《けんこんいん》に家臣を

水野忠敬の和歌短冊
（沼津市明治史料館蔵）
故郷梅　うめの花さきそめしよりふるさとの
庭ものとかになりにけるかな
忠敬

派遣したり（天明六年二月）、江戸の菩提寺伝通院《でんつういん》で法会を営んだり（享和元年八月）、伝通院所蔵の水野忠重肖像を君臣ともに礼拝するなど（文久二年六月）、供養を欠かさなかった。廃藩後も先祖を敬う姿勢は持続された。そのようなことをよく示すものとして村田丹陵画「伝通院殿刈谷帰城の図」（個人蔵・沼津市明治史料館保管）がある。田安《たやす》徳川家の家臣の子に生まれた村田は、大政奉還の図などで知られる。

天文十三年（一五四四）、徳川家康の生母於大《おだい》の方（院号は伝通院）は、実家の兄・刈谷城主水野信元《のぶもと》が今川方から離反し、織田方に付いたため、夫松平広忠《ひろただ》によって離縁された。実家にもどされる際、於大の方は、護衛をしてきた松平家の家臣が兄によって殺害されることを恐れ、途中で彼らを岡崎へ帰した。代わりに付近の農民たちが輿を担ぎ刈谷へ向かった。「伝通院殿刈谷帰城の図」はその場面を描いたものである。この作品は、於大の方の遺徳を偲ぶため旧幕臣戸川残花《とがわざんか》らが発起し、明治三十四年六月に東京小石川の伝通院で開催された伝通院会に出品されたことがわかっている（『同方会誌』第一九号）。同会には水野忠敬も賛同しており、その関係で水野家が入手し、さらに沼津藩士の子だった稲村真里《いなむらまさと》（現所有者の先祖）の手に渡ったのではないかと考えられる。沼津藩主水野家は信元や於大の方の弟忠重の子孫にあたる。

忠敬は元譜代大名たちが懇親のため明治二十一年に結成した徳川譜第懇親会に

伝通院殿刈谷帰城の図（植松直彦氏蔵・沼津市明治史料館保管）
村田丹陵画。天文十三年（一五四四）、松平広忠から離縁され、実家水野家にもどる於大の方の姿を描く

も参加したらしく、明治三十五年六月二十二日、東京芝の紅葉館で同会が催した徳川慶喜の公爵授爵祝賀会にも参列、記念の集合写真に収まっている（『微笑む慶喜』）。

廃藩置県によって菊間を去った忠敬であるが、同地には所有地を維持し続けたようである。明治三十一年時点で千葉県市原郡菊間村・八幡町にある田畑を小作に出し、一七〇九円余の収入を得ていた。同地には別邸も置かれていた。それらの管理は旧藩士出身の三名の賄人、千頭和叶・岡田寅三郎・山田錆太郎らが担当していた（「明治参拾壱年度上総国市原郡菊間村八幡町御所有田畑入附米計算帳」）。

また、菊間以前の藩地である沼津ともまったく縁が切れたというわけではなかった。そのことを現在もよく示しているのが、石碑への揮毫《きごう》である。忠敬が題字などを揮毫した石碑として、西尾麟角《にしおりんかく》顕彰碑（明治十八年）、郷社日枝神社標柱（同三十年）、湊橋創架碑《みなとばしそうかひ》（同三十八年）などが現存する。扁額は戦災で焼失してしまったものの、明治六年創立の公立小学明強舎《めいきょうしゃ》（沼津市立第二小学校の前身）に対しても「明強舎」の文字を揮毫している。沼津の人々は、沼津藩がなくなった後もかつての「殿様」を忘れることなく、ことあるたびにその揮毫を求めたのである。

沼津近郊では、修善寺（現伊豆市）に建立された元藩士岩城魁の墓碑の篆額も忠敬の筆になるが、それは地域住民とのつながりを示すものではなく、旧藩の君

西尾麟角顕彰碑（沼津市東間門）
東間門村の私塾経営者西尾麟角を顕彰するため門人たちが建てたもの。「馬門道人碑銘」の題額は水野忠敬の揮毫

郷社日枝神社の標柱（沼津市平町・日枝神社）
水野忠敬の揮毫

湊橋創架碑（沼津市市場町）
篆額は水野忠敬の揮毫

臣間の絆を意味している。
忠敬の跡は、明治四十年に襲爵《しゅうしゃく》した忠亮《ただすけ》（一八七四〜一九三三）、昭和八年（一九三三）、襲爵の忠泰《ただやす》（一九〇四〜一九七五）と続き、敗戦後の華族制度廃止に至った。

千葉県に残った旧藩士

明治四年（一八七一）七月、廃藩置県により菊間藩は菊間県となったが、それも十一月には廃止され、上総国の旧菊間藩領は木更津県に含まれることとなった。藩の常備兵が解散したのは十月のことだった。

三河国の大浜出張所については、菊間藩大属だった程田利貞が派遣され、翌年正月には行政権を額田《ぬかた》県へと引き継いだ。菊間にもどった程田は、戸長《こちょう》や小区長を六年六月の木更津廃県＝千葉県成立までつとめた。また、藩の重役として施政・議正や京都公用人などをつとめてきた鈴木重雄は、同四年六月に任命された菊間藩非役士族取締の職務を引き継ぐような形で、廃藩後の八月には戸長に任命され、菊間村の旧藩から賜った邸宅に移住した。しかし、菊間県もすぐに廃止となり、その後も士族卒取締方や菊間組貫属《かんぞく》取締の任をつとめたものの、やがて免じられた（鈴木家文書「当家明細書」）。旧藩の幹部が士族たちをまとめ上げる必要性もなくなったのである。鈴木はその後も学区取締や戸長などを明治十年代まで

水野忠敬書「明強舎」扁額の複製プレート（沼津市立第二小学校・沼津市常盤町）

水野忠亮（水野忠璋氏蔵）

つとめたが、その地位はもはや旧藩士族だけを対象とする行政職ではなかった。やがて藩士たちは各自が生計を立てるべき道を求め、バラバラになって散っていく。

廃藩置県後も菊間県・木更津県を経て、千葉県に残った旧藩士たちは少なくない。藩政時代に行政マンであった武士・士族にとって、県庁の役人に横滑りするのは自然の流れだった。少なくない菊間藩出身者が千葉県時代にも県庁に勤務した。明治七年四月時点での「千葉県職員表」からは、七等出仕渡辺孝、中属田辺貞吉・水口秀長、権中属加藤賤夫、少属小野豊房、権少属松山緑、十五等出仕本岡龍雄・菊池渉、等外一等瀬川務・鈴木重規、等外四等大須賀光顕・杉山教道らの名前を拾うことができる。

経済分野ではどうだろうか。旧藩地である千葉県の八幡に明治十一年十月に設立された第四十七国立銀行は水野家と旧菊間藩士が中心となったものだった。ただし、地域経済にそれほど貢献することもなく、二十四年十一月に富山銀行に合併され、姿を消した。第四十七国立銀行の頭取には旧藩士柴田某や柳元正次郎が就任したが、経営に失敗し、その損失が「御屋敷の皆んなが貧乏する」原因になったのだという（『老母を圍んで』）。「御屋敷の皆んな」とは、同行に預金した水野家旧臣たちのことであろう。

教育分野については、ある顕彰碑を紹介してみよう。千葉県成田市の成田山新《しん》勝寺《しょうじ》の裏手、薬王寺には以下のような碑文が彫られた大きな碑が立つ。

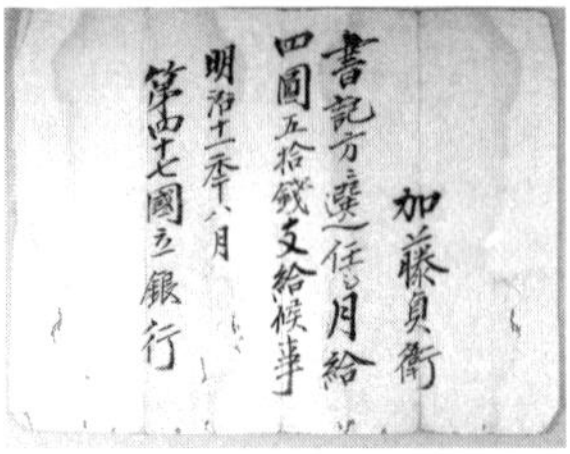

第四十七国立銀行書記方辞令
（加藤英雄氏蔵）
明治11年（1878）８月。加藤貞衛は元菊間藩士

【意訳】「織田先生が亡くなって九年。門下生が相談しその人格・徳望に感じた人々が記念のため建碑することにした。先生は通称豊二、嘉永元年に沼津水野藩に生まれた。父は菅谷徳翁、母は福井氏であり、先生はその第三子だった。同藩の織田豊行の養子となり、藩主の転封に従い上総菊間に移った。明治八年わが土屋小学校に就職し、恪勤精励十有余年、明治十八年自治制度が施行され、成田・寺台・土屋村が連合して一校を設置した際、成田校へ移り訓導や校長代理をつとめた。教育者として従事すること二十五年、官命により他郡に転任したが、それは先生の希望ではなかった。明治四十年辞職し、第二の故郷とした土屋にもどった。成田山の感化院に勤務し、その人格・篤行で院生たちを薫育した。大正三年五月二十六日病没、享年六十七歳、土屋薬王寺に葬られた。斎藤氏を娶り、五男三女があった。長女美津は福井県の飯村氏に嫁いだが、他は夭逝した。」

これは、漢文で記された碑文の意訳であるが、現成田市域で教育界に尽くした沼津藩士出身の織田豊二という人物を顕彰する内容である。

織田豊二の沼津藩士時代の事績については不詳である。菊間藩が廃藩になった後、沼津へもどったり、東京へ出たりすることなく、千葉県内で活動の場を見出したのであろう。

駿遠から房総に移住した諸藩出身者には県庁・郡役所の吏員や教員などとして身を立てた者が少なくなかった。こころみに、八五〇〇名余を収録した千葉県

織田先生之碑
（成田市土屋・薬王寺）

の紳士録、千葉毎日新聞社編『房総人名辞書』（明治四十二年刊、昭和六十二年復刻、国書刊行会）をめくってみよう。自身や父親が菊間藩士だったことが明記されているのは、岩本幾雄（小学校長）、戸塚為造（姉ケ崎尋常高等小学校長）、戸塚昌言（菊間開墾社設立・製茶業）、横田孝正（東京高等工業学校書記）、山下寅吉（松戸町で医師）、手島精一（東京高等工業学校長）、笹間虎雄（千葉町で漢学塾）、島田則裕（市原郡の小学校長）、本山漸（海軍少将）、瀬川良太郎（軍医・習志野衛戍病院長）、杉山輯吉（工学士・技師）、石川謙（茂原町で地木綿商）である。中央や他県で活躍している者も含まれているが、千葉県で生き続けた者も相当数いたことがわかる。また同書には明記されていないが、藩士出身者であったことが他文献から判明している者もある。深津方矩（船橋町長）・大河内物（菊間尋常高等小学校長）・岡田寅三郎（五井小学校長）・古地百次郎（醤油醸造業）らである。

『房総人名辞書』に織田豊二の名はない。他の郷土史の文献にも取り上げられていないようだ。しかし、移住先の新天地で生き抜き、地域に溶け込んでいった、多くの無名士族たちの一人であったことは間違いない。

静岡県にもどった旧藩士

いったんは菊間に居を定めた藩士たちであるが、廃藩を受け沼津へ帰郷する者も少なくなかった。持田亦弥家は明治六年（一八七三）五月、桜井教孝家は七年四月に沼津へと旅立った（『菊間藩士岡田程八日記』）。前田養則（旧名は新平）が「無拠《よんどころなき》情実《じょうじつ》御座候《ござそうろう》」との理由で、妻の実家がある静岡県駿東郡伏見村（現清水町）への転籍願を千葉県令あてに提出し、出発したのは同九年三月のことだった（前田家文書）。

小野房精の場合、明治二年、藩から菊間に邸地を賜り、居宅を新築したものの、廃藩置県によって同八年十二月には親類を頼って静岡県富士郡今泉村（現富士市）に転籍、畑を買い落花生栽培などに従事したという。

田方郡平井村（現函南町）にあった菊間藩の平井出張所詰だった岩下基義（一八五二～?）は、そのまま伊豆で公職に就き、足柄県の官吏を経て、君沢・田方郡書記、北狩野村（現伊豆市）や韮山村（現伊豆の国市）の村長などを歴任、郷里である沼津町の助役にもなった（『静岡県現住者人物一覧』）。同じく望月尚頼は、平井村から移転した藩の出張所の所在地、君沢郡中村（現三島市）の戸長を後年つとめた。また、維新期の藩政改革で議衆になった富沢終吉（旧名は兵馬）は、浜松県少属を経て、静岡県八等警部をつとめている。

千葉県でもそうだったが、静岡県においても教師になった旧藩士が少なくない。地方で生きる士族にとって、決して高給が得られたわけではないが、人々からそれなりの尊敬を集める職業として、教師はふさわしかったからである。武士とし

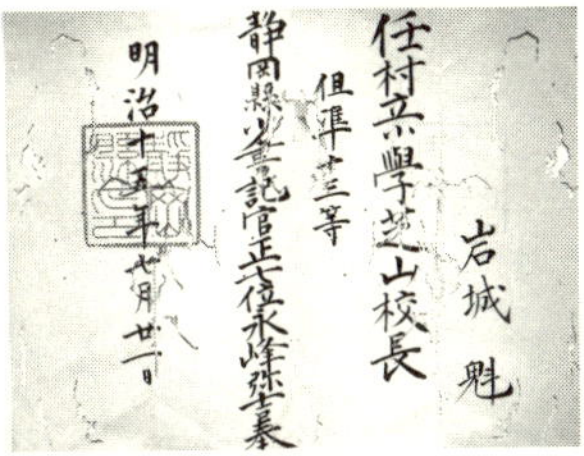
岩城魁
任村立學芝山校長
但準十三等
静岡縣少書記官正六位永峰弥吉奉
明治十五年七月廿一日

岩城魁の芝山校校長辞令
（沼津市明治史料館蔵）

岩城魁
（『読史偶詠』所収）

て身に付けた学問・教養にも即効性があった。たとえば、藩校で漢学を教えた岩城魁（一八三二～一九〇五）は伊豆の修善寺に移り住み、同地の小学校などで教師・校長をつとめている。

伊豆の韮山に設立された公立小学校龍城《りゅうじょう》学校の人事記録によれば、明治前期に在職した教師六五名のうち、旧幕臣が八名、元沼津藩士が六名（草間学・野口鉎太郎・伊丹金二郎・青木ひさ・青木繁蔵・青木悠二郎）、元韮山代官手代が四名、元掛川藩士が二名となっており（『韮山町史』第七巻）、地域の教育界に人材を供給したことの一端がうかがえよう。草間学（旧名は学之介）は旧藩時代には藩校で教えた儒官であった。

また明治十年代になると、旧藩士の子弟には稲村真里や桜井鐵太郎の例のように、わざわざ父祖の郷里にもどり、沼津中学校に進学した者もいた。

下の表は、明治前期と

明治19～22年頃の旧沼津藩士の居住地

居住地	人数		
東京			252
沼津	37	91	270
駿東郡（沼津以外）	23		
伊豆	15		
その他の静岡県	16		
菊間村	72	130	
その他の千葉県	58		
横浜	3	49	
横須賀・浦賀	5		
大阪	4		
長崎・佐世保	2		
北海道	2		
その他・未記載	33		
計			522

（『旧菊間藩士人名録』より作成）

明治45年（1912）時点旧沼津藩士の居住地

居住地	人数		
東京			78
沼津町	24	60	377
駿東郡（沼津町以外）	12		
伊豆	21		
その他の静岡県	3		
菊間村	17	94	
その他の千葉県	77		
大阪府	11	223	
横浜	14		
北海道	8		
朝鮮	6		
台湾	6		
清国（含旅順）	4		
その他	174		
計			455

（『旧菊間藩士人名録』〔1912年〕より作成）

後期における旧菊間藩士の現住地の内訳を示したものである。東京・千葉とともに静岡県も大きな比重を占め続けたことがわかるだろう。Uターン組ともいうべき人々の存在である。自分が生まれ育った場所に帰りたいと考えるのは自然な感情だったであろう。もちろん新時代においてまったく新たな地で生きる場所を見出した者たちも少なくなかったが、彼らにとっても沼津は「故郷」であり続けたことであろう。

各界で活躍した旧藩士

明治四十五年（一九一二）時点の『旧菊間藩士人名録』によれば、職業の内訳は商人五九名、官吏四八名、会社員四二名、学者・教員三〇名、職工二五名、医師一六名、農業一四名、軍人一〇名、鉱工業七名、その他一八名、不明一九八名となっていた。ここでは、その中から、中央で活躍した人物、すなわち沼津藩・菊間藩が生んだ明治・大正期の著名人について紹介しておきたい（以下は主として『沼津藩の人材』による）。

まずは官吏・軍人・技術者などとして公務に就いた人々である。沼津藩出身で最も有名な人物ともいえるのが手島精一（一八四九〜一九一八）である。菊間藩時代にアメリカに留学、帰国後は文部省に入り、現東京工業大学の前身校（東京職

手島精一

工学校・東京工業学校・東京高等工業学校）の校長を長くつとめ、我が国工業教育の振興に寄与したことで知られる。

幕末の脱藩事件で兄福太郎が獄死した経験を持つ庵地《いおち》保《たもつ》（一八五三〜一九三〇）は、その兄の遺言に従い学問に励み、菊間藩時代には本山漸に英学を学んだ。文部省に勤務、東京府学務課長・秋田県尋常師範学校長などをつとめたほか、雑誌『国之教育』を主宰し、民間の教育ジャーナリストとしても活躍した。

藩の馬術師範堀江源五右衛門の子だった堀江弘貞（旧名は信次郎、一八四八〜？）は、菊間藩から外務省に出仕、琉球《りゅうきゅう》藩の改革などを担当したほか、外務三等属・条約改正掛、外務属となった（国立公文書館蔵「官吏進退」）。

足軽出身で藩校の教師だった渡辺孝（一八三七〜一九〇〇）は、廃藩後は東京府一等属・庶務課長、麻布区長兼赤坂区長、東京府書記官、東京市区改正委員などを歴任した。

フランス留学を経験した駒留良蔵（一八四八〜一八九〇）は、警視庁に勤務したほか、長崎控訴院検事などをつとめている。明治十二年には大警視川路《かわじ》利良《としよし》のヨーロッパ視察に通訳として同行するなど、語学力を活かした。菊間藩少参事谷井質の弟谷井元次郎はフランス語を得意とし、文部少助教や司法省九等出仕、明法権大属をつとめ、『訓蒙海外各国史略』（一八七二）、『仏国民法覆義』（一八七七〜一八八一年）などの翻訳書がある。

庵地保
（庵地叔氏蔵）

杉山輯吉《しゅうきち》（一八五五～一九三二）は、菊間藩から海軍兵学寮に入学した後、工部省工学寮に転じ、土木科を専攻し工部大学校を卒業した。技師として工部省・長野県・農商務省・台湾総督府などで道路・鉄道・港湾などの建設に従事し、近代日本のインフラ整備に尽くした人と言える。杉山と同様に菊間藩貢進生《こうしんせい》として海軍兵学寮に派遣されたものの、工部大学校に転じた逵邑容吉《つじむらようきち》（一八五八～？）は、工部省・海軍省・宮内省などに奉職、横須賀《よこすか》や呉《くれ》の鎮守府《ちんじゅふ》建築部長などをつとめた（防衛省防衛研究所蔵「公文備考」）。明親館で本山漸の薫陶を受け、やはり海軍兵学寮から工部大学校に転じた原田虎三（一八五四～一八九八）は、工部大学校助教授や農商務省御用掛をつとめ、船舶機械を専門にした。工部大学校は現在の東京大学工学部のルーツであり、イギリス人お雇い教師ダイアーらの指導の下、高度な理工学教育がほどこされたことで知られる。沼津藩（菊間藩）が同校に三人もの学生を送り込んだという事実は、藩の規模からすれば多いといえ、藩をあげての教育重視の姿勢や人材の豊かさを示している。

小野兼基（一八五九～一九三九）は藩の剣術師範だった小野房精《ふさあき》の次男で、札幌農学校の第一期生となった。クラーク博士の薫陶を受けた一人であるが、キリスト教の信仰は全うしなかった。卒業後は開拓使・北海道庁に勤務した。

軍人として将官にまで到達したのは海軍の二人である。前述したように、本山漸は沼津藩士ではなく、旧幕臣から菊間藩士となった変わり種。菊間藩から海軍

逵邑容吉
（『明治肖像録』所収）

原田虎三
（『工学会誌』第207号所収）

中山長明
（『日清戦争実記』第37編所収）

に招聘され、その後長く海軍兵学寮・海軍兵学校に奉職、校長や教頭を歴任、海軍少将となった。中山長明（一八五五〜一九三五）は、貢進生として菊間藩から海軍兵学寮に派遣され、後年は佐世保《させぼ》鎮守府海兵団長・横須賀港務部長兼予備艦部長などを歴任し、海軍少将となった。

他に海軍では、栗原績（一八五二〜一九二〇）が天城《あまぎ》艦機関長・佐世保水雷隊敷設部機関長などを歴任し、海軍大機関士になっている。彼は『輿地航海図』の模刻を担当した栗原五郎三郎（別名は与助）の子であり、父譲りの技術者としての血筋から海軍のエンジニアになったといえる。

海軍の文官としては、藩校儒官から海軍兵学寮皇漢学《こうかんがく》教授になった小野邦尚（一八四七〜一九一八）、菊間藩議衆・中隊長から海軍一等属となった佐々木定静（?〜一八九九）らがいる。

陸軍の軍医となったのは藩医だった柳下知之（一八二六〜一九〇〇）であり、二等軍医として大阪鎮台に勤務した。陸軍軍医寮十四等出仕・陸軍軍医補となった柳下昌達（?〜一八八〇）は、征台の役や西南戦争に従軍した。陸軍軍医補となった戸田耕蔵は、もともと藩医の家柄ではなかったが、明治五年、緒方洪庵の子で陸軍一等軍医正緒方惟準《これよし》の門人となり、医学を学んだ（『緒方洪庵の息子たち』）。

次に民間、特に実業界で活躍した人々。弟手島精一とともに沼津藩出身の代表ともいえるのが田辺貞吉（一八四七〜一九二六）である。若くして菊間藩少参事を

栗原績
（宮内庁三の丸尚蔵館蔵）

柳下知之
（宮内庁三の丸尚蔵館蔵）

戸田耕蔵
（宮内庁三の丸尚蔵館蔵）

つとめ改革指導者だった彼は、千葉県官吏を経て文部省に入り、東京府師範学校長などに就任した。ここまでは弟と同じ教育畑を歩んだのだったが、その後は一転して実業の世界に飛び込み、住友に入社、やがて本店支配人をつとめるなど幹部として住友財閥を支え、関西の財界で重きをなした。

田辺が住友へ導いたのであろう、住友別子銅山支配人をつとめた広瀬坦《たいら》（一八四六～一九一〇）、住友伸銅場支配人をつとめた庵地保らの存在もある。庵地も田辺と同じく教育界からの転身であった。

医師になった人物には、藩医柳下知之の養子で、和歌山県病院長や高知県病院長をつとめた柳下貞橘《ていきつ》（一八五一～一八八二）、菊間藩少属寺田一尾の子で、帝国大学医科大学を卒業しドイツに留学、帰朝後は新吉原病院長として花柳病の治療にとりくみ、東京に矢ノ倉病院を設立した寺田織尾（一八六二～一九二〇）らがいる。

ジャーナリストとしては短い期間に足跡を残したにすぎないが、高見沢茂（？～一八七五）がいた。菊間藩貢進生として陸軍兵学寮青年学舎に入学したものの、規則づくめの学校生活を批判した文章を公にし退校、その後は民権派の新聞『日新真事誌』の編輯者となったほか、『東京開化繁昌誌』を著し、文明開化の世相・風俗を揶揄した。

教育界には官僚として行政を担当した手島・庵地以外に、大学南校の教員を経

高見沢茂著『東京開化繁昌誌』
（沼津市明治史料館蔵）

て東京の私立学校共立学校（現開成学園）で教鞭をとった深沢要橘、明治学院の初代幹事や岡山中学校長などをつとめた服部綾雄（一八六二〜一九一四）ら民間で足跡を残した人々もいる。服部のコネによるのであろう、高島流砲術や『輿地航海図』以来の父純の仲間、小林信近（一八二九〜一九〇二）も一時、東京一致英和学校（明治学院の前身）で漢学教授をつとめている。静岡師範学校卒の武田芳三郎（一八六一〜一九二二）は駿東郡中土狩《なかとがり》村（現長泉町）の小学校循誘舎の教員や麻布メソジスト教会の牧師などを経て、妻戸板関子が設立した戸板裁縫女学校（現戸板女子短期大学）の教師となった。

　服部はクリスチャンであり、一時は牧師でもあった。他にキリスト教界で活躍をした代表格が三浦徹（一八五〇〜一九二五）である。高島流砲術を幼くして学んだ彼は、維新後信仰に目覚め、プロテスタント（日本基督一致教会・日本基督教会）の牧師として東京・盛岡・静岡・三島などの教会で長く布教活動に従事した。児童向けキリスト教雑誌『喜《よろこび》の音《おとずれ》』を編集・発行したほか、信仰関係の訳書・著書も少なくない。明治十年に三浦が最初に創立した教会は、東京両国矢ノ倉町にあった水野忠敬邸内に置かれ、元沼津藩士松崎連が長老をつとめた。

　ロシア正教では、その信仰を最初に静岡県内に導き入れた尾崎容（一八五二〜一九一六）、山崎兼三郎（?〜一九二六）の二人がいる。彼らはともに伝教者として全国各地で伝道に従事した。ロシア正教は函館《はこだて》という北方から入ってきたキリ

明治９年（1876）、最初に洗礼を受けた伊豆のロシア正教徒たち（沼津市明治史料館蔵）
後列右から二人目尾崎容、前列右から二人目山崎兼三郎

三浦徹
（『明治肖像録』所収）

スト教であることから、先駆的な信者としては仙台藩や盛岡藩の士族たちが多く、教団内の指導的立場に立った事例が目立ったが、全国展開していく中で東海の沼津藩もたった二人だけではあるが先導者を輩出し、伊豆地方などで最初に信仰を扶植するのに貢献したのである。

政治家として政界で活躍したのは服部綾雄である。牧師や教員を経て、衆議院議員に当選したのは明治四十一年のことであり、又新会・立憲国民党に所属、野党の雄弁家として鳴らした。大正初年、アメリカで日系移民排斥運動が高揚した際には、はからずも沼津移住旧幕臣の政治家、立憲政友会の江原素六と立憲国民党の服部とが日本の政治家を代表して渡米、排斥緩和のために奔走することとなった。服部はその旅中、アメリカで客死する。

さて、右に挙げたのは、近代社会の中でそれなりの地位に就き、成功したというべき者たちであるが、その裏には、藩の時代よりも社会的な地位を下げたかのような人物も存在した。たとえば御側御用人などをつとめた重臣だった水野重教(一八三八〜一八九五)は、維新後は陸軍省・宮城県の下級官吏に甘んじた。しかし、仙台の監獄に在勤中、政治犯として収容された陸奥宗光《むつむねみつ》★に温情をもって接したことが知られる(『仙台獄中の陸奥宗光』)。

また、千葉県や静岡県以外でも、市井でたくましく生きた人々が存在したことは見落とせない。たとえば、芹沢東造の養嗣子芹沢浚一郎(?〜一八九八)は木

▼陸奥宗光
幕末には海援隊に参加。後年は外務大臣として条約改正を実現。

更津県官吏をつとめた後、沼津へもどり、川廓町で印刷業を営んだ。また、東造の次男芹沢三次（一八五五～一九一八）は、明治七年、横浜でイギリス人から洋服の洗濯法を学び、同十三年、仙台に移住し開業、同地における西洋洗濯店の開祖となった（『仙台はじめて物語』）。水野重教が官吏として仙台に赴任した際、車夫として同行したともいう（『仙台人名大辞書』）。

さらに藩士の子というべき次世代からは、判事・弁護士をつとめ関西法律学校（現関西大学）の経営に尽くした柿崎欽吾《かきざききんご》（一八六三～一九二四）、大蔵官僚から台湾銀行頭取・神戸市長になった桜井鐵太郎《さくらいてつたろう》（一八六五～一九四五）、三省堂の『袖珍コンサイス英和辞典』を編纂した英語教師金沢久《かなざわひさし》（一八六六～一九二五）、国学院・皇学館で教えた神道学者稲村真里《いなむらまさと》（一八六七～一九六一）、愛知県立医学専門学校教諭をつとめた医学博士高橋伝吾《たかはしでんご》（一八六六～一九一七）らを挙げることができよう。

親睦と交流

廃藩後も旧主と旧臣との交際、旧藩士同士の交流は続いた。また、華族となった水野家には、旧臣の中から選ばれた者が家職《かしょく》として仕えることとなった。菊間藩大参事をつとめた三浦千尋が明治四年（一八七一）九月、水野家の家令《かれい》とな

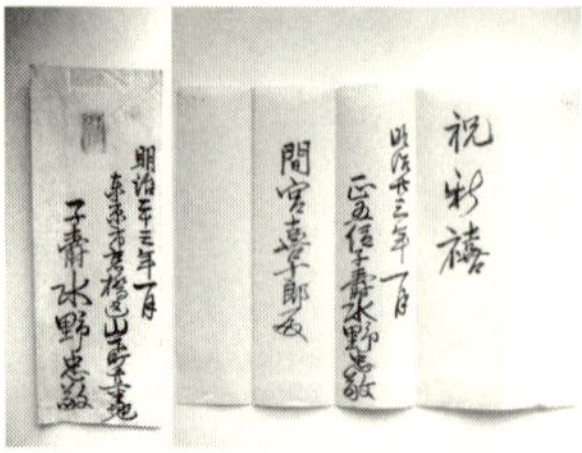

水野忠敬の年賀状
（沼津市明治史料館蔵）

っている。同六年時点では土方教が、明治三十一年時点では水口秀長（一八二六〜?）・中村誠が家扶《かふ》をつとめていた。水口は明治十五年から家扶として仕え、二十八年には七十歳を越えていたが、長く水野家の「財政之整理」に尽力してきた功労に感謝すべく、水野家や旧藩士仲間らから記念品を贈られたようである（稲村家文書）。

旧藩士同士の交流としては、明治六、七年頃には、毎月一回、旧藩有志者が親睦のため水野邸に集まっていたという（『明治学院史資料集』第八集）。明治六年一月、東京遊学に出た沼津宿本陣の当主だった間宮喜十郎は、挨拶のためであろう水野邸を訪れているほか、五十川中・富沢終吉といった旧藩士に面会している（「間宮喜十郎の東京留学日誌」）。沼津の平民層とのつながりすら保たれていたといえる。

明治二十年代には「旧菊間藩学生親睦会」、三十年代には「旧菊間藩青年懇話会」といった名前で東京において旧藩士たちの交流が続いていた。日露戦争に際しては、明治三十九年六月二十四日、第四十九回親睦会を兼ねた「旧藩出身軍人歓迎会」が開催され、忠敬の子水野忠亮が祝辞を朗読したようである。六月二十一日付で忠亮は稲村真里あてに「来る廿《にじゅう》四日旧藩出身軍人歓迎会をかね第四十九回親睦会を開催可致に付、小生祝文を朗読致さんと存じ草稿を御送附申候間、御多忙中乍御手数御添削被下度」との書簡を送っている（稲村家文書）。稲村には

旧菊間藩士親睦会記念写真（沼津市明治史料館蔵）
前列中央に水野忠敬、その左一人目手島精一、三人目三浦徹、右三人目本山漸

和歌の添削を依頼したり、青年懇話会の場で懇親するなど、ふだんから交際を続けていた間柄であり、このような場面で読み上げる祝辞の添削も彼に頼ったのであろう。

　また明治後期、在京の静岡県駿東郡出身者らが結成した駿東郷友会には、地元平民や旧幕臣に混じって、手島精一・服部綾雄ら沼津藩出身者も参加していた。同四十年八月四日に沼津町で開催された講演会では、手島が「米国実歴談」、服部が「正直」というタイトルで演壇に立った（「井口省吾日記にみる同郷会とその活動」）。

　明治三十八年から翌年にかけ、旧藩士原川徹平の孫英一の進学に対し、手島精一・本山漸・中山長明ら名士たちが学資補助の依頼に応えているが（稲村家文書・三十八年十二月二十四日付稲村真里宛本山漸書簡等）、このような動きが旧藩出身者の子弟に対する奨学団体、明親会の結成につながったと思われる。

　明治四十二年五月、文部大臣から「明親会寄附行為書」が認可され、明親会は財団法人として位置づけられた。その総則によれば、旧菊間藩主とその相続人および旧菊間藩出身者の寄付金によって組織され、旧菊間藩出身学生の学芸を奨励し、人材を養成することを目的とし、学生に学資を貸与するとした。会長は水野忠亮がつとめ、他に一〇名以内の評議員、五名以内の理事が置かれ、会務にあたった。財産目録では、現金一五七五円、株式日本郵船株四〇株となっている。

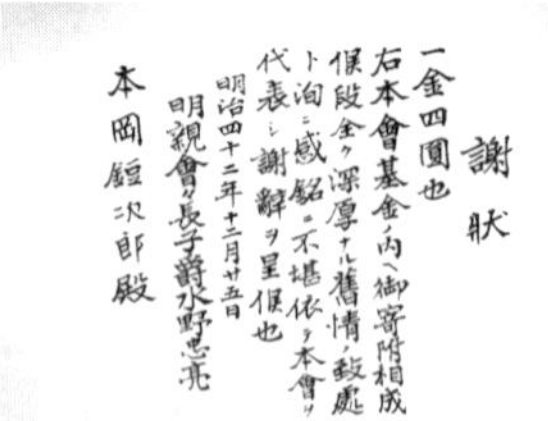
謝状
一金四圓也
右本會基金ノ内ヘ御寄附相成
候段全ク深厚ナル舊情ノ致處
ト洵ニ感銘ニ不堪依テ本會ヲ
代表シ謝辭ヲ呈候也
明治四十二年十二月廿五日
明親會々長子爵水野忠亮
本岡鎧次郎殿

明親会の謝状
（本岡六郎氏蔵）
明治42年（1915）、寄付金拠出に対するもの

新築された水野忠亮邸
（沼津市明治史料館蔵）

桜井鐵太郎は「水野家の財政顧問」だったとの言い伝えがあり、庵地保も水野家相談役だったという。それらはあくまで子爵水野家の私的な求めに応じたものであろうが、明親会についても、彼らや手島精一・田辺貞吉といった人々、すなわち官界・実業界などで成功した名士が役員に就いたと思われる。

明治四十五年に東京の水野邸が新築されることとなった。旧藩士たちは四四〇円余を募金で集め、対面室や応接室で使用するテーブル・ソファ・イス・花台・コーヒー台・置物などを贈呈した。発起人は中山長明・庵地保・三浦徹・柿崎欽吾ら一八名、拠金者は一六〇名に及んだ。それに対し、子爵水野忠亮は礼状とともに新築邸宅の記念写真帖を印刷し拠金者に贈った。同じ年には『旧菊間藩士人名録』が印刷・配布されており、結集の機運が高まったことがうかがえる。

現存する集合写真から、大正四年（一九一五）四月に旧菊間藩青年会の遠足が行われたことがわかり、大正期に入っても旧藩の親睦組織が存続していたことがわかる。

水野邸対面所の内部
（沼津市明治史料館蔵）

『旧菊間藩士人名録』
（沼津市明治史料館蔵）

これも沼津

服部綾雄と朝鮮人留学生

服部綾雄
（沼津市明治史料館蔵）

明治・大正期に政治家・教育者・キリスト者として活躍した沼津藩出身者に服部綾雄がいる。幕末に沼津で生まれたが、正確には沼津藩士の子というべき世代である。

服部は、江川坦庵の高弟として高島流砲術を学び、武田簡吾の『輿地航海図』刊行を手伝った服部純の息子である。大浜騒動を引き起こした純の神道への傾倒ぶりからすると矛盾するかもしれないが、高島流砲術の先駆者だったという開明性において、父譲りというべきか、早くに熱心なクリスチャンとなり、明治学院の創立に貢献、またアメリカでの修学・生活経験を持つ国際人でもあった。明治末には又新会―立憲国民党所属の衆議院議員（岡山県選出）として活動し、桂太郎・田中光顕ら藩閥政治家を舌鋒鋭く批判した雄弁家としても知られた。

岡山の第六高等学校に入学していた朝鮮人留学生金雨英（キム・ウヨン、一八八六～一九五九）は、級友の叔父である服部と知り合いになり可愛がられたが、服部から日本の韓国併合が誤りであるとの言葉を聞き、また時期を待つべく勉学に専心するよう励まされ、日本人にもこのような人物がいるのかと驚かされたという。金は後に東大に入り、新人会のメンバーとなって吉野作造と深く交流、さらに弁護士として三・一独立運動指導者の弁護にあたった。服部綾雄の思想は、石橋湛山の小日本主義などに先行するものとして位置づけられている。

綾雄と金雨英とのエピソード紹介とその評価は、松尾尊兊氏によって以下のようになされている。「東大の有名な学生団体新人会のメンバーであった朝鮮人に金雨英という人がいますが、この人が戦後の一九五七年に『民族共同生活の道義』という一冊の自伝を発表しました。この本によりますと、金が一九〇九年に岡山の第六高等学校に入ったとき、級友の叔父に当る服部が金を沼津に連れて行ったりして可愛がり、「韓国併合は失敗だ。皇室の祖先は朝鮮から渡来したのだから、日本人が朝鮮人を虐待するのは自分の祖先を冒瀆するものだ。日本人はきっと後悔するだろうから、君はくよくよせずに勉強して時期を待て」などとなぐさめ、はげましたということです。当時政界の革新派だった「国民主義的対外硬派」の機関誌『大国民』の一九一一年九月号に服部は「無方針なる帝国外交」という論文を発表していますが、これを読むと、金雨英の回想がまちがっていないことが証明されます。服部は日清・日露両戦役を拙劣な膨張主義的日本外交の結果だと反省し、

「向後此の発展したる日本を、益々発展せしむると云ふ口実の下に、軍備を拡張して、国土の膨張を図らむとするが如きものあらば、国民は宜しく奮起して、是れに反対せねばならぬ。唯徒らに国土を拡げて、夫れで以て、国家の繁栄を図れるのではないのである。古より国の亡びたる例は、沢山あるが、亡びた国は、何れも領土を拡張したる国である。我々は、此の歴史に学ぶ所がなければならぬ」と結んでいます。このような服部を「国民主義的対外硬派」の一員といえるのか、またこのような人物をふくむグループを「国民主義的対外硬派」と称してよいのか、大いに検討を要するところです」(『大正デモクラシーの群像』)。

国家を相対視する国際感覚については、「服部はアメリカ留学の経験があり、日本の対米政策にも特殊な意見をもち、在米邦人のアメリカ国民化を主張し、つねに「大和魂」を嘲笑し、「全人類の同等な理想を主唱」していた」(『民本主義と帝国主義』)とされるように、アメリカで養われた点にポイントがあった。

ロシア正教の宣教師ニコライは、明治四十四年(一九一一)一月二十八日の日記に、YMCAで開かれた平和協会の集会で服部綾雄が演説し、「最近一二人のアナーキストが処刑されたのは理屈に合わぬことだ。かれらは狂人であって犯罪者ではない、かれらは病人として扱われるべきだと、熱烈な口調で論じた」(『ニコライの日記』下)と記している。服部は官憲のでっち上げともいうべき大逆事件に対しても批判的だったことがわかる。ただし、ニコライの解釈によれば、日本にもヨーロッパと同じような君主暗殺を企てるアナーキストが存在することに対し、服部は「日本の汚点を拭いたかったのだ」(『宣教師ニコライの全日記』第9巻)とする。

綾雄の息子服部純雄(一八八七~一九四五)は、大正三年(一九一四)父の跡を継ぎ岡山県の私立金川中学校校長となり、政治活動のため退職した時期をはさみながらも、昭和七年(一九三二)まで教育に従事した。同校では、大正十三年から昭和十七年までの間に二四〇名以上の台湾人留学生を受け入れたが、それは上級学校への進学の道を狭められていた台湾人学生を救うため純雄が断行したものだった。日本の戦争に否定的な意見を抱きつつ、純雄は敗戦を前に病没した。自由と平等を尊重した純雄の精神は、台湾人留学生にも強い感化を及ぼし、卒業生は戦後にいたるまで同窓会をつくり母校との交流を続けた。

帝国主義がまかり通った時代の中でも、服部父子はともにアジアの友であり続けた。服部綾雄という特異な個性、そして世代を越えて息子純雄へも受け継がれたもののバックグラウンドには、明治維新のとばっちりを受け、薩長藩閥政府から締め出された小藩の士族インテリの役割があった。新島襄(安中藩)、内村鑑三(高崎藩)、堺利彦(小倉藩)ら類似の事例を並べ立てるまでもなく、彼らが担い手となったキリスト教、デモクラシー、在野精神、そしてそこからつかみとられた国際性といったものの存在が、服部父子を見ても典型的に浮かび上がってくるのである。

エピローグ

沼津藩が残したもの

本文中でも何度も引用したが、三浦徹は「恥か記」と題する随筆において沼津藩時代の思い出を多数書き残している。その中の一つに、明治八年(一八七五)に沼津を訪れた時の体験がある。彼の頭の中では、「富嶽の美、香山の秀、狩野河の清、我入道の奇、千本浜の大、鷹山の緑、市民の富余」などが美しい思い出となって、懐かしい故郷の記憶を形成していたのであるが、久々に見た沼津の町は、文明開化の真っただ中にあった巨大都市東京の繁栄に比べるとまったく見劣りするものであり、幻滅してしまったという(『明治学院史資料集』第八集)。

沼津の側からすると何とも残念な逸話であるが、その時点ではまだ、たとえ小さくても城下町の痕跡や風情が残っていたはずであり、現在となっては、むしろそれがそのまま存続してくれていたらと考えざるをえない。三浦が愛した自然景観はともかく、その後の近代・現代の歩みの中で街は変貌し、すっかり特色のない地方都市になってしまったからである。何と言っても沼津城が消え去ってしまったことは決定的だった。市街地の地中には城の石垣が埋まっているはずだが、もはやそれを掘り起こすことはできない。過去には市民の間で、沼津城の櫓を復元したいなどという動きが起きたこともあったが、それも夢のまた夢であった。そうなると、わずかに街の中で沼津藩を偲ぶものは、あちこちの寺に残る苔むした藩士たちの墓石であろうか。その墓石すら、少子化、無縁社会、「墓じまい」、自然葬の普及など時代の趨勢を受け、はたしていつまで残るのかどうか危うい。

沼津水野藩は九十年続いたが、明治維新から八十年足らずで敗戦・終戦を迎え、さらに終戦から七十年が経過し、藩政時代を大きく超えた。旧藩が残した有形無形の遺産を現在においても観光資源として維持・活用している、大きな城下町や特色ある城下町とは違い、沼津ではそれと同じことを期待するのは難しい。せめて、本書の執筆にも大いに利用させてもらった、文字に記録された史料類や物品資料をきちんと収集・保存していくことは当然であるが、それ以外の野外に存在する痕跡についてもしっかりと残していきたいものである。それこそが町の歴史をつないでいくための、唯一の手立てであろう。

あとがき

筆者が沼津市明治史料館の学芸員として企画展「沼津藩の人材」を担当したのは、もう四半世紀以上も前のことになる。その後、旧幕臣・静岡藩のほうに研究テーマを移していったが、決して関心をなくしたわけではなかった。沼津に在職中はもちろん、同地から離れた後も、関連する史料や文献を見つけた際には古巣である沼津市明治史料館で役立ててもらえるようにするなど、アンテナを張り続けてきた。

とはいえ、個人として沼津藩に関する単著を執筆する機会が訪れるとは思っていなかった。今回、思いもかけずそのチャンスをいただき、本書を書かせてもらった。力不足から沼津在職中には書けなかったこと、同地から離れたことで逆に見えてきたものなど、少しずつではあるが新知見を盛り込むことができたのではないかと思っている。『市誌』『市史』をはじめ既刊書にも沼津藩について書かれた通史は少なくないので、できるだけそれらとの重複を避けたいと考えた。より系統的・概括的に学びたい場合には、それらの先行本を合わせて手にとっていただければ幸いである。

写真の掲載許可をはじめ、史料・情報を提供していただいた機関・個人の皆様には心よりの御礼を申し上げる次第である。

参考及び引用文献

文部省蔵版『日本教育史資料　壱』一八九〇年　冨山房
清水清造『和泉佳逸翁伝』一九二八年　私家版
手島工業教育資金団編『手島精一先生伝』一九二九年　同団
石川松衛編『大浜町誌』一九二九年　愛知県碧海郡大浜町役場
「天草の楽天地白浜村の天草浦沿革之上申書之写」（『黒船』第一〇巻第七号、第八号）一九三三年　黒船社
都留法城『護法殉難』一九三五年　護法殉難者宣揚会
金井圓「沼津藩水野家における家史編纂――早稲田大学所蔵「水野家史料」の解題」（『信濃』第一〇巻第四号）一九五八年　信濃史学会　※『藩制成立期の研究』（一九七五年、吉川弘文館）に収録
沼津市誌編纂委員会編『沼津市誌』上巻　一九六一年　沼津市
東京都編『都市紀要十九　東京の初等教育』一九七〇年　東京都
北島正元校訂『丕揚録・公徳辨・藩秘録』一九七一年　近藤出版社
『三田村鳶魚全集』第八巻　一九七五年　中央公論社
『日枝神社鎮座八百八十年記念誌』一九七六年　沼津市・日枝神社
関野新吾「沼津水野藩と西浦(三)」(『沼津史談』第二三号)一九七八年　沼津郷土史研究談話会
『明治学院史資料集』第八集～第一二集　一九七八～一九八五年　明治学院百年史委員会・明治学院大学図書館
沼津市立駿河図書館編『旧菊間藩士人名録（復刻）』一九八一年　同館
宇野量介『仙台獄中の陸奥宗光』一九八二年　宝文堂
『内閣文庫所蔵史籍叢刊　第32巻　文政雑記・天保雑記（一）』一九八三年　汲古書院
青木栄実『伴右衛門沼津むかし話』一九八三年　沼津市大岡連合自治会
沼津市立駿河図書館編『水野伊織日記――沼津水野藩側用人の記録』一九八三年　同館
沼津市立駿河図書館編『水野藩士転籍者名簿――菊間藩寄留者明細短冊集』一九八四年　同館
沼津市立駿河図書館編『沼津水野藩地方書式範例集』一九八六年　同館
樋口雄彦・高橋省吾「資料紹介　乙骨太郎乙「沼津日記砕片」」（『沼津市博物館紀要』10）一九八六年　沼津市歴史民俗資料館・沼津市明治史料館
瀬川裕市郎「三枚橋城」（『沼津市博物館紀要』11）一九八七年　沼津市歴史民俗資料館・沼津市明治史料館
鈴木棠三・小池章太郎編『近世庶民生活史料藤岡屋日記』第二巻・第六巻・第十三巻　一九八八～一九九四年　三一書房
井上光貞他編『日本歴史大系3近世』一九八八年　山川出版社
樋口雄彦「維新期沼津藩（菊間藩）の藩政改革」（『沼津市博物館紀要』14）一九八九年　沼津市歴史民俗資料館・沼津市明治史料館
樋口雄彦「史料紹介「忠友公分限帳」と『菊間藩士人名録』」同前誌14
沼津市明治史料館編『沼津藩の人材』一九八九年　同館
沼津市歴史民俗資料館編『沼津藩とその周辺――沼津城・沼津藩・菊間藩』一九八九年　同館
松尾尊兊『大正デモクラシーの群像』一九九〇年　岩波書店
沼津市立駿河図書館編『沼津略記（早稲田大学図書館所蔵）』一九九〇年　同館
武田晃二「庵地保の生涯と年譜」（『教育工学研究』第一二号）一九九〇年　岩手大学教育学部附属教育工学センター
沼津市立駿河図書館編『御代々略記（早稲田大学図書館所蔵）――沼津藩水野家年代記』一九九一年　同館
沼津市明治史料館編『愛鷹牧』一九九一年　同館
西岡まさ子『緒方洪庵の息子たち』一九九二年　河出書房新社
沼津市史編さん委員会編『沼津市史　史料編　近世1』一九九三年　沼津市
樋口雄彦「『輿地航海図』の訳者武田簡吾について」（『沼津市博物館紀要』19）一九九五年　沼津市歴史民俗資料館・沼津市明治史料館
樋口雄彦「沼津藩高島流砲術家の一履歴」（『集論高島秋帆』）一九九五年　板橋区立郷土資料館
裾野市史編さん専門委員会編『裾野市史　第三巻　資料編　近世』一九九六年　裾野市
沼津市明治史料館編『近世・近代ぬまづの俳人たち』一九九六年　同館
樋口雄彦「明治期ロシア正教の伊豆伝道」（『沼津市博物館紀要』20）一九九六年　沼津市歴史民俗資料館・沼津市明治史料館
柳谷慶子「病気療養と武家社会――沼津藩『水野伊織日記』の分析から」（『聖和学園短期大学紀要』第三三号）一九九六年　後に柳谷『近世の女性相続と介護』（二〇〇七年、吉川弘文館）に収録
佐藤昌介『高野長英』一九九七年　岩波書店
関山邦宏編『「升堂記」（東京大学史料編纂所所蔵）翻刻ならびに索引』一九九七年　同人
樋口雄彦「沼津掃苔録」（『沼津市博物館紀要』21）一九九七年　沼津市歴史民俗資料館・沼津市明治史料館

松尾尊兊『民本主義と帝国主義』一九九八年　みすず書房
井桜直美『セピア色の肖像——幕末明治名刺判写真コレクション』二〇〇〇年　朝日ソノラマ
沼津市明治史料館編『旧幕臣・沼津藩士関係文書目録』二〇〇二年　同館
樋口雄彦「世界連邦論者稲垣守克とその家系」（『静岡県近代史研究会会報』第二八一号）二〇〇二年　静岡県近代史研究会
石井道彦編『譜代大名水野家の物語　真珠院開基忠清家系を中心として』二〇〇四年　真珠院
東京都写真美術館監修『日本の写真家』二〇〇五年　日外アソシエーツ
鈴木淳編『ある技術家の回想　明治草創期の日本機械工業界と小野正作』二〇〇五年　日本経済評論社
沼津市史編さん委員会編『沼津市史　通史編　原始・古代・中世』二〇〇五年　沼津市
辻真澄「水野忠誠と豆州藩領巡見より」（『沼津市史だより』第一六号）二〇〇五年　沼津市教育委員会
樋口雄彦「成田にある織田先生之碑」（『静岡県近代史研究会会報』第三二三号）二〇〇五年　静岡県近代史研究会
水沼尚子「幕末期一小藩の軍制改革——黒羽藩を中心として」（『京都橘女子大学大学院研究論集　文学研究科』第三号）二〇〇五年
沼津市史編さん委員会編『沼津市史　通史編　近世』二〇〇六年　沼津市
沼津市史編さん委員会編『沼津市史　通史編　近代』二〇〇七年　沼津市
中村健之介監修『宣教師ニコライの全日記』第9巻　二〇〇七年　教文館
後藤雅知「紀州藩の天草集荷請負人」（斎藤善之編『身分的周縁と近世社会2　海と川に生きる』）二〇〇七年　吉川弘文館
『大浜陣屋の世界——今に生きる碧南の歴史』二〇〇八年　碧南市藤井達吉現代美術館
『碧南市史料第65集　新民序塾書　郡達綴込』二〇〇八年　碧南市教育委員会
後藤雅知「紀州藩石場預役と漁業社会」（『千葉大学教育学部研究紀要』第五六巻）二〇〇八年
樋口雄彦「写真史のなかの静岡藩と沼津兵学校」（『沼津市博物館紀要』32）二〇〇八年　沼津市歴史民俗資料館・沼津市明治史料館
樋口雄彦「沼津藩の高島流砲術導入と軍制改革」（『銃砲史研究』第三五九号）二〇〇八年　日本銃砲史学会
岡崎寛徳『鷹と将軍　徳川社会の贈答システム』二〇〇九年　講談社
沼津市明治史料館編『旧沼津藩士資料目録』二〇一〇年　同館
鈴木則子「幕末沼津藩における湯治の諸相——『水野伊織日記』の分析から」（日本温泉文化研究会編『湯治の文化誌　論集温泉学Ⅱ』）二〇一〇年　岩田書院
樋口雄彦「井口省吾日記にみる同郷会とその活動」（『静岡県近代史研究』第三五号）二〇一〇年　静岡県近代史研究会
岡田博編『幕末期不二道信仰関係資料　不二道願立御糺に付御答書』二〇一一年　岩田書院
樋口雄彦「新島襄の聖書研究仲間杉田廉卿について」（『同志社談叢』第三一号）二〇一一年　同志社大学同志社社史資料センター
中村健之介翻訳『ニコライの日記——ロシア人宣教師が生きた明治日本』下　二〇一一年　岩波書店
『中鈴木家文書目録』二〇一二年　三島市郷土資料館
横山伊徳『日本近世の歴史5　開国前夜の世界』二〇一三年　吉川弘文館
戸張裕子『微笑む慶喜　写真で読みとく晩年の慶喜』二〇一三年　草思社
『碧南市史料第69集　訳注大浜陣屋日記　上』二〇一三年　碧南市教育委員会
樋口雄彦「服部綾雄・純雄父子と朝鮮人・台湾人留学生」（『敬愛大学総合地域研究』第三号）二〇一三年　敬愛大学総合地域研究所
『碧南市史料第70集　訳注大浜陣屋日記　下』二〇一四年　碧南市教育委員会
市原市教育委員会編『市原市史　資料集（近世編4）』二〇一四年　市原市
武田藤男「古文書に見る戸田村「田代牧」について」（『沼津史談』第六五号）二〇一四年　沼津史談会

資料・写真協力者

足立誠一　庵地叔　植松直彦　江藤昭二　大野寛良　加藤英雄　勝呂六実　鈴木重久　関堅太郎　田中恵一郎　谷井信雄　深澤滋　水野忠璋　村垣哲男　本岡六郎　渡辺敏男　妙心寺福寿院　鎌ヶ谷市郷土資料館　公益財団法人江川文庫　宮内庁三の丸尚蔵館　国立歴史民俗博物館　真宗大谷派岡崎教務所　西尾市岩瀬文庫　沼津市明治史料館　沼津市歴史民俗資料館　沼津市教育委員会　沼津市

樋口雄彦（ひぐち・たけひこ）
一九六一年、静岡県熱海市生まれ。国立歴史民俗博物館・総合研究大学院大学教授。博士（文学、大阪大学）。著書に、『旧幕臣の明治維新　沼津兵学校とその群像』、『沼津兵学校の研究』、『静岡学問所』、『第十六代徳川家達――その後の徳川家と近代日本』、『敗者の日本史17　箱館戦争と榎本武揚』、『人をあるく　勝海舟と江戸東京』、『幕臣たちは明治維新をどう生きたのか』など。

シリーズ藩《はん》物《もの》語《がたり》　**沼津藩《ぬまづはん》**

二〇一六年九月十五日　第一版第一刷発行

著者――――樋口雄彦
発行者――――菊地泰博
発行所――――株式会社　現代書館
東京都千代田区飯田橋三―二―五　郵便番号　102―0072　http://www.gendaishokan.co.jp/
電話　03―3221―1321　FAX　03―3262―5906　振替　00120―3―83725
組版――――デザイン・編集室　エディット
装丁――――中山銀士＋杉山健慈
印刷――――平河工業社（本文）東光印刷所（カバー・表紙・見返し・帯）
製本――――越後堂製本
編集――――加唐亜紀
編集協力――――黒澤　務
校正協力――――二又和仁

 ISBN978-4-7684-7142-5

江戸末期の各藩

松前、八戸、七戸、黒石、**弘前**、**盛岡**、**一関**、秋田、亀田、本荘、秋田新田、仙台、松山、**新庄**、**庄内**、天童、長瀞、**山形**、上山、**米沢**、米沢新田、相馬、福島、**二本松**、三春、**会津**、**守山**、棚倉、平、湯長谷、泉、**村上**、黒川、三日市、**新発田**、村松、三根山、与板、**長岡**、椎谷、**高田**、糸魚川、松岡、笠間、宍戸、**水戸**、下館、結城、**古河**、下妻、府中、土浦、麻生、谷田部、牛久、大田原、黒羽、烏山、喜連川、**宇都宮・高徳**、壬生、吹上、**足利**、佐野、関宿、高岡、佐倉、小見川、多古、一宮、生実、鶴牧、久留里、大多喜、請西、飯野、佐貫、勝山、館山、岩槻、忍、岡部、**川越**、沼田、前橋、伊勢崎、館林、高崎、吉井、小幡、安中、七日市、飯山、須坂、**松代**、**上田**、**小諸**、岩村田、田野口、**松本**、諏訪、**高遠**、飯田、金沢、荻野山中、小田原、**沼津**、小島、田中、掛川、**相良**、横須賀、浜松、富山、加賀、大聖寺、郡上、高富、苗木、岩村、加納、大垣、高須、今尾、犬山、挙母、岡崎、西大平、西尾、吉田、田原、大垣新田、尾張、**刈谷**、西端、長島、**桑名**、神戸、菰野、亀山、津、久居、鳥羽、宮川、彦根、大溝、山上、西大路、三上、膳所、水口、丸岡、勝山、大野、**福井**、鯖江、敦賀、小浜、淀、新宮、田辺、紀州、峯山、宮津、田辺、綾部、山家、園部、亀山、福知山、柳生、柳本、芝村、郡山、小泉、櫛羅、高取、高槻、麻田、丹南、狭山、岸和田、伯太、豊岡、出石、柏原、篠山、尼崎、三田、三草、明石、小野、姫路、林田、安志、龍野、山崎、三日月、赤穂、鳥取、若桜、鹿野、津山、勝山、新見、岡山、庭瀬、足守、岡田、岡山新田、浅尾、松山、鴨方、福山、広島、広島新田、高松、丸亀、多度津、西条、小松、今治、松山、**大洲・新谷**、**伊予吉田**、**宇和島**、徳島、**土佐**、土佐新田、**松江**、広瀬、母里、浜田、津和野、岩国、徳山、長州、長府、清末、小倉、小倉新田、**福岡**、**秋月**、**久留米**、柳河、三池、蓮池、唐津、**佐賀**、小城、鹿島、大村、島原、平戸、平戸新田、**中津**、杵築、日出、**府内**、臼杵、**佐伯**、森、**岡**、熊本、熊本新田、宇土、人吉、延岡、高鍋、佐土原、飫肥、薩摩、対馬、五島（各藩名は版籍奉還時を基準とし、藩主家名ではなく、地名で統一した）

★太字は既刊